中大哲学文库

# 玄思的魅与惑

——王弼、汤用彤研究论集

李兰芬 著

# 图书在版编目（CIP）数据

玄思的魅与惑：王弼、汤用彤研究论集 / 李兰芬著. — 北京：商务印书馆，2020
（中大哲学文库）
ISBN 978-7-100-18637-7

Ⅰ.①玄… Ⅱ.①李… Ⅲ.①王弼（226－249）－哲学思想－文集②汤用彤（1893－1964）－哲学思想－文集 Ⅳ.①B235.25-53②B261.5-53

中国版本图书馆CIP数据核字（2020）第098995号

权利保留，侵权必究。

中大哲学文库
## 玄思的魅与惑
——王弼、汤用彤研究论集
李兰芬　著

商 务 印 书 馆 出 版
（北京王府井大街36号　邮政编码100710）
商 务 印 书 馆 发 行
三河市尚艺印装有限公司印刷
ISBN 978-7-100-18637-7

2020年9月第1版　　开本 680×960　1/16
2020年9月第1次印刷　　印张 14 1/4
定价：60.00元

# 中大哲学文库编委会

**主　编**　张　伟

**编　委**（按姓氏笔画排序）

　　　　　马天俊　方向红　冯达文　朱　刚　吴重庆

　　　　　陈少明　陈立胜　赵希顺　倪梁康　徐长福

　　　　　龚　隽　鞠实儿

# 总　序

中山大学哲学系创办于1924年,是中山大学创建之初最早培植的学系之一。1952年全国高校院系调整撤销建制,1960年复系,办学至今。先后由黄希声、冯友兰、杨荣国、刘嵘、李锦全、胡景钊、林铭钧、章海山、黎红雷、鞠实儿、张伟教授等担任系主任。

早期的中山大学哲学系名家云集,奠立了极为深厚的学术根基。其中,冯友兰先生的中国哲学研究、吴康先生的西方哲学研究、朱谦之先生的比较哲学研究、李达与何思敬先生的马克思主义哲学研究、陈荣捷先生的朱子学研究、马采先生的美学研究等,均在学界产生了重要影响,也奠定了中大哲学系在全国的领先地位。

复系五十多年来,中大哲学系同仁勠力同心,继往开来,各项事业蓬勃发展,取得了长足的进步。目前,我系是教育部确定的全国哲学研究与人才培养基地之一,具有一级学科博士学位授予权,拥有"国家重点学科"2个、"全国高校人文社会科学重点研究基地"2个。2002年教育部实行学科评估以来,我系稳居全国高校前列。2017年9月,中大哲学学科成功入选国家"双一流"建设名单,我系迎来了难得的发展良机。

近几年来,在中山大学努力建设世界一流大学的号召和指引下,中大哲学学科的人才队伍也不断壮大,而且越来越呈现出年轻化、国际化的特色。哲学系各位同仁研精覃思,深造自得,在各自的研究领域均取得了丰硕的成果，不少著述还产生了国际性的影响，中大哲学系已逐渐发展成为哲学研究的重镇。

"旧学商量加邃密，新知涵养转深沉。"为了向学界集中展示中大哲学学科的学术成果，我们正式推出这套中大哲学文库。中大哲学文库主要收录哲学系现任教师的代表性学术著作，亦适量收录本系退休前辈的学术论著，目的是为了更好地向学界请益，共同推进哲学研究走向深入。

承蒙百年名社商务印书馆的大力支持，中大哲学文库即将由商务印书馆陆续推出。"一元乍转，万汇初新"，我们愿秉承中山先生手订"博学、审问、慎思、明辨、笃行"的校训和哲学系"尊德问学"的系风，与商务印书馆联手打造一批学术精品，展现"中大气象"，并谨以此向2020年中大哲学系复办60周年献礼，向2024年中山大学百年校庆献礼！

中山大学哲学系

2018年1月6日

# 目　录

前　言 .................................................................................. 1

## 王弼玄学论集

王弼对汉儒思想的继承和批判 ................................................ 15
"体无"何以成"圣"?
　　——王弼"圣人体无"再解 .......................................... 38
玄远之幕的飘落
　　——王弼《论语释疑》的命运 ...................................... 60
玄思的魅与惑
　　——王弼玄学再探讨 .................................................. 79

## 汤用彤玄学研究论集

论汤用彤对魏晋玄学的理解 .................................................. 99
文化坚守者与学问家的张力
　　——以汤用彤为例 .................................................... 122

理学的另类解读
　　——析汤用彤《理学谵言》.................................................132

析汤用彤对中国真精神之玄解
　　——再谈《理学谵言》.....................................................150

汤用彤文化保守情怀下的"身体"观
　　——以《理学谵言》的思想为例........................................160

# 附　录

去玄的玄学解读
　　——简评耿宁先生的王弼研究............................................183

被质疑的哲学
　　——以清末民初四位学人的看法为例..................................199

后　记................................................................................218

# 前　言

将王弼与汤用彤放在一起来讨论，最显而易见的理由是他们都与魏晋玄学有关。

王弼是魏晋玄学的标志性人物之一，汤用彤是近现代研究魏晋玄学的大家之一。但将二人关联起来的原因，还不仅仅是因为魏晋玄学。因为在这个文集里，笔者无意通过对两人思想的分析，展开对魏晋玄学及近现代玄学研究所有问题的讨论。就如本文集主题一样，本文集中的论文，仅是围绕"玄思的魅与惑"问题展开的。

首先，强调"玄思"而不是"玄学"，是试图将讨论的重点放在玄学作为一种特殊的思维方式的作用上，而不是一般地和全面地讨论整个王弼玄学理论和汤用彤研究玄学的理论。

另外，"魅与惑"，意味着对玄学与玄学研究作用的双重断定。"魅"不仅是强调作为一种特殊的思维方式，玄学（尤其是王弼的玄学）和玄学的研究（主要是讨论汤用彤的玄学研究）对中国思想史上一些重要问题的解决有着不可替代的作用，并且这种作用在今天仍有魅力。但"惑"则是指出王弼的玄学和汤用彤的玄学研究留给中国思想史的一些困惑。在某种程度上，这些困惑至今未被仔细讨论过。

关键是，王弼玄学与汤用彤玄学研究，其作用的魅力与留下的困惑，都是针对什么样的问题来说呢？或者说，应该在一种什么样的思想背景下，将王弼玄学与汤用彤玄学研究一起讨论并批评？

一般来说，王弼玄学被认为是道家思想发展的一个重要标志。汤用彤玄学研究也被认为与近现代他自己也有贡献的佛学研究、道教研究不一样，也与其时兴起的新儒学不一样，他的玄学研究仍被看作是道家思想（或道家哲学）研究的重要成果。

他们思想中涉及的道家思想或道家哲学，是种什么意义上的特殊思维方式？这种特殊的思维方式又究竟是针对什么而言，既有"魅力"又有"困惑"？

在本论集里，笔者将问题置放在儒学发展的脉络里观察，以期将玄思之魅力及困惑的问题，尽可能地呈现清楚。

## 一、从魏晋玄学与儒家思想的关系谈起

经历了近百年的努力，魏晋玄学基本被定型为以本体论为特征的中国哲学，并且，这种哲学的学派渊源，一般被认为与道家有关。[①] 如果这种对玄学的断定有一定道理的话，那么，我们是否可以进一步问另外一些问题：首先是道家与中国哲学中的本体理论探讨的关系，这个问题显然带出下一个问题，就是中国哲学中的本体理论探讨，是否仅仅与道家有关。如果将这些问题的讨论，广泛地放在魏晋玄学产生、

---

[①] 汤用彤在其开启现代玄学研究的奠基性著作《魏晋玄学论稿》中，对玄学的本体理论有详尽的分析。由于他强调玄学是体用一如的哲学，所以，玄学的本体性特征，可以用这样两句话来表述："学贵玄远，则略于具体事物而究心抽象原理。论天道则不拘于构成质料（Cosmology），而进探本体存在（Ontology）。论人事则轻忽有形之粗迹，而专期神理之妙用。"（参见《汤用彤全集》第四卷，河北人民出版社 2000 年版）对玄学定性有相同说法的，还有余敦康，参见其著作《何晏王弼玄学新探》（齐鲁书社 1991 年版）。这里所说的本体理论，与西方哲学意义上的 ontology 不完全是一回事。研究王弼玄学的德国学者瓦格纳（Wagner）对此有过说明，他申明，自己所用的 ontology 一词，仅仅是在"实存之研究"（study of the Being of entities）的意义上使用。（参见氏著，*Language, Ontology, and Political Philosophy in China: Wang Bi's Scholarly Exploration of the Dark (Xuanxue)*, Albany: State University of New York Press, 2003, p. 2）

发展及影响的历史背景、学术渊源中看,如何理解魏晋玄学,就将不得不考虑更多的因素。①

首先,毫无疑问,玄学的产生首先并主要地与儒家思想有极深的关系。②这种断定,一方面是由于魏晋玄学的产生直接与汉代儒家经学的发展有关系;另一方面,而且更重要的是,儒家思想由于汉代儒士的力倡,已成功地作为中国思想文化,甚至包括政治等的主干。事实上,由春秋战国之际开始相对划清界限的诸子学派,在其后的单独发展中,都要正视儒家思想提出的各种问题,道家思想的发展也不例外。如果说后人称之为新道家的魏晋玄士从理论资源上对汉儒经学是自觉吸收和批评的话,那么,从客观上说,处在儒家思想一统天下的汉代之后的魏晋玄士,也不得不面对儒家思想在中国文化、政治、社会中的广泛影响,而使自己的理论和生活与儒家发生千丝万缕的关系。

其次,这种关联,在继汉儒经学之后产生的魏晋玄学中如何体现呢?除后来研究魏晋玄学的学者所认定的相互区别外,是否还有相互一致的方面?汤用彤等玄学研究的大师,对这两方面的讨论,一直较为审慎。但基本肯定,玄学中的"玄"意,起码与汉儒经学的烦琐、臆想有非常大的区别,而更宽泛地说,与儒家思想对伦理、政治等的

---

① 魏晋南北朝前承汉代,后接隋唐,更后有宋明清等。学界对每个历史阶段的学术旨趣大概有这样共同的看法:春秋战国为诸子百家,汉为经学,魏晋南北朝是玄学,隋唐是佛学,宋明清是新儒学。(参见冯友兰:《中国哲学史》,中华书局1961年版)

② 笔者主要从中国学术自身发展的自我相关角度上,来讨论玄学与诸子百家学术的关系。笔者认为,儒家思想对玄学的产生及其发展都有着非常重要的作用。而作为一种哲学理论,玄学与汉代开始传入的佛学理论也有着千丝万缕的关系。但从玄学产生的角度看,笔者取研究魏晋南北朝佛教历史的专家,如汤用彤等的看法,持中国佛学理论实际受玄学影响很大的观点。某种意义上,从魏晋开始形成,至隋唐成熟的中国佛学理论是中国化的佛学理论,它与印度佛学有很大的不同。其中重要的表现,便是中国佛学关心"入世"的事情,而这一点,恰是儒家思想的根本。原本主张"出世"的佛学,能做如此的改变,与将儒家思想普遍性理想玄学化的魏晋玄学有极大关系。(参见拙著:《儒家思想对中国宗教的作用——兼谈这种作用的世界意义》,载黄俊杰编:《传统中华文化与现代价值的激荡》,社会科学文献出版社2002年版。黄俊杰编:《传统中华文化与现代价值的激荡与调融(二)》[繁体版],台北喜玛拉雅基金2002年版)

"偏爱"有区别。只是这种区别不是二者关系的唯一体现。所有研究魏晋玄学的学者都注意到：尽管玄学与儒学有区别，但玄学的所有问题及其解决，都是针对儒家而来的。这里包含着两重意思：一是认定与儒家相关的问题值得解决，这显然是对儒家思想某种程度上的认同或继承；二是认定先前的儒士对相同问题的解决不尽人意，需要批判及改造。

这种认同、继承和改造无疑使我们有理由认为：魏晋玄学最根本的特色，按汤用彤及余敦康等的话来说，即是本体理论，实际上与儒家思想有极大的关系。这样，单纯说玄学的本体理论，从学术渊源上，只归宿为道家思想，似有欠缺。起码，可以这样看：玄学中的本体理论不仅是对老庄为代表的道家思想的继承和发展，而且是在对汉儒的批判中对儒家思想原本就包含的精神的重新挖掘和改造。

但毕竟道家思想与儒家思想还是有区别的，对汉儒的批判及改造，甚至包括对儒家思想原本就包含的精神的重新挖掘和改造，都说明玄学在对儒学的认同及吸收上，实际是循着一定的方向、按照一定的方法进行的。

这样，问题的讨论就进入最后一个方面：玄学究竟从哪种特定的角度，对汉儒所体现的儒家思想进行发扬及改造？另外，是什么原因导致玄学要从这样一种特定的角度上，重新言说儒家思想？而这样一种角度所言说出来的儒家思想，是否是儒士真正认同的儒家思想？从根本上说，儒道互补及其互别究竟在玄学本体理论上如何体现。这种体现对后来中国学术思想的发展造成何种影响，尤其是儒家思想的发展，如何面对玄学对原始儒家思想的改造？或说，玄学究竟给儒家思想的发展提出了什么新的问题？

实际上，借助历史的眼光，对玄学特性的分析、理解和研究也面临新的问题。如果玄学对儒家思想的改造与吸收是同时进行的话，或者说，玄学与儒学的关系既有区别又有一致的话，那么，玄学所开创的中国哲学中的对本体理论的探究，其中形上与形下的关系如何看待，就不仅仅是个纯粹可以在理论上解决的问题，而且还涉及实际上如何落实的问题。尤其是在把儒家思想看成是与社会的政治、伦理等如何落实相关的理论时，与其有理论渊源的玄学，即使着重的是普遍意义的根本道理的探究，也不可能无视这种道理与具体落实之间的矛盾关系。

因此，提出重新理解玄学，只是将玄学的理论放在"体"与"用"，或者儒家思想意义上的"经学"（泛喻儒家思想中体现儒家理想的经典以及负有传承经典重任的经典解释）与"政学"（泛喻儒家思想中具体讨论政治、伦理或社会、人事、人伦的理论）相互关系的背景下，探讨玄学的本体论特质。

## 二、重审王弼玄思的意义

毫无疑问，王弼是魏晋玄士中极具代表性的人物。这不仅是因为他是早期影响甚广的玄士之一，而且更重要的是因为他的理论在魏晋玄学中最具本体论特征。也就是说，要探讨玄学的本体理论，研究王弼是不可缺少的一个环节。[1]

由于王弼思想出现的年代，恰是玄学形成的时期，因而其理论当中所表现出的与汉儒所代表的儒家思想的关系，无疑可看作玄学本体理论中道家思想与儒家思想交互作用的体现。

王弼与汉儒的关系，主要是通过他同注解汉儒奉作精神资源的经典表现出来的。很显然，王弼在对经典的注释中，秉承了不同经典透

---

[1] 汤用彤及其他研究玄学的学者，都肯定王弼的思想是玄学中最具本体论意味的理论。可以说，王弼思想是玄学本体理论体现的最好代表。（参见《汤用彤全集》第四卷）另周予同先生在其《经学史论著选集》（增订本）（上海人民出版社，1983年第1版，1996年第2版）中对王弼思想的本体论特征也有强调。其他如牟宗三、余敦康、王葆玹、王晓毅等对此都有相同看法。

显的中国文化精神，及以往儒士解经的宗旨，力求通过解释使经典中的"经世致用"精神呈现出来，并落实至社会中政治、道德等具体领域中。①但毕竟，王弼的经典注释并不只是表现在对经典的政治意义的进一步弘扬上。王弼经典解释中所表现出的主要贡献，应该是他开启了经典解释的一条新的路径，或者说，他开启了经典解释的新眼光、新方法。而这种新眼光和新方法，与他对不同经典精神之间的分别与相通之理解有关，更与他立足于经典的本体深度来彰显经典的经世意义有关。也就是说，王弼作为玄学的代表，其所表现出的儒道关系，与其对儒道经典的解释，及其在这种解释中所表现出的本体与致用紧密结合的做法有关。

回到前面所提出的问题，王弼在经典解释中如何开启了新的眼光与新的方法，在某种意义上便成为从历史等广泛的角度，重新审视魏晋玄学的思想资源问题；以及从这种重新审视中，深刻理解玄学的本体论特征；还有反思玄学作为中国哲学对于中国学术以及社会的作用等的关键环节。

正因为王弼玄学在魏晋玄学的研究中有如此重要的地位，所以，自汤用彤以来，任何一个研究玄学的学者，都对王弼的玄学思想有过深刻的探讨和研究，尤其对于王弼经典注释上的工作，都有不同程度的深入分析。其中，很多学者从不同的角度，如儒道互通、政治哲学、哲学本体论、认识论等，对王弼的经典解释开启的新眼光及新方法，做出了不同的探索。这些探索为全面地认识和理解王弼玄学的意义，无疑都有非常大的贡献。

但回到问题本身来看，各种探索仍然有可进一步深入的地方。如

---

① 王弼解释的经典包括道家的和儒家的。儒家经典的"经世致用"性是毋庸置疑的，道家的经典的"经世致用"性，起码在王弼所注解的《老子》里有所体现，也是件不容怀疑的事情。事实上，自秦汉以来，《老子》一书一直被当作对政治权术及谋略具有指导意义的经典著作。而反观《老子》本身，其中所包含着的政治意味，虽不是在直接讲述政治权术及谋略，却是自觉地讨论如何从根本上治人、治国。

在探索王弼思想的资源问题上，有汤用彤承陈寅恪、章太炎等人之思，提醒注意玄学兴起的社会、人生、学术背景，从而从历史渊源上，把握玄学与儒学的关联。实际上，后来学者如余英时、余敦康、王葆玹、王晓毅、林丽真、瓦格纳等，对玄学的研究，都自觉将汉至魏的社会历史中政治、人生、学术等因素考虑进去，为理解王弼何以站在本体论的角度注解经典的原因，提出了很多有建树的看法。但必须注意的是，学者们的探讨多侧重在王弼玄学对汉儒的批判上，而关于对汉儒吸收的分析稍弱。汤用彤例外，他主张王弼的每一种思想，其实都与汉儒所面对的问题及做出过的努力有关，因而"儒道会通"在王弼那里，有时更突出地是表现为借道弘儒。可是，对于王弼何以能"儒道会通"的原因，汤用彤多自觉从学理上分析，也即是说，他多侧重对王弼与汉儒学术关系的分析，并从这种分析中理解王弼如何弘儒的努力。问题在于，汉儒对儒家思想的坚持，如果是通过经典解释而体现的话，那么，经典中的普遍性意义，在漫长的历史过程中，就有一个变迁的问题。在变迁中，每个阶段所呈现出的面貌不可能完全一样。①汉儒的经典解释对王弼来说，固然是个不可忽略的思想资源，但却不是唯一的思想资源。单从儒家思想的传承上说，王弼经典解释中所表现的对儒家思想的认同、挖掘、发扬，是否还有其他的思想资源，应该是一个值得探讨的问题，尤其是在近年各种简帛的出土及大量相关研究的涌现之后。笔者认为，宜对此进行大胆、仔细的探讨，但由于能力所限，笔者只在个别论文中尝试在学理比较的层次上进行。讨论并不涉及相关的文字训诂及史料考证。②

---

① 这里涉及经典解释的哲学问题。如狄尔泰的解释体验及伽德默尔的解释历史与主观在解释中的介入，使解释必然呈现出多种多样性的看法等。

② 本文集中的三篇论文《王弼对汉儒思想的继承和批判》及《"体无"何以成"圣"？——王弼"圣人体无"再解》《玄远之幕的飘落——王弼〈论语释疑〉的命运》中稍有涉及。学界一直有学者做不同文本的比较及探讨。

另外，如果王弼的玄学不能单纯地理解为以道释儒，或更极端地说，扬道抑儒的话，那么，王弼玄学中的儒道关系，仍是一个值得重新思考的问题。对此，研究王弼思想及玄学的学者，有过各种探索。在这些探索中，基本认为王弼实主"儒道互通"，只是其中的儒是道家化的儒。也就是说，大部分学者多注重王弼思想所体现出的儒道之别，及王弼用道家思想对儒家思想的改造和重塑。在这种意义上，王弼确实属于新道家。但创立现代玄学研究的汤用彤对此有稍为不同的看法。尽管他也强调王弼思想确实是在批判汉儒中标新立异的，但他认为，王弼对汉儒批判的同时也包含着对汉儒所持的儒家理想的坚持，因而，经过王弼改造后的经典解释才最能体现儒家的圣人理想。[1] 由于汤用彤对此问题的分析着墨不算多，王弼玄学中的儒道关系是否可如此看待，没有一个定论。笔者试图吸纳两种不同的看法，结合前面所提到的从更广泛的历史资源上考虑，提出王弼在解经目的上坚持儒家思想，而在解经方法上企图改造儒家原先固有的方法，因而，只是部分地弘扬了儒家思想的观点。

王弼对儒家思想的坚持及改造，是否如儒士所愿，这是王弼思想被后人评价的一个重要参照系。围绕王弼思想而做的评论很多，这也足以表明王弼对于当时及后来中国学术发展史的重要性，仔细分析，其中来自儒家的评论，几乎偏于贬斥，甚至痛斥。显然，这与王弼的初衷不相符。对此，研究王弼思想的学者大都进行了分析。如牟宗三、余敦康、王晓毅、林丽真等对此均有独到看法。[2] 其中牟宗三的看法颇具代表性。他从王弼理论的形式与内容是否一致的问题入手，分析了王弼玄学在某种意义上，对儒家思想的改造，所起的作用不是弘扬，

---

[1] 参见《汤用彤全集》第四卷及笔者后面对汤用彤玄学研究的评论。
[2] 开现代玄学研究之风的汤用彤，对此问题则甚少评论。笔者认为，这与汤用彤期待"玄远之学"救心以能救身之用有关。

而相反是改变。并且这种改变对儒家来说是种伤害。① 但必须看到的是，尽管儒士对王弼玄学有诸种诽议，但在儒家思想的发展史上，王弼玄学却是不能绕开的一个里程碑。② 因而，仔细分析王弼从理论上对儒家思想的改造和继承，仍然必须深入探讨。笔者试图从两个方面继续这种探讨：一是分析王弼从方法上对汉儒的批判，带来儒家思想体现的新气象；二是从目的上分析王弼所用的方法对儒家思想的重塑，可能带来儒家思想体现的何种矛盾，甚至导致儒家思想走入何种困境。

将王弼玄学的作用问题，更加广泛地放在知识分子与社会、政治、人生的关系上进行讨论，从切身的角度看，就将涉及王弼玄学之被研究或现代对魏晋玄学研究的目的的进一步探求。或者更广泛地说，涉及"玄远之学"能否作为一种生活方式的问题。笔者在下面将继续通过对汤用彤玄学研究的介绍和评论，对问题做出尝试性的探讨。

### 三、追问汤用彤未竟的心愿

近现代西方势力的入侵，不仅改变了古老中国政治、经济的存在方式，中国传统的教育、学问方式也遭到挑战。

中国传统学术从来不是书斋中"独善其身"的事。这养成了中国知识分子（士人）学习、学问与家、国、天下事不分的习惯。在某种程度上，中国知识分子也将做学问，变成是理解生活世界、融入生活世界、作为生活世界的一种独特方式。而中国传统的学问方式，在面对外来文化（宗教）时，是否仍然有效，成了近现代中国知识分子纠结的和需不断探索的问题。

汤用彤是一位对现代中国学术有重要贡献的学者。他的学术贡献

---

① 参见氏著：《才性与玄理》，台湾学生书局1993年版，第四章、第十章。
② 学界普遍认为，魏晋是经学发展的一个重要阶段，其中王弼的经典解释是其主要的标志。

都与近现代中国学术能否用新方法对中国传统（包括中国宗教）思想做新解释有关。至今，他示范的学术规范，仍影响着中国佛教史的研究，影响着道教史料的整理研究，更重要的是，他的魏晋玄学研究仍然对中国学者如何理解儒家、道家的哲学，有着深刻的作用。

一般来讲，汤用彤玄学研究的价值不仅在于他独特地将魏晋玄学视为中国学术史上的一个重要阶段，更在于他通过玄学研究，展示了中国传统文化及思想中内在的哲学特性。而这种特性，被汤用彤看作是古今、中外思想在冲突的交流中，能最终融汇的重要途径。汤用彤的玄学研究不仅是一种纯学问探讨，更是他思想的重要表达方式，也如他在魏晋玄学研究中一再强调的那样，玄学（玄思）也是一种人生态度。[1]他试图通过对这种思想文化特性的哲学（概念和方法）和思想史的探讨，于学术及现实两个不同层面，解决"身""心"、"体""用"问题。

实际上，汤用彤在后来对玄学研究有意无意的犹豫和放弃，及回到史学的实证研究上的回避，可说是汤用彤的一种人生与学术的无奈选择。

纵观汤用彤玄学研究的历程，我们看到：但求从驭心之本求驭身之用的玄学，是否真如汤用彤所愿，不仅在玄学研究的曲折历史中，而且在汤用彤实际的人生中，尤其是在汤用彤后来的学术走向与选择中，都是一个需要进一步探讨的问题。

正视这样一个问题，也是直面中国思想及社会发展史上，玄学（以及哲学）的位置及作用问题。如果将中国文化的精神理解为主要为

---

[1] 汤用彤在其魏晋玄学研究中一再强调，玄学不仅关系学理，不仅是一种学问，而且更是一种人生态度和生活方式。他对玄学最突出的方法"言意之辨"同时作如是解读："言意之辨，不惟与玄理有关，而于名士之立身行事亦有影响。按玄者玄远。宅心玄远，则重神理而遗形骸。神形分殊本玄学之立足点。学贵自然，行尚放达，一切学行，无不由兹演出。……形骸粗迹，神之所寄。精神象外，抗志尘表。由重神之心，而持寄形之理，言意之辨，遂亦合于立身之道。"（氏著：《言意之辨》，载《汤用彤全集》第四卷，第33页）

儒家传统所塑造的话,那么,儒家经典所表达的基本精神,就是经世致用,但魏晋玄学对儒家精神的解释,尤其是其体用理论,则隐含着玄远之寄托与现实之经验的重重矛盾。同样,从玄学及魏晋人士,还有汤用彤的学术与人生中,可以看到偏重玄远之心的"哲学","略于具体事物而究心抽象原理","专期神理之妙用"(或无为而有为之用,汤用彤语),在客观上不能作为处理经验现实的具体思想工具。而且,在世俗化的现代社会,玄学或者哲学,如何正视自身的功能,为促进精神生活提供资源,仍然是一个值得关注的重要问题。

因而,汤用彤从事魏晋玄学研究所寄托的经世致用情怀(文化坚守者的情怀)与其学术风格(他所褒扬的学术方式)的矛盾关系问题,依然是其玄学研究在近现代中国学术史上的命运及留下的"玄学"(一种被汤用彤寄望融合新旧学术的独特学术方式)问题。或说,能否借助汤用彤玄学研究留下的问题,再深入展开分析玄学作为一种具有哲学品格的解释工具对儒学(中国学术的核心)发展造成的魅力与困惑,分析玄学作为一种无为而有为的治世论策与政治的矛盾关系,及分析玄学作为一种企求驭心以驭身(汤用彤语)的人生态度对现实人生的复杂和矛盾作用等问题。

## 四、论集论文相关说明

本论集共分三个部分,十一篇论文。

第一部分:"王弼玄学论集"含四篇论文,是关于王弼与儒家思想关系的分析。一是讨论汉儒对儒家思想发展所起的作用及带来的问题,及王弼通过对三种经典的注解,对前面士人(汉儒及清谈士人)留下问题的解决努力。二是讨论王弼在解决儒家圣人问题上,玄思方式的特点。三是透过王弼对《论语》的注释,揭示王弼的努力给儒学发展所带来的问题。四是分析王弼玄思带给儒家经典解释的魅力及困惑。

第二部分："汤用彤玄学研究论集"共五篇论文，讨论汤用彤魏晋玄学研究与儒家思想的关系。一是总论汤用彤魏晋玄学研究的贡献及可能带来的问题。二是从近现代中国学术的转折上，分析汤用彤的文化保守情怀与其作为学问家之间的矛盾。三是从汤用彤最早论文看其如何透过朱子及阳明，对儒家思想的理解及做玄学解释的侧重。四是首重分析汤用彤对儒家思想的玄解，是从精神层面上体现的。五是同样分析汤用彤最早的论文中，如何透过身心关系问题的玄思理解，体现其学问、人生与现实产生矛盾的可能。

第三部分包含两篇论文，为本论集的附录。其中一篇是分析汉学家耿宁先生对王弼玄学的评论。强调耿宁先生将王弼玄学的玄思作用，置放在儒学发展的历程中考察，特别指出宋儒与之有关系。另外一篇是将玄思的魅力与困惑问题，带至近现代中国学术史上分析。透过蔡元培、傅斯年、王国维、欧阳竟无四位学人对"哲学"的理解及问题，提出玄思的问题仍然值得关注。

本文集的十一篇论文，大部分曾修改发表，每篇论文后均有注明。

（2019年2月于中大康乐园）

# 王弼玄学论集

# 王弼对汉儒思想的继承和批判

汤用彤循章太炎"魏晋者俗本之汉,陂陀从迹以至,非能骤溃"[①]之思路,在其治魏晋玄学时一再强调:"魏晋教化,导源东汉。……故玄学固有其特质,而其变化之始,则未尝不取汲于前代前人之学说,渐靡而然,固非骤溃而至。今日而欲了解玄学,于其义之所本,及其变迁之迹,自不可忽略也。"[②]魏晋玄学与汉代儒学,从历史发展过程的相续来说,必定有渊源关系。但汉代儒学究竟提供给玄学何种思想资源,对此,精研这段历史的史学家唐长孺有这样的看法:"玄学的理论乃是东汉政治理论的继承与批判,其最后目标在于建立一种更适合的政治理论,使统治者有所遵循以巩固其政权。"[③]

## 一、儒家的述古与经世

由于汉代独尊儒术,因而汉代学术与儒家思想有非常密切的关系。进一步来说,这种关系是通过当时士人[④]对儒家经典的注释表现出来

---

① 《章氏丛书·文录》卷一,转引自《汤用彤全集》第四卷,第22页。
② 《汤用彤全集》第四卷,第22页。
③ 唐长孺:《魏晋南北朝史论丛》(外一种),河北教育出版社2000年版,第276页。
④ 采"士"来统称"儒者""儒家""儒士"及魏晋"名士",主要是沿用余英时在《士与中国文化》(上海人民出版社1987年版)中对"士"的用法,即是在知识分子的泛义上称"士"。

的。所以，汉代学术在某种意义上，也可以说是经学。

但汉代士人治经，很重要的一个目的，就是"经世致用"。这从广泛意义上说，经学具有政治理论的意味。这种为学求用的自觉，在汉代儒家看来，与孔子所首先体现的儒家精神存在极大的关系。

孔子一生致力于弘扬古代的理想，试图通过自己的身体力行而倡导一种理想的社会模式。而对于这个他一生推行的理想，孔子却"述而不作"（《论语·述而》），只在言行和教化中，"祖述尧舜，宪章文武"（《中庸》三十章）。由于孔子所追求之理想与古人的社会制度及经验生活等有关，所以孔子要强调它们对当下社会的建设及人性的修养具有示范作用，必须不拘时空之限，而挖掘其中超越之意涵。而在孔子的教化中，这种挖掘并不是与实际生活情景或问题分割开来进行纯粹抽象的空谈，相反，孔子通过自己的言行及对不同弟子的不同教化，充分展示了被倡导的理想如何能在不同的情景下针对不同的问题而体现。记载孔子言行的《论语》对此有具体的描述。[1] 如儒家思想中的重要观念"仁""礼""乐"等，孔子的论述除针对弟子所提问题外，答案还得就具体的语境而定。按徐复观的话来说，孔子将远古社会政治及生活所透显的人类理想落实在现实的生活中来"活学活用"，无疑开启了中国历史上对"普遍的人间的理念"的追求与实践。[2]

孔子之后，其所力倡的儒家理想成为儒门自觉担当的使命。按《论语》描述，孔子身前，其弟子、门人对其所力倡的儒家理想，理解就未必一致。而孔子身后，其弟子由于学术观念的分歧，更是"儒分为八"[3]。但如何才能使连孔子也没有清晰界定，对不同的社会及人同

---

[1] 《论语》一直被看作是记录孔子通过言行表达对古人理想理解的经典。如《汉书·艺文志》中说："《论语》者，孔子应答弟子时人及弟子相与言而接闻于夫子之语也。当时弟子各有所记。夫子既卒，门人相与辑而论纂，故谓之《论语》。"

[2] 参见氏著：《中国人性论史·先秦篇》，上海三联书店2001年版，第四章。

[3] 《韩非子·显学篇》对孔门弟子之分派有明确的描述。其后《史记》等对各弟子理解孔子思想时的具体执着也各有描述。

样具有教化作用的理想有一致的理解，成了儒门及其经典传承的一大问题。

汉代之前的孟子与荀子所做的努力，对于问题的解决有一定的意义。按《史记》断定，孟子的学术渊源与孔子后代子思的思想有极大关系①，但确实的材料一直较为缺乏。直到最近出土的简帛文献，其中与儒家经典相关的篇章，被考证为是子思一派所作，而且其中的一些思想与孟子有密切关联，才从间接的角度，印证了《史记》中的说法。②孟子从人性论上，提出了对儒家思想理解的一个重要角度。但孟子对人性的理解，仍然不取纯粹的抽象思辨。他矢志继承孔子的大业，将孔子教化的方式发展为对孔子理想理解的观念模式。在这种观念模式里，他既对将理想之理解放在具体事物的类比中进行，又放在历史事实中加以证明，从而使理想的被理解能穿越时空，穿越人物，在自然与人文、身与心、个人与社会的贯通中进行。③孟子的努力，使儒家思想传承中的抽象理念与具体现实的矛盾，得到一定程度的解决。而事实上，孟子对历史例证的解释，尤显这种解决问题方式的力度。

而后来与孟子同时代的另一位思想家荀子，也对解决儒家理想如何被不同的人所理解及践行的问题做出了贡献。④荀子对儒家政治理想的理解方式，不同于孟子，他立足于客观、自然、现实的角度来理解孔子所力倡的儒家精神。如他对自然人性的说明，从某种意义上，改变了孔孟儒学为实现理想而侧重教化的方式，转而强调理想之实现应该真正落实在社会建设上。这种为实践而作的理解方式，使经典的解

---

① 《史记》（中华书局1997—1998年版）卷七十四说："孟轲，驺人也。受业于子思门人。"
② 参见"简帛研究"网站 http://www.bambooslik.org/，以及"简帛网"http://www.bsm.org.cn/ 的相关文章。早期庞朴先生主持简帛研究网站时，对简帛中相关子思学派的研究有侧重推介。
③ 黄俊杰的《孟学思想史论》（卷一），对孟学的思维模式有独到及严谨的分析。（参见氏著：《孟学思想史论》，台北东大图书公司1991年版，第一章）
④ 《史记》卷七十四说："荀卿嫉浊世之政，亡国乱君相属，不遂大道而营于巫祝，信讥祥，鄙儒小拘，如庄周等又猾稽乱俗，于是推儒、墨、道德之行事兴坏，序列著数万言而卒。"

释与经典理想实现的期待并进,为儒学"经世致用"品格的体现,开辟了新的路径。

但无论是孟子还是荀子,他们为儒家思想的充分体现而做的探讨,仍然给后来的士人留下许多的问题。孟子的理解方式太过主观,使儒家理想中的普遍性品格,易被人主观的愿望(应该)所替代。而荀子的理解方式,尽管相对现实和客观,但又太过依赖自然物象及具体人事的经验认识,使儒家理想中的普遍性品格有可能被遮蔽起来,而得不到彰显。①

这种种问题,在汉代儒士那里,又呈现为另一番面貌。

## 二、汉儒政治思想的实质及其问题

孔子创立儒学,是为理想社会之实现提供思想资源,因而,儒学具有政治理论的意味。儒士从政则在一定程度上使儒学的政治抱负能在现实中真正落实。但秦始皇对儒生迫害的历史,则提醒儒士即使有机会从政,儒家理想能否完全实现,仍不可能是儒士力所能及的事情。这样,儒家与现实政治便有了双重的关系,一是通过从政而实现"以天下为己任"的抱负;二是能否通过作为促使社会向理想方向发展,则与真正的政治家,尤其是统治者对儒学的理解有关。现实政治的动荡不安,使怀有抱负的儒士能够在多大程度上参政,往往是一个未知数。②

但毕竟,汉代以来儒士的从政③,使原先孔孟只是借学术谈政治的

---

① 参见黄俊杰《孟学思想史论》;徐复观《中国人性论史·先秦篇》第六章"从性到心——孟子以心善言性善"及第八章"由心善向心知——荀子经验主义的人性论";林丽真:《重建儒学思想体系的荀子》,《中华文化复兴月刊》(台湾)第13卷第11期。

② 参见阎步克:《士大夫政治演生史稿》,北京大学出版社1996年版;陈明:《儒学的历史文化功能——士族:特殊的知识分子研究》,学林出版社1997年版。

③ 《史记·儒林列传》说:"公孙弘以春秋白衣为天子三公,封以平津侯。天下之学士靡然乡风矣。"

状况得到改变，这种改变在某种程度上，也改变了以往儒士理解儒家经典及儒家思想的方式，并且在这种理解中建立起了新的儒学理论。原先儒士在现实政治及生活中的失意，一方面使其有意无意地将儒家理想的体现，追溯至遥远的古代社会；而另一方面使其在理解儒家理想的普遍品格时，对现实政治与生活持有一定的批判态度。但汉代以来的儒士由于实际参政，对现实社会政治与生活，从角色要求来说，有维护的责任。因而，对于被认为最能体现儒家政治理想的古代社会，如何重新理解，就成了一个较为复杂的问题。

汉儒政治理论，是汉儒重说儒家思想的体现。

从哲学上看，两汉的思想基本上都被笼罩在董仲舒的天人学说之下。这个学说不是追求与经验脱节的形上学，相反，它是以宗教神学为框架而建立的政治理论体系。汉儒政治理论的特性，由董仲舒奠定及阐发，这早成定论。班固在《董仲舒传》中称赞道："仲舒遭汉承秦灭学之后，六经离析，下帷发愤，潜心大业，令后学者有所统一，为群儒首。"[①] 而董仲舒能为群儒首的主要原因在于："董仲舒治《公羊春秋》，始推阴阳，为儒者宗。"[②] 具体而言就是："董仲舒……把阴阳四时五行的气，认定是天的具体内容，伸向学术、政治、人生的每一个角落，完成了天的哲学大系，以形成汉代思想的特征。"[③]

可是，董仲舒将天与儒道之行的相关与否，变成为汉儒政治理论的主题，有其原因。

在儒士看来，儒家崇仁政、德治，这是孔孟所定之基调。以是否行仁政、德治来评判现实政治，儒士有这样的看法：

尧舜三王之业，皆繇仁义为本。仁者，所以理人伦也，故圣

---

① 《汉书·董仲舒传》，中华书局 1997—1998 年版。
② 《汉书·五行志第七上》。
③ 徐复观：《两汉思想史》卷二，台湾学生书局 1976 年版，第 296 页。

人以为治首。或曰：发号出令，利天下之民者，谓之仁政；疾天下之害于人者，谓之仁心。二者备矣，然后海内应以诚，惟君侯深观往古，思本仁义至诚而已。①

所以历代儒士无不以说服统治者行仁政、德治为己任，汉儒之首董仲舒也不例外。他心疼于当权人君不明秦灭之因是"废德教而任刑罚，刑罚不中，则生邪气；邪气积于下，怨恶蓄于上，上下不和，则阴阳谬戾而妖孽生矣，此灾异所缘而起也"②；不明"今废先王之德教之官，而独用执法之吏治民。毋乃任刑之意与？孔子曰：不教而诛谓之虐，虐政用于下。而欲德教之被四海，故难成也"③；不明历史上"尧舜行德，则民仁寿，桀纣行暴，则民鄙夭"④；不明"汉得天下以来，常欲善治，而至今不可善治者，失之于当更化而不更化也"，失之于"所任者非其人，而所由者非其道"⑤。为了使统治者在现实政治中能行儒士所倡之仁政、德治，董仲舒首先强调知天是行仁德之治的关键，因为仁政、德行直通于天：

仁之美者在于天。天，仁也。天覆育万物，既化而生之，有养而成之，事功无已，终而复始；凡举归之以奉人。察于天之意，无穷极之仁也。人之受命于天也，取仁于天而仁。⑥

恶之属尽为阴，善之属尽为阳。阳为德，阴为刑。刑反德而

---

① 董仲舒：《诣丞相公孙弘记室书》，《全汉文》卷二十四，《全上古三代秦汉三国六朝文》，中华书局1959年版。
② 董仲舒：《元光元年举贤良对策》，《全汉文》卷二十三，《全上古三代秦汉三国六朝文》。
③ 董仲舒：《元光元年举贤良对策》，《全汉文》卷二十三，《全上古三代秦汉三国六朝文》。
④ 董仲舒：《元光元年举贤良对策》，《全汉文》卷二十三，《全上古三代秦汉三国六朝文》。
⑤ 董仲舒：《元光元年举贤良对策》，《全汉文》卷二十三，《全上古三代秦汉三国六朝文》。
⑥ 董仲舒：《春秋繁露·王道通三第四十四》，苏舆撰，钟哲点校：《春秋繁露义证》，中华书局1992年版。

顺于德，亦权之类也。……是故天以阴为权，以阳为经。阳出而南，阴出而北。经用于盛，权用于末。以此见天之显经隐权，前德而后刑也。①

从哲学眼光看，天是超然的神圣根源，名刑则是天在时空、社会、人事中的具体行迹，仁、德则是沟通二者的重要桥梁。在这里，董仲舒无疑将儒所倡的仁政、德治通过与天的超然、神圣性相连，使之增添了一种人不得不如此去行的权威性。也就是说，董仲舒通过天，使德治、仁政在现实中实行的必然性，变成一种并不是来自儒士主观臆发的理想，而是实实在在的、不得不如此去行的客观要求。

可是现实中，天与人事或天与仁、德的相关性，在董仲舒看来，却唯有作为圣人的孔子才真正明白：

> 天人之征，古今之道也。孔子作《春秋》，上揆之天道，下质诸人情，参之于古，考之于今。故《春秋》之所讥，灾害之所加也；《春秋》之所恶，怪异之所施也。书邦家之过，兼灾异之变，以此见人之所为，其美恶之极，乃与天地流通而往来相应，此亦言天之一端也。②

这样，董仲舒不仅强调了儒士通晓天、德之关系，而且其所言、所喻能直指现实利害、灾异之所在。汉初政治统治的不得法，就在于当权者不明白儒经之重要，而乱循他法所致，因此董仲舒循循劝诱统治者要遵儒道、用儒士，唯此，才能达统一之大业：

---

① 董仲舒：《春秋繁露·阳尊阴卑第四十三》，苏舆撰，钟哲点校：《春秋繁露义证》。
② 董仲舒：《元光元年举贤良对策》，《全汉文》卷二十三，《全上古三代秦汉三国六朝文》。

> 《春秋》大一统者,天地之常经,古今之通谊也。今师异道,人异论,百家殊方,指意不同,是以上亡以持一统;法制数变,下不知所守。臣愚以为诸不在六艺之科、孔子之术者,皆绝其道,勿使并进,邪辟之说灭息,然后统纪可一,而法度可明,民知所从矣。①

由此,董仲舒将儒家政治思想借天改换成一种客观实在的必然要求,又将这种必然要求的解释权重放回儒士手中。但这样的做法,只能使儒士在现实中拥有部分地指导、评判统治者的言行的权力,不能保证汉朝人君在观念及行为上完全接受儒家思想。

为对现实政治真正发挥作用,董仲舒继续借天抒发其理论。

董仲舒从帝王、人君之命与天相配,强调帝王、人君自身便有知天、法天之能。他说:

> 臣闻天之所大奉使之王者,必有非人力所能致而自至者,此受命之符也。②

> 上通五帝,下极三王,以通百王之道,而随天之终结,博得失之效,而考命象之为,极理以尽情性为宜,则天容遂矣。③

> 天高其位而下其施;藏其形而见其光。高其位,所以为尊也;下其施,所以为仁也;藏其形,所以为神;见其光,所以为明。故位尊而施仁,藏神而见光者,天之行也。故为人主者,法天之行,……是故内深藏,所以为神;外博观,所以为明也;任群贤,所以为受成;乃不自劳于事,所以为尊也;泛爱群生,不以喜怒

---

① 董仲舒:《元光元年举贤良对策》,《全汉文》卷二十三,《全上古三代秦汉三国六朝文》。
② 《汉书·董仲舒传》。
③ 董仲舒:《春秋繁露·符瑞第十六》,苏舆撰,钟哲点校:《春秋繁露义证》。

赏罚，所以为仁也。……此人主所以法天之行也。[1]

人主立于生杀之位，与天共持变化之势，物莫不应天化。[2]

由于"夫王者不可以不知天"[3]，而且王者也有知天、法天之能，那么高远、隐蔽之天又何以示人，使其知和法呢？董仲舒在这里突出的是阴阳五行之变及人事灾异之象对天意的昭示，以告人君、王者对现实中这些有迹可循之征兆不可轻忽：

天无所言，而意以物。物不与群物同时而生死者，必深察之，是天之所以告人也。[4]

天意难见也，其道难理。是故明阴阳、入出、实虚之处，所以观天之志。辨五行之本末顺逆小大广狭，所以观天道也。天志仁，其道也义。为人主者，予夺生杀，各当其义，若四时；列官置吏，必以其能，若五行；好仁恶戾，任德远刑，若阴阳。此之谓能配天。[5]

由此，董仲舒及后来儒士都力倡阴阳五行、人事灾异等变象，来证天道时的重要性，以图使人君、王者在知天、行事时能凭这些迹象做出判断。这在一定程度上使儒士对现实政治的抱负和对理想的倡导变为在具体行事时，与统治者一道对具体事象、变异背后之天意的猜测和解释。这种将天意与君主之命、阴阳五行、人事灾异等具体形迹连在一起的做法，后人认为除有从客观上加强统一权威的作用外，也

---

[1] 董仲舒：《春秋繁露·离合根第十八》，苏舆撰，钟哲点校：《春秋繁露义证》。
[2] 董仲舒：《春秋繁露·王道通三第四十四》，苏舆撰，钟哲点校：《春秋繁露义证》。
[3] 董仲舒：《春秋繁露·天地阴阳第八十一》，苏舆撰，钟哲点校：《春秋繁露义证》。
[4] 董仲舒：《春秋繁露·循天之道第七十七》，苏舆撰，钟哲点校：《春秋繁露义证》。
[5] 董仲舒：《春秋繁露·天地阴阳第八十一》，苏舆撰，钟哲点校：《春秋繁露义证》。

有规限帝王作为的含义。

> 灾异和符命是董仲舒思想体系中的两个主要内容,二者把天与人紧密联系在一起,共同组成为一个完整的内圣外王之道。它以虚幻的神学形式从两个不同的侧面满足了当时的历史需要。一方面,为了维护大一统的政治局面,必须树立君主的绝对权威,另一方面,为了防止君主拒谏饰非,任意妄为,又必须使他遵循某种客观的准则,受到一定的制约。如果说关于符命的思想是为君权的绝对性提供神学依据,那么关于灾异的思想则是假借天意赋予臣下以一定的批评朝政的权利。①

但天人学说在汉儒政治理论中的核心地位,至此,又由本来抽象、客观(高远、超然)的必然要求重新坠落为具体的形迹规限,不免与事物无常变异及人心随意猜测、人情变幻的喜好等偶然迹象纠缠一起。儒士原来倡导的道德理想,一旦落入现实政治的争斗中,便容易失去原则,成为对统治者意愿变相迎合、任意解释的附庸。后人指责这有违孔孟儒学,使儒学变为迷信:

> 汉儒专以灾异、谶纬、与夫风角、鸟占之类为内学。如徐儒之徒多能此,反以义理之学为外学。且如《钟离意传》所载修孔子庙事,说夫子若会射覆者然,甚怪。②

同时,汉代儒士也由于耽于"五行灾祥之说""易姓受命之符",而变为"伪儒""巫史","大抵皆方士之言,非君子之所齿也"。③ 更为严

---

① 余敦康:《何晏王弼玄学新探》,齐鲁书社1991年版,第20页。
② 《朱子语类》卷一三五,中华书局1988年版。
③ 王夫之:《读通鉴论》,中华书局1975年版。

重的是，由于天道逐渐演变成迷信、术数之类的东西，王者、人君如儒士所言循天行事，不免出现汉儒"援天道以证人事，若有杪乎不爽者"①。而帝王更"尤笃信其术，甚至用人行政亦以谶书从事"②。有人训斥，这些"信天道而背人略者，是昏乱迷惑之主，覆国亡家之臣也"③。

随着汉王朝的衰落、终结，士人们对曾在汉王朝发挥过重大作用的汉儒政治理论进行了重整。④

## 三、汉魏清谈及问题⑤

魏晋玄学的兴起，在某种意义上，将汉儒的政治理论探讨，变成为一个与士人生存切身相关的问题。这个问题便是：如何解释知识分子（士人）在实际人生中，承担社会责任与追求个体精神自由之间的

---

① 赵翼：《廿二史札记》卷二，中华书局1984年版。
② 赵翼：《廿二史札记》卷四。
③ 仲长统：《昌言下》，《全后汉文卷八十九》，《全上古三代秦汉三国六朝文》。
④ 唐长孺的《魏晋南北朝史论丛》（外一种）、余英时的《士与中国文化》、汤志钧等的《西汉经学与政治》（上海古籍出版社1994年版）、徐复观的《两汉思想史》、蒙文通的《经史抉原》（巴蜀书社1995年版）、《周予同经学论著选集》（上海人民出版社1996年版）及阎步克的《士大夫政治演生史稿》等著作中，均介绍和评价了两汉及魏晋初期的士人，为完善汉儒政治理论所做的各种努力及其得失。
⑤ 一般将汉末的辩论求理称为"清议"，而魏晋的则称为"清谈"，也有通称为"清谈"的。如果是在分别意义上说二者的关联，王晓毅借汤用彤、唐长孺的看法概说："魏晋清谈渊源于汉末清议，因为清议兴起了士人交游谈论人物的风气，并且由具体人物品评向人材抽象标准变化。抽象人材标准将涉及许多理论课题，所以最终导致了以辩论玄理为内容的清谈诞生。"（氏著：《王弼评传》，南京大学出版社1996年版，第100页）在本文中，笔者是在用"清谈"通称角度上，讨论清议与清谈二者对汉儒问题解决的努力。相关研究参见唐长孺《魏晋南北朝史论丛》（外一种）中相关论文：《清谈与清议》、《魏晋才性论的政治意义》及《魏晋玄学之形成及其发展》。另参见陈寅恪著、万绳楠整理：《魏晋南北朝史讲演录》，黄山书社1987年版；徐复观：《两汉思想史》；余英时：《士与中国文化》；刘汝霖：《汉晋学术编年》、《东晋南北朝学术编年》，上海书店1990年版。贺昌群：《魏晋清谈思想初论》，商务印书馆1999年版；唐翼明：《魏晋清谈》，台北东大图书公司1992年版。何启民：《魏晋思想与谈风》，台北学生书局1990年版；孔繁：《魏晋玄谈》，辽宁教育出版社1991年版；庞朴：《名教与自然之辩的辩证进展》、《名理学概述》、《王弼与郭象》（未完），载《沉思集》，上海人民出版社1982年版。上述著作或文章中也有讨论汉末至魏晋的名理学、才性品鉴等清谈及论辩。

矛盾。

　　这个问题的提出，使得儒家理论意涵有所改变。政治的含义不仅指社会政治制度的建设，而且涉及个体与社会的关系，或广义上的理想社会之建立。但突显个体精神与社会的矛盾，却是由士阶层的特殊身份所决定的。由孔子胸怀大志，因不受重用而矢志传经开始，儒门便与现实政治有着深刻的隔阂。这种隔阂，除现实政治的统治者对知识分子的"慧眼不识"之外，还有知识分子本身精神上的优势，使知识分子在一定程度上保持对现实政治的反思和批判态度。即使至汉代，进仕制度的创立，使知识分子一方面可通过博取功名来落实孔子倡导的知识分子不得不承担的社会责任；而另一方面，却要求知识分子的人生价值必须较为独特地体现在学理的把握和知识的丰富上。第一方面，固然使士阶层没有彻底独立于社会的可能，但第二方面，则可能使士阶层在精神上有优越于常人之处。作为知识分子标志的精神上的优势，使中国知识分子日益将孔子以来士阶层不得不承担的社会责任，转化为一种自觉承担的使命，而同时，中国知识分子也日益明白自觉承担的使命与现实政治有着一定的距离。从这种意义上说，使命的坚持不纯粹体现在能否实际从政，而且还必须体现在能否保持精神上的独立。如何化解对现实社会及政治的责任感与精神品格上相对独立、自由的追求之间的矛盾，越来越变成儒士重说政治理论的一个重要动机。

　　魏晋玄学的兴起有深刻的历史原因。只是社会、人生的变化，都被当时士人以自己独有的方式，变为自己不得不面对的学理问题。

　　汉末至魏晋时期，社会、国家的分崩离析，使得人的命运如烟云一般无法安定。个人以至一个阶层的存在价值究竟从何获得，成为严重的问题。原来使知识分子晋身仕阶层的礼教、刑名几流于空设，造伪层出不穷，凭此进仕及不凭此进仕的知识分子的人生都动荡不安。汉末、晋初，知识分子中掀起一场才性品鉴的论辩。"实立而名从"的名理学将"名"对人实际价值之显现的限制意义不断降低。① 这种讨论强调将考名与指实重新联系起来，对魏晋玄学产生了重大的影响。从学理意义上说，名不管是谁立，其所依、所指，都需经实的对照才有意义。这个观点，被后来的学者认为，士人其实是接着王充的看法说的。徐复观在他的《两汉思想史》第二卷中指出，王充思想的最大特点是他将抽象理念的理解与人生的实际体验结合起来，从其个人的际遇中否定"天命"的存在。从另一层意义上说，就是王充坚持将名所指与经验所感之实作对照，而否定纯粹的必然存在。②

与汉儒强调从天命来理解儒家思想的做法相比，王充对儒家思想的理解，不仅扫除了理解上的任意、迷信、神秘色彩，而且从"经世致用"的目的来看，也多了与个体独立存在相关及指实的意味。

但这种方式，并未从实际上为知识分子对问题的解决提供真正切实可行的路径。首先，当时知识分子仍将进仕、从政，看作"以天下为己任"的表现方式。因而，他们各自的不幸遭遇并不可能成为他们否定整个礼教、刑名等存在的最佳理由。更何况礼教、刑名在知识分子看来，本就是孔子社会理想能得落实的重要表现。因而，他们自觉要做的是怎样使得僵死的礼教、刑名有一定的灵活性，以便让不同的

---

① 汉儒之首董仲舒强调"名"为圣人对天意之发，有其神圣性，故需正名。"天不言，使人发其意。弗为，使人行其中。名则圣人所发天意，不可不深观也。""名生于真，非其真弗以为名。名者，圣人之所以真物也。""事各顺于名，名各顺于天。天人之际，合而为一。"（《春秋繁露·深察名号》）而至汉末、晋初，"名"的神圣性被其所指之"实"的客观性与可变性削弱。其时士人强调："名者所以名实也。实立而名从之，非名立而实从之也。故长形立而名之曰长，短形立而名曰短；非长短之名先立，而长短之形从之也。"（徐干：《中论·考伪》，见孙启治校诂：《中论解诂》，中华书局2014年版）"是故有号者必称典，名理者必效于实：则官无废职，位无非人。"（王符：《潜夫论·考绩》，汪继培：《潜夫论笺校正》，中华书局1985年版）唐长孺先生这样理解"名理学"："从名实出发的学问即是名理学。名理家大抵以名辩方法考察名与实的关系，入微言轻推行正名与循名核实政治的张本。名理也即是上述刑名或形名之学，他们的目标具体一点来说即是企图在原则上决定选举和人与职位配合的标准。"（唐长孺：《魏晋南北朝史论丛》[外一种]，第307页）

② 另，余英时在《士与中国文化》中也肯定了王充思想对当时才性品鉴的影响。

人在其中生活。从实现儒家理想来说，就是让具体的礼教与刑名，在一定程度上，具有透显抽象理念和允许不同的人通过自己的实践体现的可能。

实际上，礼教与刑名一旦成为政治的实际形式，其如何改变，不可能完全是知识分子力所能及的。当时的士人也明白这点，因而，他们在学理上力图要做的还有另一件事情，就是说服自己去适应与面对无法独力改变的人生使命和人生命运。而取功名、为社会承担责任，就是当时知识分子必然要面对及从未打算逃避的使命和命运。

要使儒家理想的普遍性品格与政治现实、个体生存等相关起来，单纯地按传统的通过对具体行迹（包括现实的与历史的）的不断比喻，来体会其中的"道理"，已越来越显其狭隘性。王充的指实更使这种具体与经验的狭隘性，有可能遮蔽理想的普遍性。如何克服现实遭遇给儒家理想之理解与落实带来的难题，便成汉魏士人共同探讨的问题。

前期汉末月旦人物、品鉴才性的清议已为这个问题的解决提供了出路的曙光。在辩论中，人们涉及"言不尽意"的问题，尤为有意义。"实在"或"实存"在这里转为"意"，"名"转为"言"，意味着对人物才性的评价，须心神领会，未必只看实际作为多大。①

这种理解虽然可以克服原来太过拘谨于具体"名""实"的狭隘做法，但对具体言行的着重"意"评，或"言意之辩"中过多涉及理会与精神的问题，就使"实"之"立"有了多种多样的可能性，并且这些可能性及实际落实的效果，按照理会或"意"评来说，就不可能有确实的标准。由于当时士人对三玄（老、庄、易）的重视，使得这种

---

① 余英时认为，清谈中的"言意之辩"与反思汉代鉴人注重形体的思想有关。王充在其《论衡·骨相》已感自形体观人之不足。汉末，在对才性品鉴等的清议中，更将批评人物，应留意神味。刘劭在《人物志》卷上《九徵篇》中，提出观察精神为鉴识之最高原则。与神鉴之论相辅而行者有所谓"言不尽意"之说。《艺文类聚》卷十九欧阳建《言尽意论》说："世之论者以为言不尽意，由来尚矣，至乎通才达识咸以为然。若夫将公之论晔子，钟傅之言才性，莫不引此为谈证。"（参见余英时：《士与中国文化》，第364—365页）

倾向一方面体现为汉末至晋初士人决意摆脱"名"困的努力；另一方面预示士人努力的方式多侧重在学理或精神上，对行为如何没有直接的影响。

显然，探讨的结果，导致了儒家思想的理解与实践开始出现分离状态。政治意味不仅让位于人生意味，而且人生意味中的实践性也让位于精神性。但在儒家思想中，二者本是不可分离的一体。孔子胸怀大志而身体力行，孟子及荀子对圣人理想知行合一的强调，都使汉魏清谈中表现出的"虚行"而"任性"的做法，有了被再反思的必要。

## 四、玄学兴起

魏晋玄学的兴起，使汉末晋初的清议、清谈，在思想深度上有了向前迈进一步的可能。① 而在其中，以王弼所起的作用最引人注目。

后人所称的"玄学"，与魏晋士人注解"三玄"（《周易》《老子》《庄子》）有关。而王弼注解的是儒家经典的《周易》《论语》和道家的《老子》。或许在当时士人看来，注解经典，是批判旧思想、建立新观念最恰当的方式。魏晋玄学在某种意义上，是儒家经学重建中的一种新学术形态。这种经学的特点，汤用彤概括为："学贵玄远，则略于具体事物而究心抽象原理。论天道则不拘于构成质料（Cosmology），而进探本体存在（Ontology）。论人事则轻忽有形之粗迹，而专期神理之妙用。"②

玄学的探讨，对于儒家理想及其践行来说，最具特色的便是，它站在本体论角度，提出只有把握主宰万有及人事之"道"，才可以真正领会圣人的精神实质。或换句话说，玄学从学理上，将汉儒着重从经

---

① 唐长孺认为，玄学用老庄思想重说儒家理论，将清议、清谈中的名理研究，发展至"无名""无为"思想。（参见唐长孺：《魏晋南北朝史论丛》［外一种］，第310页）

② 《汤用彤全集》第四卷，第22页。

验的眼光看待儒家理想的方式，提升为抽象、玄远的思想方法。这种做法，使儒家思想中的普遍性意义与特定历史经验，如政治制度、个人行迹分离开来，成为对不同时代的人生与政治实践具有指导意义的普遍义理。同时，它既使儒家思想的普遍意义不因具体的形迹所拘限，又保证了它被接受的可信性及对于个体精神的自由性。这后一点，在王弼的"适变"理论与郭象的"独化"理论中，尤其显著。这样一种理解，不仅化解了汉儒政治思想中"名"与"实"的紧张，又避免了汉魏清谈中过分随"意"以至行为上放任自流的问题。使汉代以来知识分子的实际生活中遵守规范与精神自由的矛盾，在一定意义上得到解决。

在魏晋玄学研究中，王弼一直被认为是玄学思想最重要的代表人物。因而，研究他的思想，可以帮助我们更好地理解魏晋玄学对于儒家思想发展的意义。

第一，王弼是正始玄学[①]的主将。其特殊的身世与短暂的人生，对人们理解其经典解释中表现的玄学思想有一定的启发。完整记载王弼生平及学术的是《三国志·魏书》卷二十八《钟会传》中注引的何劭的《王弼传》。[②] 其中提到王弼的家族，据考，王弼家族与当时的荆州

---

[①] 高晨阳这样定义正始玄学："正始是魏齐王曹芳的年号，始于公元240年，终于公元249年。正始玄学，史籍亦称'正始玄音'。它较之汉代经学及后来的玄学，有其显著的特点。从理论内容上看，正始玄学以老子思想为根基确立了'以无为本'的哲学命题，主旨在通过本末有无之辨以调整自然与名教的关系，为名教之治确定一个形而上的根据。"（氏著：《儒道会通与正始玄学》，齐鲁书社2000年版，第79页）

[②] 何劭所作《王弼传》为："初，会弱冠与山阳王弼并知名。弼好论儒道，辞才逸辩，注《易》及《老子》，为尚书郎，年二十余卒。"弼字辅嗣。何劭为其传曰：弼幼而察慧，年十余，好老氏，通辩能言。父业，为尚书郎。时裴徽为吏部郎，弼未弱冠，往造焉。徽一见而异之，问弼曰：'夫无者诚万物之所资也，然圣人莫肯致言，而老子申之无已者何？'弼曰：'圣人体无，无又不可以训，故不说也。老子是有者也，故恒言无所不足。'群亦为傅嘏所知。于时何晏为吏部尚书，甚奇弼，叹之曰：'仲尼称后生可畏，若斯人者，可与言天人之际乎！'正始中，黄门侍郎累缺。晏既用贾充、裴秀、朱整，又议用弼。时丁谧与晏争衡，致高邑王黎于曹爽，爽用黎。于是弼补台郎。初除，觐爽，请闲，爽为屏左右，而弼与论道，移时无所他及，爽以此嗤之。时爽专朝政，党与共相进用，弼通俊不治名高。寻黎无几时病亡，爽用王沈代黎，弼遂不得在门下，

学派有关系。① 这对理解王弼取义理角度阐发思想，有非常重要的意义。

第二，据记载，王弼家族因蔡邕送书，王弼因是可能读到大量先儒的著作。也就是说，除经典本身外，很多解释经典的著作，王弼应该不会陌生。② 注意这点，对理解王弼经注中，可以不提《庄子》而有《庄子》之痕迹③ 等，同样会有极大的帮助。如王弼注《老子》第八章中说："失无为之事，更以施慧立善，道进物也。行术用明，以察奸伪，趣睹形见，物知避之。故智慧出则大伪生也。其美之名，生于大恶，所谓美恶同门。六亲，父子、兄弟、夫妇也。若六亲自和，国

---

（接上页）晏为之叹恨。弼在台既浅，事功亦雅非所长，益不留意焉。淮南人刘陶善论纵横，为当时所推。每与弼语，常屈弼。弼天才卓出，当其所得，莫能夺也。性和理，乐游宴，解音律，善投壶。其论道傅会文辞，不如何晏，自然有所拔得，多晏也，颇以所长笑人，故时为士君子所疾。弼与钟会善，会论议以校练为家，然每服弼之高致。何晏以为圣人无喜怒哀乐，其论甚精，钟会等述。弼与不同，以为圣人茂于人者神明也，同于人者五情也，神明茂故能体冲和以通无，五情同故不能无哀乐以应物，然则圣人之情，应物而无累于物者也。今以其无累，便谓不复应物，失之多矣。弼注易，颍川人荀融难弼大衍义。弼答其意，白书以戏之曰：ّ夫明足以寻极幽微，而不能去自然之性。颜子之量，孔父之所预在，然遇之不能乐，丧之不能无哀。又常狭斯人，以为未能以情从理者也，而今乃知自然之不可革。足下之量，虽已定乎胸怀之内，然而隔旬朔，何其相思之多乎？故知尼父之于颜子，可以无大过矣。'弼注《老子》，为之指略，致有理统。著《道略论》，注《易》，往往有高丽言。太原王济好谈，病老、庄，常云：ّ见弼易注，所悟者多。'然弼为人浅而不识物情，初与王黎、荀融善，黎夺其黄门郎，于是恨黎，与融亦不终。正始十年，曹爽废，以公事免。其秋遇疠疾亡，时年二十四，无子绝嗣。弼之卒也，晋景王闻之，嗟叹者累日，其为高识所惜如此。孙盛曰：易之为书，穷神知化，非天下之至精，其孰能与于此？世之注解，殆皆妄也。况弼以傅会之辨而欲笼统玄旨者乎？故其浮义则丽辞溢目，造阴阳则妙赜无闻，至于六爻变化，群象所效，日时岁月，五气相推，弼皆摈落，多所不关。虽有可观者焉，恐将泥夫大道。博物记曰：初，王粲与族兄凯俱避地荆州，刘表欲以女妻粲，而嫌其形陋而用率，以凯有风貌，乃以妻凯。凯生业，业即刘表外孙也。蔡邕有书近万卷，末年载数车与粲，粲亡后，相国掾魏讽谋反，粲子与焉，既被诛，邕所与书悉入业。业字长绪，位至谒者仆射。子宏字正宗，司隶校尉。宏，弼之兄也。魏氏春秋曰：文帝既诛粲二子，以业嗣粲。"

① 参见各种研究王弼思想专著中的王弼身世考。最早提出王弼思想与荆州学派有关联的是汤用彤，他主荆州学派重义理之说，而颍川学派则重象数之说。陈启云认为，强调义理之说，在汉末、晋初已蔚然成风，只是颍川学派从史学上体现义理。（参见陈启云：《荀悦与中古儒学》，辽宁大学出版社2000年版）关于荆州学派在魏晋学术上的作用，余英时在《士与中国文化》中也有考证与评说。另，王晓毅在论文《王弼故里新探》（《孔孟学报》[台北] 1998第75期）中，对王弼故里与其思想之渊源关系，做了更仔细的考察。

② 这个问题的提出，与下面讨论王弼思想中与子思学派思想的某种异曲同工问题有关。

③ 王弼的《周易注》《老子注》都有《庄子》的痕迹。

家自治，则孝慈、忠臣不知其所在矣。鱼相忘于江湖之道，则相濡之德生也。"可以比较《庄子》"泉涸，鱼相与处于陆。相呴以湿，相濡以沫，不如相忘于江湖"（《庄子·大宗师》）。如王弼"故言者所以明象，得象而忘言；象者，所以存意，得意而忘象。犹蹄者所以在兔，得兔而忘蹄；筌者所以在鱼，得鱼而忘筌也"（《周易略例·明象》）。可以比较庄子"筌者所以在鱼，得鱼而忘筌；蹄者所以在兔，得兔而忘蹄；言者所以在意，得意而忘言。吾安得夫忘言之人而与之言哉！"（《庄子·外物》）[①]

第三，王弼仅仅活了二十三岁。其短暂的人生不可能使他自身有太多的实际历练。他对玄理的阐发，基本上可看作是思辨性的。但是，王弼有极高的天赋，而且其时与在政坛上得意或失意的士人，都有频繁的来往。对其他人的实际际遇，王弼不可能完全无动于衷。因而，其对汉儒政治思想的批判与继承，在何种程度上掺杂进或融会进这些感想，当是我们理解王弼必须考虑的因素。[②]

第四，王弼除在经典注释中表现其系统的玄学思想外，他与当时玄士论辩时的宏言高论，也当被看作其对自己思想的发挥或补充。它们对于理解王弼玄学应起着穿针引线的作用。[③]

第五，有关王弼言谈举止及其在当时士人中的影响等材料，有助于分析王弼玄学与其人生的关系。尽管王弼不完全像后来玄士那样，自觉地使理论探索与实际人生并举，但在简短的记载中，仍然可以看到王弼玄学与其人生的命运分不开。这对于探讨玄学所体现的生活方

---

[①] 参见陈少峰：《王弼的本体说及其对于〈庄子〉义的发挥》，载《原学》第三辑，中国广播电视出版社1995年版。另，王葆玹认为，从学术渊源的考察上，应注意王弼与《庄子》的关系。（参见氏著：《玄学通论》，台北五南图书出版公司1996年版，第306—307页）
[②] 参见饶宗颐：《王弼老子注跋》，载《固庵文录》，台北新文丰公司1990年版。
[③] 王弼关于圣人的两段议论尤其值得注意。汤用彤、钱穆、杜维明在他们讨论王弼思想时，都特别就这些议论进行了分析。

式，应当有一定的意义。①

王弼是承着汉魏清谈的思想而创新学，所以，他仍然要处理所有士人必须面对的问题，就是如何使儒家思想在士人的社会责任、现实人生与个体精神中得以全面地体现。王弼选择了儒道的三部经典，作为自己解答这个问题的主要思想资源。并透过独特的注解，对问题的解决提供了前所未有的思路。

影响汉儒政治理论中天命观的《周易》，记录儒士典范孔子言行的《论语》，及道家思想的经典《老子》，是王弼借以表达自己思想的注释对象。而王弼之所以同时注解儒道经典，除因当时士人一般同读儒道经典外，更重要的原因还可以在王弼一段为当时士人惊叹不已的话中找到解释：

> 徽为吏部郎，弼未弱冠，往造焉。徽一见而异之，问弼曰："夫无者诚万物之所资也，然圣人莫肯致言，而老子申之无已者何？"弼曰："圣人体无，无又不可以训，故不说也。老子是有者也，故恒言无所不足。"②

本来，老子言无为是同儒家强调道德践履（即"有为"）相对，现在王弼巧妙地把"言"与"体"对应起来，"言有"变成是"体无"的表现，结果不但道家的"无"可以移入儒家本体的内涵之中，孔子也比老子在境界上高了一个档次。这个沟通实际上是为提升儒家理想的普遍性奠定本体论的基础。另外，也从理论上沟通和解决汉魏士人矛盾重重的现实和精神之紧张关系。

---

① 本文集中《"体无"何以成"圣"？——王弼"圣人体无"再解》一文，将会进一步讨论这个问题。

② 参见《三国志·魏书》卷二十八《钟会传》注引何劭《王弼传》。

## 五、王弼的批评

按研究魏晋玄学的名家汤用彤先生的看法，王弼之所以选择"玄"的角度来反思汉儒思想，有其理由。① 尽管这些理由中包括实在的政治和人生的因素在内，但就王弼本人来说，着重阐明的理由，则是从学理上说的。在其对三部不同经典的注解和释疑中，我们看到，王弼对汉儒的批评，不是要否弃他们所坚持的原儒精神，而是认为汉儒对原儒精神的继承与发扬方式不合适，导致了出发点与结果的不相符。② 在学理上将这样一种观点阐明，王弼有相当的自觉。

从现今流传下来的文献中，我们看到，王弼对汉儒的批评，首先不是在根本上颠覆汉儒所坚持的儒家理想。相反，王弼与当时的士人一样，认为以孔子为代表的圣人榜样值得继续倡导。③ 因而，王弼着力解释了两汉以来两本儒家最具影响力的经典：《周易》与《论语》。与《周易注》一起，他还对《易传》的方法做了系统的整理和阐释。④ 但不难看出，王弼在对这些儒家经典的重新注解中，改变了汉儒对儒家理想的理解。这种改变，虽然后来大部分儒士及研究王弼的学者都认为，是王弼站在道家的立场上来做出的。⑤ 也即是说，王弼有抑儒扬

---

① 参见本文集中《论汤用彤对魏晋玄学的理解》一文中第二部分第一节"玄学以道释儒经的原因和目的"。

② 对此参见拙文：《归本崇无——析王弼对汉儒政治思想的继承和批判》，载陈少明：《经典与解释》，广东人民出版社1999年版。

③ 王文亮指出，由孔子弟子开始，被孟子强调，后又经司马迁等儒士的倡导，孔子一直是士人心目中的圣人榜样。(参见氏著：《中国圣人论》，中国社会科学出版社1993年版)

④ 参见王弼：《王弼集校释》，楼宇烈校释，中华书局1980年版。

⑤ 王弼注解儒家经典的同时，还重新注解了道家经典《老子》，并且对《老子》的方法论思想做了全新的、系统的重述。(参见王弼：《王弼集校释》，楼宇烈校释)后来学人（如宋明理学家及清代朴学家，及至后来的新儒家）基本认为，王弼是借《老子》的思想来重释儒家的经典。这种阐释法，就儒士看来，是对儒家思想的一种歪曲。而研究王弼的学者，则认为王弼借助《老子》的思想，给儒家增添了新东西，因而基本都断定，在王弼思想中，道家思想应该是最为重要的。(参见王晓毅：《魏晋玄学研究的回顾与瞻望》，《哲学研究》2000年第2期) 另，本文集中《论汤用彤对魏晋玄学的理解》一文，对玄学研究中玄学如何定性，亦有讨论。

道的嫌疑。但毋庸置疑，王弼对儒家经典中所包含的思想的重新解释，不仅给儒家思想的发展开辟了一条新的路向，而且确实给后来儒家的发展带来了很大的困惑。这种双重作用，究竟是如何产生的呢？

在王弼的经典注释中，他对后儒做了三方面的批评。一是认为他们不懂得孔子所体现的儒家理想，实质是一种"以无为本"的精神，就孔子而言，就是"圣人体无"。二是认为后儒在解释上将孔子所体之"无"，局限为"随其所鉴而正名焉，顺其所好而执意焉。故使有纷纭愦错之论，殊趣辩析之争，盖由斯矣"[①]。也即是将具普遍意义的儒家理想，狭隘地与其特定的个人偏好混为一谈，结果变得莫衷一是。三是认为后儒，由于对孔子精神的偏狭理解，导致在实际行为上，对儒家精神造成损害。也就是说，用不识大体、各执一偏的思想去指导、批评行政、人事，实际的结果不但有违孔子以仁、德弘道的初衷，而且必致世间的言行变得不实、巧伪，从而危害大众：

夫刑以检物，巧伪必生；名以定物，理恕必失；誉以进物，争尚必起；矫以立物，乖违必作；杂以行物，秽乱必兴。

夫敦朴之德不著，而名行之美显尚。则修其所尚而望其誉，修其所道而冀其利。望誉冀利以勤其行，名弥美而诚愈外，利弥重而心愈竞。父子兄弟，怀情失直，孝不任诚，慈不任实，盖显名行之所招也。患俗薄而兴名行、崇仁义，愈致斯伪，况术之贱此者乎？[②]

在这种种批评中，我们看到，王弼具体指责的是后儒在言行上对孔子精神的歪曲，而歪曲的缘由，王弼断定与他们对孔子精神的错误

---

① 王弼：《老子指略》，楼宇烈校释：《王弼集校释》。
② 王弼：《老子指略》，楼宇烈校释：《王弼集校释》。

理解有关。换句话说，后儒的错误言行是基于后儒对经典的错误解释。王弼自己要做的拨乱反正的工作，首先便是对经典的释疑解惑，以得正解，然后再依此论道。

那么，如何寻得正道呢？王弼对此的回答是：对"以无为本"的"道"的"神明知几"。也就是，"是以天地虽广，以无为心；圣王虽大，以虚为主。故曰：以复而视，则天地之心见；至日而思之，则先王之至睹也"①。这种"思"换成"识"，便是"真识形象之分位"，更"深知天道之幽赜"。② 问题是，为何必定是对"以无为本"的"思"，才是正确的"思"或"识"与"知"？王弼申明这不是他的异想天开，而是"道"本如此，也即，主宰世间万事万物，包括诸种人事变迁的，只是这种"以无为本"的"道"。而圣人之为圣人，也正是在于只有他们才对"以无为本"之"道"真正理解和遵循而行。

> 圣人有则天之德。所以称唯尧则之者，唯尧于时全则天之道也。荡荡，无形无名之称也。夫名所名者，生于善有所章而惠有所存。善恶相须，而名分形焉。若夫大爱无私，惠将安在？至美无偏，名将何生？故则天成化，道同自然，不私其子而君其臣。凶者自罚，善者自功；功成而不立其誉，罚加而不任其刑。百姓日用而不知所以然，夫又何可名也！③

不明白、不理解这一点，而将具体的规章及观念，当作"道"来依循而"行"，结果就是，不但导致对"道"的错误理解，而且更重要的是，带来实际世间人事的纷乱。这显然是针对汉末名教的泛滥而开的药方，明道是为了解惑。

---

① 《老子注》三十八章。
② 参见汤用彤：《王弼之〈周易〉〈论语〉新义》，载《汤用彤全集》第四卷。
③ 《论语释疑·泰伯注》皇疏引。

但是，反观王弼与汉儒的根本区别，似乎关键还不是在"思"什么，循何种"思"而行，及与不同"思"相对的"行"的结果是什么，而相反的是，怎么"思"的问题。更进一步则是由何种"思"带出来何种"行"的问题。

（本文部分内容曾以"归本崇无——析王弼对汉儒政治思想的继承和批判"为题，发表于陈少明主编：《经典与解释》，广东人民出版社 1999 年版）

# "体无"何以成"圣"?
## ——王弼"圣人体无"再解[①]

中国哲学与思想史上的"体"多与"本体"及"体用"相连。这使含义原本源自于身体的"体",不仅进一步从本原、本体义上扩展了实在的意涵,而且更重要的是与人身体关联的"体",从"体用"及"体现"义上,有了与人的心性、甚至德性相关的意味。[②] 而中国哲学及思想史上自觉对"体"的内涵的丰富与发展,又与在魏晋玄学中首

---

[①] 本文写作受杜维明先生关于魏晋玄学的体知思想及儒家思想中的体知思想等探讨的启发,在此表示感谢。题目中的问号,有两重含义:一是讨论王弼为何从"体无"角度理解"圣人";二是探讨王弼的"体无"对"圣人"含义的扩展及可能带来的问题。

[②] 按《说文解字》,"体"与躯体(应主要是人的躯干,"体,总十二属之名也")的综合看待有关。在先秦、两汉期间,其具象的指涉已被逐步扩大。最有意味的是,原本具体、实在、仿似静止的"体"(如:"犹其有四体也。谓二手二足。"《孟子》等),除了内涵指涉上的变化(如从具体到总体外),还在词性上发生了变化,行为上出现了扩展,并且行为从遵循到变通、从依照尺度和规章行事到心领神会的"体验""体悟",以及人对天命的履行。如《说文》:"体,总十二属之名也。"《广雅》:"体,身也。"《诗·卫风·氓》:"尔卜尔筮,体无咎言。"《礼记》:"体其犬豕牛羊。"《诗·大雅·行苇》:"敦彼行苇,牛羊勿践履,方苞方体,维叶泥泥。"《易·系辞上》:"阴阳合德,而刚柔有体,以体天地之撰。"《淮南子》:"帝者体太一。"《仪礼》:"正体于上,又乃将所传重也。"《礼记》:"体物而不可遗。"《易·乾》:"君子体仁,足以长人。"《管子·心术下》:"能戴大圆者,体平大方。"《荀子·修身》:"体恭敬而心忠信,术礼义而情爱人。""笃志而体,君子也。"(参见汉语大词典编纂处编:《汉语大词典(普及本)》,上海辞书出版社2012年版)荀爽注《周易·需卦》《象》曰:需于沙,衍在中也"时,引入"体"字,"体乾处和,美德优衍在中,而不进也"(《周易集解》),进一步将"体"喻为履行天命。

倡"圣人体无"的王弼有关。①

本文主要关注的是，王弼为何将"体"与"无"相连，继而又将"体无"当作"圣人"的标记，其短暂人生的亲身经历对于他的"体无"内涵是否带来问题，而这些问题是否影响后来思想家对"体"内涵的进一步扩展和修改。

如果说王弼是用"体无"妙解了当时士人"何为圣人"的问题的话，那么，王弼在各种经典中对"体无"的发挥，及其在不同场合论圣的说法，则可看作他之所以将"无"与"体"相挂，或从"无"上赋"体"新义的说明。但这些都可看作是理论的梳理，是否能自圆其说，如果再考察王弼的人生经历，可能会有新的疑问。

下面将从几个不同的方面，展开对王弼"体无"思想的再探求：（1）试图从记载王弼的史料中，探寻理解王弼"体无"思想的几种可能；（2）从王弼经典注解的自觉中，理解王弼以"体无"说"圣"的动机，及梳理王弼"体无"的含义，还有从王弼"体无"思想中，分析王弼"体无"之知行特征；（3）尝试探讨王弼用"无"说"体"思想的更深远的儒学资源。

## 一、圣人应"体"与哲人实"体"

王弼在思想史上的出场，颇具戏剧性。其年少而才华卓绝，固是

---

① 杜维明先生在其首现"体知"思想的论文《魏晋玄学中的体验思想——试论王弼"圣人体无"观念的哲学意义》中，将王弼"圣人体无"中的"体无"含义分别从"本体的体会"与"知识论上的含义"两重意义上解。杜先生强调，王弼"体无"，"当然是体知，但他的用心所在不是道德实践，而是本体证会。不过，正因为本体证会是体知，和道德实践确有相契合之处。'知'在这个层次必然含着'技能'（skill）的意思，也就是包含'会'的意思"。并且杜先生认为，王弼"圣人体无"论一出，得当时士人的赞叹及接受，有其深刻的思想渊源。（具体讨论参见《杜维明文集》第五卷，武汉出版社2002年版）新加坡国立大学劳悦强教授在其提交香港中文大学中国哲学与文化研究中心主办的"王弼与郭象——注释、诠释与哲学体系建构"国际学术研讨会暨研读会（2005年12月）的论文《何晏、王弼"道不可体"的哲学意义及其思想史背景》（载《中国哲学与文化》第二辑，广西师范大学出版社2007年版）中，用第四、第五部分探讨了王弼关于"体"的思想与其前后相关思想的历史关系。

其成名的原因[1]，但致其名留青史的却是一些虽简单，却充满赞叹和惋惜的不同记载。

与其"体无"思想有关的记载主要有这三段：

  时裴徽为吏部郎，弼未弱冠，往造焉。徽一见而异之，问弼曰："夫无者诚万物之所资也，然圣人莫肯致言，而老子申之无已者何？"弼曰："圣人体无，无又不可以训，故不说也。老子是有者也，故恒言无所不足。"寻亦为傅嘏所知。于时何晏为吏部尚书，甚奇弼，叹之曰："仲尼称后生可畏，若斯人者，可与言天人之际乎！"

  弼与钟会善，会论议以校练为家，然每服弼之高致。何晏以为圣人无喜怒哀乐，其论甚精，钟会等述之。弼与不同，以为圣人茂于人者神明也，同于人者五情也，神明茂故能体冲和以通无，五情同故不能无哀乐以应物，然则圣人之情，应物而无累于物者也。今以其无累，便谓不复应物，失之多矣。

  "正始中，黄门侍郎累缺。晏既用贾充、裴秀、朱整，又议用弼。时丁谧与晏争衡，致高邑王黎于曹爽，爽用黎。于是以弼补台郎。初除，觐爽，请闲，爽为屏左右，而弼与论道，移时无所他及，爽以此嗤之。""时爽专朝政，党与共相进用，弼通俊不治名高。寻黎无几时病亡，爽用王沈代黎，弼遂不得在门下，晏为之叹恨。弼在台既浅，事功亦雅非所长，益不留意焉。""弼为人浅而不识物情，初与王黎、荀融善，黎夺其黄门郎，于是恨黎，与融亦不终。正始十年，曹爽废，以公事免。"[2]

---

[1] "弼幼而察慧，年十余，好老氏，通辩能言。""淮南人刘陶善论纵横，为当时所推。每与弼语，常屈弼。弼天才卓出，当其所得，莫能夺也。"（参见《三国志·魏书》第二十八卷《钟会传》注引何劭《王弼传》）

[2] 以上三段引文均出自《三国志·魏书》第二十八卷《钟会传》注引何劭《王弼传》。

从这三段资料可以看到，王弼用其石破天惊的"圣人体无"，对当时士人大夫争论不休的"何为圣人"的问题，给出了一个令人意想不到又微妙至极的答案。但仔细考究，便发现在记载王弼出场的第一段资料中，"圣人体无"可以从两个方面理解：一是"体"与"无"相连，才成为圣人；二是"体无"与"言无"相对照看待。同是对"无"，是"体"还是"言"便区分了圣人与老子。① 再认真分析，王弼在其断言里，并没有裁定唯有"体"才与"无"相对，"言"或"训"相对"无"时，只是"不足"（并不是完全与"无"无关）。因这不足是由"有"所致（或更具体说，是有者所致），所以，"有"与"无"不是相反，而是互体不足的关系。②

而在第二段资料中，王弼实际围绕"圣人有情否"，对圣人如何"体无"做了描述。在他的描述中，第一，"体"并不只与"无"对，落实点看，首先应该是"应物""哀乐"，是实"体"。第二，"体"当然不能只限于"有"与"实"的层面，只有当其"无累于物"，才能"体冲和以通无"或达到"体无"的境界。但当与"无"相对的"体"从这两个层面上体现时，王弼已明确"圣人体无"首先是从圣人之作为上说的。只是这种作为在王弼看来，不是纯粹的一种"应物"之作，而是与"神明"并且是"神明茂"相连的作为。与"无"相应的

---

① 实际上，后来的魏晋玄学家还进一步从"知"与"体"的区别中，区分圣人（孔子）与庄子。郭象在其《庄子》序中有这样的议论："夫庄子者，可谓知本矣，故未始藏其狂言，言虽无会而独应者也。夫应而非会，则虽当无用；言非物事，则虽高不行；与夫寂然不动，不得已而后起者，固有间矣，斯可谓知无心者也。夫心无为，则随感而应，应随其时，言唯谨尔。故与化为体，流万代而冥物，岂曾设对独遘而游谈乎方外哉！此其所以不经而为百家之冠也。""然庄生虽未体之，言则至矣。通天地之统，序万物之性，达死生之变，而明内圣外王之道，上知造物无物，下知有物之自造也。其言宏绰，其旨玄妙。至至之道，融微旨雅；泰然遣放，放而不敖。故曰不知义之所适，猖狂妄行而蹈其大方；含哺而熙乎澹泊，鼓腹而游乎混芒。至极乎无亲，孝慈终于兼忘，礼乐复乎已能，忠信发乎天光。用其光则其朴自成，是以神器独化于玄冥之境而源流深长也。"

② 这种推论，是否可以看成王弼就"体"与"无"的问题，而谈及"言、意、象"问题的一个理论铺垫？

"体",毫无疑问,是人与精神相关联的行为。更重要的是,精神在这种与"无"相应的"体"中起着主要的作用。①

第三段资料,不是王弼思想的直接体现,是别人对王弼的评论及对王弼一些行为的记载。在这些资料中,看到了王弼为官及人生的幼稚及失败,看到了记载者对王弼为人及做事的批评。如果把这看成是王弼本人所"体"(作为)之迹的话,那么,王弼本人"体"的又是什么?毋庸置疑的是,王弼在思辨及言辞上才华横溢、光彩夺目("弼天才卓出,当其所得,莫能夺也"),但为人处世却可笑之极("颇以所长笑人,故时为士君子所疾""通俊不治名高""在台既浅,事功亦雅非所长""为人浅而不识物情")。实际上,王弼的"体"一方面"空"(不是"无",如"通俊不治名高"及在位及为人"浅"),另一方面"体"的只是"应物"而不会"无累于物"("执"而不是"无",如"颇以所长笑人""初与王黎、荀融善,黎夺其黄门郎,于是恨黎,与融亦不终")按批评者的分析,原因与其"不识物情"有关。但有趣的是,恰是王弼在言辞及理路上的出色,反照了他在作为及人生上的失败。

如果说王弼是个哲人的话,其思与言自有其妙处,但其作为与人生能否体现其思想及言辞上的智慧,却成了问题。圣人之体无,显然无法落在作为哲人的王弼人生之实处。因此,王弼不仅不可能做到"体冲和以通无",而且只会堕入应物而为物所累的境地。

到这里,是否可以继续探讨:王弼作为哲人之体的缺陷,是否也暴露了他对圣人"体无"理解的"不足"呢?或者说,王弼以"无"来说"体",再说"圣人",是否如朱熹所云,其于圣人之论只是"巧而不明"呢?

问题需要接着分析:一是王弼对圣人所"体"作的"巧说",二是

---

① 这是否可以看作王弼在转变儒家圣人观时强调日用伦理实践的一个标志?将行转为识,或将行转为思辨与体验。

这种"巧说"所留下的"不明"之处。

## 二、圣人之"体"何以应"无"？

在王弼以无为本的思想中，"道不可体"与"圣人体无"都是非常重要的内容。"道"何以不能"体"，而"无"为何又能"体"？为何只有圣人能"体无"，"有者"至多停于"言无""知本"？

这里不仅涉及对"道""无""体"等概念的理解，而且涉及"何为圣人"问题的讨论。

由于"道"与"无"的界定都与"体"相连，所以何为"体"应成澄清问题的关键。

### （一）"体无"之"体"的多重含义

在王弼的经典解释中，"体"字随处可见。[①] 将其用法做一分类，便可清晰看到，针对"道"及"无"而言的"体"起码有这几方面的含义：

（1）道无体。这是在"体"的实在、具体及表现的意义上说的。[②] 但当王弼接着这种意思，往下说"道不可体"时，"体"的实在、具体、表现的含义便开始向人的行为之体现转变。

---

[①] 据粗略统计，"体"字在《老子指略》中有1处，《周易略例》中有21处，《老子注》中有17处，《周易注》中有19处，《论语释疑》中有4处。但有研究者注意到，其实《老子》中并没有"体"字，而王弼所用，显然与其对"道"从变化（或"无"）的角度看有关。（参见劳悦强教授论文《何晏、王弼"道不可体"的哲学意义及其思想史背景》）本文以下分析，更进一步探讨王弼将"道"转为"无"时，与其强调"道"对人的行为的本体意义有关。

[②] 如"是故，范围天地之化而不过，曲成万物而不遗，通乎昼夜之道而无体，一阴一阳而无穷"(《周易略例》)。"道者何？无之称也，无不通也，无不由也。况之曰道，寂然无体，不可为象。必有之用极，而无之功显，故至乎神无方而易无体，而道可见矣。故穷变以尽神，因神以明道，阴阳虽殊，无一待之。"(《周易·系辞上传》)韩康伯注。韩康伯的《易传》注被认为继承王弼注《周易》的玄学风格，在经典解释历史上一直与王弼注合为《周易》的权威注本。文集中对韩康伯《易传》注的引用，是为丰富王弼思考的理解）"道者，无不通也，无不由也。况之曰道，寂然无体，不可为象。"(《论语释疑·述而》)

（2）道不可体。① "体"从具体事物的实在界定至具体事物存在的表现，一转而为讨论人作为万物一员，其行为之表现能否与道相符的问题。"道不可体"强调的自然是，物与人的表现与道本身有一定的距离。但问题是，因着这种距离，物与人是否永远和道相分呢？王弼从另一角度讨论了"道"与"体"通的问题。

（3）与道同体。② 同样值得注意的是，王弼强调"体"可与"道"同，与"与天合德""至于（穷）极虚无"及"无为"有关，或者说与人行为的"无""无为"有关。并且从这种角度出发，王弼认为，由"无""无为"所引的"体"可以看作本体论意义上的"体"。③ 但什么才是与"体"相连的"无"或"无为"？或者深入来说，自然与人之所为，为什么能"与道同体"，并且如何与"与道同体"？

（4）穷理体化。④ 在王弼看来，"体"无论就实体及其表现，还是人的具体存在与行为来说，虽然有不能与"道"同的狭隘性、局限

---

① 如："是道不可体，故但志慕而已。"（《论语释疑·述而》）"夫物之所以生，功之所以成，必生乎无形，由乎无名。无形无名者，万物之宗也。不温不凉，不宫不商；听之不可得而闻，视之不可得而彰；体之不可得而知，味之不可得而尝。"（《老子指略》）

② "与天合德，体道大通，则乃至于（穷）极虚无也。"（《老子注》十六章）"道以无形无为成济万物，故从事于道者以无为为君，不言之教，绵绵若存，而物得其真。与道同体，故曰'同于道'。"（《老子注》二十三章）

③ 王弼的"道以无形无为成济万物，故从事于道者以无为为君，不言之教，绵绵若存，而物得其真。与道同体，故曰'同于道'"（《老子注》二十三章）说法，尤使"从事于道者"或"以无为为君"，因得"真"而进入"道"本体的境界。这种转折，或许可看作王弼减弱"道"的本源论意义，而加强"道"的本体论意义的一个重要标志。可同样值得关注的是，王弼的转折，与其强调人可以、应该"体""道"的说法有关。

④ 如："德者，得也。常得而无丧，利而无害，故以德为名焉。何以得德？由乎道也。何以尽德？以无为用。以无为用，则莫不载也。故物，无焉，则无物不经；有焉，则不足以免其生。是以天地为广，以无为心；圣王虽大，以虚为主。故曰以复而视，则天地之心见；至日而思之，则先王之至睹也。故灭其私而无其身，则四海莫不瞻，远近莫不至；殊其己而有其心，则一体不能自全，肌骨不能相容。是以上德之人，唯道是用，不德其德，无执无用，故能有德而无不为。不求而得，不为而成，故虽有德而无德名也。"（《老子注》三十八章）"夫非忘象者，则无以制象；非遗数者，无以极数。至精者，无筹策而不可乱；至变者，体一而无不周；至神者，寂然而无不应。"（《周易·系辞上传》）"权者，道之变。变不常体，神而明之，存乎其人，不可豫设，尤至难者也。"（《论语释疑·子罕》）"方、体者，皆系于形器者也；神则阴阳不测，易则唯变所适，不可以一方、一体明。"（《周易·系辞上传》韩康伯注）

性的一面，但如果不是执着于从"一""常"，而采用相反的方式，从"无不周""变""化"等角度来看"体"或去"体"的话，原本的"道不可体"自然也可变成"与道同体"。只是，王弼从变化角度选取的讨论，将自然与人如何"体""道"的问题，进一步扩展为如何"知"的问题，并区分了君子、圣人之知与仁智之见[①]、百姓之不知[②]。由君子、圣人之知，引导出的"体"（行为、作为），必然有"穷理体化""体神而明之"及"与道同体"的可能。[③] 但由圣人之知而呈现的圣人之"体无"，如果实际推论至"不行而虑"，及"穷理体化，坐忘遗照。至虚而善应，则以道为称；不思而玄览"的"冥""明"，必然使原本有实在意味的"体"日益虚化。就如王弼自己形容的那样，"德行，贤人之德行也。顺足于内，故默而成之也。体与理会，故不言而信也"[④]。

至此，"体"与"无"应，是否使圣人之"体"逐渐变得玄虚无实呢？"无"对"体"在圣人意义上的限定，是否会使对圣人的理解，不断演变为对圣人实质的虚化呢？

---

[①] 在古代文字中，"知"与"智"同用。在韩康伯《周易·系辞上传》的注中，有"仁者资道以见其仁，知者资道以见其知，各尽其分"的说法，由此可见，王弼"仁知则滞于所见"中的"仁知"，实际上是指与"圣人不行而知"中的"知"相区别的仁智所见。

[②] 如："君子体道以为用也，仁知则滞于所见，百姓则日用而不知，体斯道者，不亦鲜矣。"（《周易·系辞上传》韩康伯注）王弼在《老子》四十七章注中说："无在于一，而求之于众也。道视之不可见，听之不可闻，搏之不可得。如其知之，甫须出户；若其不知，出愈远愈迷也。"而在同章注释《老子》"是以圣人不行而知，不见而名"时，王弼再强调："得物之致，故虽不行，而虑可知也。识物之宗，故虽不见，而是非之理可得而名也。"再注《老子》同章"不为而成"时，王弼再发挥圣人之功德在于"明物之性，因之而已，故虽不为，而使之成矣。"

[③] 如："夫唯知天之所为者，穷理体化，坐忘遗照。至虚而善应，则以道为称；不思而玄览，则以神为名。盖资道而同乎道，由神而冥于神者也"，"体神而明之，不假于象，故存乎其人"，"夫物之所以通，事之所以理，莫不由乎道也。圣人，功用之母，体同乎道，盛德大业，所以能至。"（《周易·系辞上传》韩康伯注）王弼对圣人之"体"作"知"的看法，在历史上的圣人观理论中也有过，只是赋予的含义稍有不同。（参见王中江：《儒家"圣人"观念的早期形态及其变异》，《中国哲学史》1999年第4期；方旭东：《为圣人祛魅——王阳明圣人阐释的"非神话化"特征》，《中国哲学史》2000年第2期）王弼较特别的是：在他的"体知"理论中，既有理性之知，也有体验之知，更有思辨之知，但却削弱了经验之知的作用。

[④] 《周易·系辞上传》韩康伯注中说："德行，贤人之德行也。顺足于内，故默而成之也。体与理会，故不言而信也。"

王弼自有他说"无"的理由,及将"无"与"体"相连的道理。

（二）"道"与"无"

在王弼看来,汉儒将主宰的道与具体的行迹混淆不清,以致道不为道;而王弼则决意廓清体与用、无与有的分别,以彰显大道。①

道是什么,如何才能认清,认清之结果为何必定是真正的"体用一如",这些都成了王弼构造自己玄学理论必须解决的问题。

其中"道"的重新说明,是王弼玄学的中心。

道的提出及解释在古代就有。先秦诸子百家几乎都就何为"道"的问题进行过探讨。格兰汉姆（A. C. Graham）对中国古代就道而进行的辩论,有过深入的研究。他认为,各家各派实际都从不同的角度对道的含义做出了辨析。这种种辨析为"道"之天人合一（自然之道与人循之道的形上结合）的核心含义奠定了基础。② 由于对道的理解在中国文化传统中从来没有与人能循道而行的理解分开过,所以,如果仅从宇宙论上解释道的抽象意味③,就如王弼所批评过的那样,不免使本体与枝末纠缠不清,天道与人道统一的根本就不可能在普遍的意义上呈现。

无疑,这里提出了理解道的一个难题:形上的道唯有通过形下的人、事、物才能呈现出来,或者说,被认识及遵循,那么,道的性质如何才既具有超然的普遍性,又具有实在的涵盖性呢?王弼承老子之说法,用"无"来界定道。但同时对老子的"无"的含义做了更加抽象的改变。老子选择"无"来言"道",本就另有一番心思,而王弼继

---

① 拙著《归本崇无——析王弼对汉儒政治思想的继承和批判》（载陈少明主编:《经典与解释》）对此有过分析。

② 参见 A. C. Graham, *Disputers of the Tao: Philosophical Argument in Ancient China*, Open Court Publishing Company, 1989。

③ 格兰汉姆认为,汉代之前的道思想,已表现出宇宙论的思想。汤用彤等认为,汉儒思想中的道观念,实质就是宇宙论。（参看 A. C. Graham, *Disputers of the Tao: Philosophical Argument in Ancient China* 中的第四章第一节:"The Cosmologist"。另参见《汤用彤全集》第四卷）

续倡"无",则更具深意。

"无"的含义,从文字训诂上看大概包含三义:"亡"、"旡"(它又同"舞""巫"有关)、"无"。即有而后无(可以感知得到);虚而不无,实而不有(看不见,但存在着。所以是观念上的、形而上的性质和规律);与无而绝无(与有绝对对立的纯无,是绝对的抽象)。[①] 显然,"无"不仅仅是对事物甚至宇宙性质的说明,而且还包含着对人如何与事物、宇宙沟通的意义。三义分别可拆解为这四种关联的含义:(1)"无"体现存在中的一切事物,包括人自身,都必然在变化,甚至消亡("亡")的否定性一面。(2)"无"同时体现了人、事、物的共同性不是在实在不变的特定形式上呈显,而是相反,只能在变化的相关及自身的消亡上呈显。(3)"无"恰是这种从变化及消亡意义上体现的关联,提供人可以通过自己变化无穷的自我行为与万物沟通的可能性的一面("舞"与"巫"。"舞"与"巫"都是人的行为方式。这些行为方式,是人通过自己形体的变化,得以与天地、人、物沟通的途径)。(4)进一步来说,"无"强调了人只有在自身的变化及行为中,才有体会和认识自己与物、与他人的关联性的可能一面。("舞"与"巫",显然不只是人变化自身、沟通万物的方式,而且还体现着人对如此这般方式的自觉选择及其结果的期望。也即是说,人透过这些方式,表达了对自己与万物沟通的可能的认识。)

如果将"无"看成与老子的"道"相关,那么,"无"之中所体现的万物之"关联性"(共同性),就是"道"的正面表现。而"无"所体现的方式,如"亡""旡"及"舞""巫",正是事物关联性的表现。从实在的角度上说,是一个与人认识和参与相关的、由具体至"玄远"或抽象的过程。古代思想中对"无"的理解,既肯定了人与道沟通的自然条件,同时又指出了人要靠一定的努力才能使这种沟通变为现实。

---

[①] 参见庞朴:《说"无"》,载《当代学者自选文库:庞朴卷》,安徽教育出版社1999年版。

这就暗含着在"亡""無"或"舞""巫"里的对人而言既不乐观又寄予期望的双重意味：只有主动否弃某种执着，才能在虚己的过程中，达到永恒之"无"。

王弼对"无"的说明，基本是循两方面进行的：

（1）强调本体就是"无"，或"道"就表现为"无"。如：

> 凡有皆始于无，故未形无名之时，则为万物之始。及其有形有名之时，则长之、育之、亭之、毒之，为其母也。言道以无形无名始成万物，（万物）以始以成而不知其所以（然），玄之又玄也。①
>
> 夫物之所以生，功之所以成，必生乎无形，由乎无名。无形无名者，万物之宗也。不温不凉，不宫不商；听之不可得而闻，视之不可得而彰；体之不可得而知，味之不可得而尝。故其为物也则混成，为象也则无形，为音也则希声，为味也则无呈。故能为品物之宗主，苞通天地，靡使不经也。若温也则不能凉矣，宫也则不能商矣。形必有所分，声必有所属。故象而形者，非大象也；音而声者，非大音也。然则四象不形，则大象无以畅；五音不声，则大音无以至。四象形而物无所主为，则大象畅矣；五音声而心无所适焉，则大音至矣。②

（2）"道"以"无为"造物，人以"无为"循"道"，达到"与道同体"。

> 混然不可得而知，而万物由之以成，故曰'混成'也。

---

① 《老子注》一章。
② 王弼：《老子指略》，楼宇烈校释：《王弼集校释》。另参见王弼对《老子》第一章、第五十一章、第二十一章、第十四章、第三十四章、第四十章、第四十二章、第十六章等相关说法的注解；及参看康中乾文中有关部分的论述。

道取于无物而不由也,是混成之中,可言之称最大也。①

凡有之为利,必以无为用;欲之所本,适道而后济。②

天地任自然,无为无造,万物自相治理,故不仁也。仁者必造立施化,有恩有为。造立施化,则物失其真。有恩有为,则物不具存。物不具存,则不足以备载。地不为兽生刍,而兽食刍;不为人生狗,而人食狗。无为于万物而万物各适其所用,则莫不赡矣。若慧由己树,未足任也。③

与天合德,体道大通,则乃至于极虚无也。④

不塞其原,则物自生,何功之有?不禁其性,则物自济,何为之恃?物自长足,不吾宰成,有德无主,非玄而何?凡言玄德,皆有德而不知其主,出乎幽冥。⑤

而进一步在人循道中,人首先在"无"中获得对本体认识的可能性。按康中乾的概述⑥,这便是由"无"的抽象义、生成义及本体义

---

① 以上两句引自《老子注》二十五章。
② 《老子注》一章。
③ 《老子注》五章。
④ 《老子注》十六章。
⑤ 《老子注》十章。王弼关于"圣人体无"的说法,参见《老子指略》及其对《老子》二十五章、五十一章、三十九章、四十二章、三十二章、二十八章、二章、一章、十一章、五章、二十三章、十六章、二十章、二十九章、十章等相关说法的注解;另参见康中乾文中有关部分的论述。
⑥ 康中乾首先将"无"的含义概括为五种:一是本体义的"无"。"无"就是一切物质现象赖以生存的根据,即本体。二是生成义的"无"。"无"是万事万物的根源,它创生万物。三是功能义的"无"。在这里,"无"不是实存,它是一种作用方式、方法,是一种原理、原则,其具体内容就是无为或自然无为。四是抽象义的"无"。这里的"无"是一般"道"的一种性质,即无任何具体的规定性。显然,这种性质的"道"只能存在于人的抽象思维中。五是境界义的"无"。康中乾说,所谓"体无"就要与"无"为一体,要身临于"无"之中,这就是"无"范畴的境界义所在。康中乾批评说:"在王弼'无'范畴的五种涵义中,其最基本的涵义为其抽象义与生成义,而本体义是'无'之为'无'的定性规定,功能义和境界义只是调合其抽象义与生成义的歧出义。"王弼"要把'无'的抽象义与生成义糅合起来,本来只能在人的抽象的认识上存在的'无'(或'道')何以能超出自身的限制而同具体的事事物物相结合呢? 王弼不自觉地自觉到这一矛盾。说他不自觉,是因为在当时的历史条件下他不可能洞察到一般与个别之间相统一的矛盾与相

而体现出来的人对本体形上性可进行抽象认识的可能性；另外，人在"无"中，同样可以体现人与道通，人之"无为"的可能性与实在性。按康中乾概述，便是"无"的功能性与境界性所表现的、"无"的形下性和可具体遵循以至人可"心领神会"性。可见，王弼将"无"作为"本体"，提倡"贵无"，实质是为了强调"体无"。①

但什么人才能真正"体无"？或，什么人才能从"无"的本体义中隐含的抽象义与"无"生成义、功能义中呈显的缤纷现象中，区分"真识""神明"循"道"的实据，而达"无为""与道同体"？王弼区分了圣人与凡人的不同。王弼有"君子体道以为用也，仁与智则滞于所见，百姓则日用而不知，体斯道者，不亦鲜矣"②。在这里，撇开日用"道"而不知"道"的百姓不说，起码圣人不同于"滞于所见"的仁与智，而能"体道"。③

因"体"与"知"相对照而说，真正"体"中的"知"与"穷理体化""体神而明之"的"玄冥"境界有何关系？王弼主张的得意在于忘象忘言，又巧妙地将"得意"与"体无"关联起来。

---

（接上页）矛盾的统一；说他自觉，是因为他自觉地赋予了'无'以功能性的涵义，从而化解了'无'范畴中其抽象义与生成义的矛盾。"另外，王弼在《老子注》中所阐发的这些"无"的基本思想，在注《易》中贯彻和体现时，也出现多义性和不成熟性。如哲学上的抽象义如何过渡到境界义、事物动静关系上，如何将寂然至静的本体界与雷动风行的现象界沟通起来等，王弼仍未有完整的回答。（参见氏文：《王弼的"无"与"大衍义"》，载朱伯昆主编：《国际易学研究》第七辑，华夏出版社 2003 年版）

① 在王弼那里，"道"之"无"的本体特性，是与人循道而为的"用"相连一起的。如《老子注》十四章："无形无名者，万物之宗也。虽今古不同，时移俗易，故莫不由乎以成其治者也。故可执古之道以御今之有。上古虽远，其道存焉，故虽在今可以知古始也。"《老子注》二十三章："道以无形无为成济万物，故从事于道者以无为为君，不言为教，绵绵若存，而物得其真。与道同体，故曰'同于道'。"《老子注》三十二章："道，无形不系，常不可名。以无名为常，故曰'道常无名'也。朴之为物，以无为心也，亦无名。故将得道，莫若守朴。"

② 《周易·系辞上传》韩康伯注。

③ 笔者曾在前注中指出，在古代文字中，"知"与"智"同用。在韩康伯《周易·系辞上传》的注中，有"仁者资道以见其仁，知者资道以见其知，各尽其分"的说法。由此可见，王弼"仁知则滞于所见"中的"仁知"，实际上是指与"圣人不行而知"中的"知"相区别的仁智所见。而圣人之"体道"，不等同于"仁"与"智"。

## （三）识道及体无中的得意忘言

"象""言""意"的关系处理是王弼阐发圣人识道、体无的重要理论。[①]而王弼本人对《易传》中的"言""意""象"关系的阐释，也一直被看作是玄学思维的杰作。[②]

### 1. 言、象、意之别及关联

关于言、意、象，《周易·系辞上传》中有这样的说明：

> 子曰："书不尽言，言不尽意。"然则圣人之意，其不可见乎？子曰："圣人立象以尽意，设卦以尽情伪，系辞焉以尽其言，变而通之以尽利，鼓之舞之以尽神。"乾坤，其易之缊邪？乾坤成

---

[①] 一般认为，王弼在"言意之辨"问题上的思想，是其玄学方法的重要体现。汤用彤赞扬王弼由此而开出玄学异于汉代儒学的新眼光、新方法。（参见氏文：《言意之辨》，载《汤用彤全集》第四卷）王葆玹更从玄学的学术发展历程来讨论"言意之辨"的相关问题，及对玄学兴起的方法论意义。他认为对这些问题的讨论，一是创造了玄学作为一种特殊思想的交流方式（尤其是讨论方式），二是创造了玄学作为义理之学的思想方法。（参见氏著：《玄学通论》，第三章"'书不尽言'前提下的玄学讨论方式——清谈及其与清议的关系"，第四章"'言不尽意'前提下的玄学思想方法——名理之学与言意之辨"）笔者在本节讨论中，不纯粹是在方法论角度上，分析王弼"言意之辨"思想的意义，而是在其玄学理论思想体系内，将"言意之辨"看作是王弼呈显"无"之本体与人尤其是圣人之间关系的一个重要环节。也即是说，"言意之辨"对王弼而言，不仅是工具，而且有实质意义。

[②] 一般学者多注意王弼对"言"与"意"关系的阐述（这与自宋明以来士人断定王弼解《易》只述义理，不及象数的看法有关。具体评述，参见王晓毅：《王弼评传》，"附录：二、王弼著作历代著录及考辨文字"），但也有人注意到王弼哲学中所谓"体用一如"的特色，而提出在王弼《周易注》及《周易略例》的研究中，应注意王弼对汉代以来象数派解《易》思想的吸收。其中，余敦康虽然认定王弼的《周易略例》是解《易》中的象数派与义理派的分野之作，但肯定的是，王弼从由用求体的角度去解《易》，因而，王弼的贡献在于改造了象数派解《易》的路数。或说，王弼纠正了以往主要站在象数角度理解《易》的做法，而彰显了义理派的解《易》之魅力。（参见氏著：《何晏王弼玄学新探》，第四章"王弼的解释学"之第四"周易略例"）王新春更认为，《易传》本来就透显象数与义理相结合解《易》的方式，汉儒偏执象数，使义理被遮蔽。王弼虽重唱义理，但为不使义理落入空谈，巧借了象数，使《易》的义理内涵得以实在的透显与把握。王新春因而提出，王弼只是认为，"卦爻辞（'言'）的确是诠说卦爻之象（'象'）的最佳'工具'，卦爻之象的确是透显义理（'意'）的最佳'工具'，前者可将卦爻之象诠释出来，后者可使义理彰显而出"。（参见氏文：《"得意忘言、得意忘象"——王弼对象数的重新定位及对治〈易〉路数的新体认》，载刘大钧主编：《象数易学研究》第二辑，齐鲁书社1997年版）用王弼自己的话来说，就是"夫象者，出意者也。言者，明象者也"（《周易略例》）。

列,而易立乎其中矣。乾坤毁,则无以见易,易不可见,则乾坤或几乎息矣。是故形而上者谓之道,形而下者谓之器,化而裁之谓之变,推而行之谓之道,举而错之天下之民谓之事业。是故夫象,圣人有以见天下之赜,而拟诸其形容,象其物宜,是故谓之象。圣人有以见天下之动,而观其会通,以行其典礼,系辞焉以断其吉凶,是故谓之爻。极天下之赜者存乎卦,鼓天下之动者存乎辞,化而裁之存乎变,推而行之存乎通,神而明之存乎其人,默而成之,不言而信,存乎德行。

这里,象与言为何,都有注明,但意是什么,却似乎并未点出。只是其中提到,"意"是圣人立象、设卦、系辞的目的。这种目的就是对"器"变的"化而裁之",对"道"的"推而行之",并立志弘道的"举而错之天下之民之事业"。"意"在此便与"道"同,同样具有"无"的本性。

但如同"无"之形上性必然通过其形下性之迹来显现一样,在圣人那里,"意"要透过"象"和"言"才能显现出来。"圣人立象以尽意,设卦以尽情伪,系辞焉以尽其言,变而通之以尽利,鼓之舞之以尽神。"① 毫无疑问,与意相比,言与象具有有限性。尽管象为圣人显意而立,而言则是圣人为明象而设,但相对而言,意为圣人识道、体道之形而上的目标,而象与言则是圣人识道、体道之形而下的工具。圣人之所以必须立有限之言、象来透显无限的意,是因圣人之自然性或人性一面,使其同时有对形下之迹有感有体并去识的必要,并且圣人与常人相通,或圣人体恤常人,所以,其设立的言与意,既是本身作为常人识道、体道的工具,也是圣人为其他常人所做的识道体道之工具。

但有言、象、意,便真可识道与体道吗?

---

① 《周易·系辞上传》。

## 2. 忘言、忘象与得意

王弼顺着《周易·系辞传》关于三者相别相关的思想，继续深刻地指出：唯有"忘言""忘象"才可以"得意"，或真识道和"与道同体"。圣人之为圣人，就在于圣人用"忘"对待自己所设立之象和言的方式。

> 夫象者，出意者也。言者，明象者也。尽意莫若象，尽象莫若言。言生于象，故可寻言以观象；象生于意，故可寻象以观意。意以象尽，象以言著。故言者所以明象，得象而忘言；象者，所以存意，得意而忘象。犹蹄者所以在兔，得兔而忘蹄；筌者所以在鱼，得鱼而忘筌也。然则，言者，象之蹄也；象者，意之筌也。是故，存言者，非得象者也；存象者，非得意者也。象生于意而存象焉，则所存者乃非其象也；言生于象而存言焉，则所存者乃非其言也。然则，忘象者，乃得意者也；忘言者，乃得象者也。得意在忘象，得象在忘言。故立象以尽意，而象可忘也；重画以尽情，而画可忘也。
>
> 是故触类可为其象，合义可为其征。义苟在健，何必马乎？类苟在顺，何必牛乎？爻苟合顺，何必坤乃为牛？义苟应健，何必乾乃为马？而或者定马于乾，案文责卦，有马无乾，则伪说滋漫，难可纪矣。互体不足，遂及卦变；变又不足，推致五行。一失其原，巧愈弥甚。从复或仆，而义无所取。盖存象忘意之由也。忘象以求其意，义斯见矣。[①]

在王弼的哲学里，虽然肯定具体、实在的事物和人事是不能忽略的，但在当时，显然他更注重纠正那种因为过分执着于具体、实在的事物和人事，以致将事物和人事的变化行迹当成"天道"本身来对待

---

① 以上两段引自《周易略例·明象》，这是王弼关于"言意之辨"问题看法的完整表达。

的狭隘做法。所以，王弼更加强调在正确认识具体、实在事物，特别是人事变迁行迹的前提下，不拘执和纠缠于具体枝末，而深妙玄理的重要性。

与他说明道的本性的方法一样，王弼倡导"得意"的方式，偏重于提醒人们注意事物、认识、行为打破自身有限性、局限性的一面。"无"注重的是与事物、人事确定性、具体性相对的无限性和普遍性，而"言""意""象"三者关系中的"忘"，则提醒人们注意自觉否弃认识过程中对具体事物的认识和言说之局限性、狭隘性。如果说，与"无"之形上性相对的事物和人事的确定性和具体性是自然的表现，是人生活世界的自然所是的话，那么，从认识角度而看的"得意"，因为其连通着人要体道（或按孔子的话来说，人要弘道）之志向，所以，认识和行为上的有限性、具体性就是不应该的事情，所以，为认识而设、为行为而备的"象"和"言"，尽管对于识道和体道有意义，并且本身也不为道之"无"的本性所完全不容，但人们还是必须学会"忘"的功夫。[①]

3. 圣人"体无"即圣人"神明知几"？

通过"忘"（言、象）而"得意"，这究竟是一种什么样的结果呢？王弼的圣人论似乎能给我们一定的答案。王弼在对三种儒道经典的注解中，对圣人如何"体无"，都有说法。这就是所谓的"无为"。圣人之无为是得意的结果。汤用彤将王弼新发的圣人观概括为如下几

---

[①] 王新春认为，王弼的"忘""重在晓示注意力重心由'工具'向'工具'所达成之'目标'的转移，重在晓示一种不要过分纠缠和拘执于'工具'本身的精神方向。"它与汉儒对待"言""意""象"关系的"存"的方式不一样："'忘'所着力晓示的是注意力重心的转移，是一种不过分纠缠和拘执的精神方向；而'存'谓保存、固守，它所指涉的则是一对于特定对象过分执迷、护持与纠缠的心态与行为。'存'和'忘'的对象，这里皆指前所言'工具'。或'存'或'忘'，集中而又典型地体现了两种不同治《易》、诠《易》进路的根本性差异。"（参见氏文：《"得象忘言、得意忘象"——王弼对象数的重新定位及对治〈易〉路数的新体认》，载刘大钧主编：《象数易学研究》第二辑）

点：圣人虽所说训俗，但体无；圣人之德，神明知几；"圣人法道，德合自然"；圣人"用行舍藏"。这四点中，第一说的是圣人之为圣人的标志。后面几点则是循序展现圣人"体无"或如何"得意"的过程。首先是识，与言、意、象关系的看待有关；然后是循道与体道的合一。"神明知几""圣人治世"及"用行舍藏"等，从不同的方面表现圣人在"体"上的不执着于形迹的、异于常人的得道。① 王弼将圣人之"无为"描述为：

> 是以圣人之于天下歙歙焉，心无所主也。为天下浑心焉，意无所适莫也。无所察焉，百姓何避；无所求焉，百姓何应。无避无应，则莫不用其情矣。人无为舍其所能，而为其所不能；舍其所长，而为其所短。如此，则言者言其所知，行者行其所能，百姓皆注其耳目焉，吾皆孩之而已。②
>
> 道以无形无为成济万物，故从事于道者以无为为君，不言为教，绵绵若存，而物得其真。与道同体，故曰"同于道"。③

用"体"改儒家圣人"行""立""制""言""教"等诸种作为，及巧说《老子》的"无为"，是王弼玄学思想的一大发明。④

至此，王弼似通过由玄思而致的"体无"（知行合一），巧妙重塑

---

① 王弼在其关于"圣人有情否"的看法中，有这样一句话"体冲和以通无"，表现圣人之情"应物而无累于物"。（参见《三国志·魏书》卷二十八《钟会传》注引何劭《王弼传》。另参见汤用彤：《王弼之〈周易〉〈论语〉新义》，载《汤用彤全集》第四卷）
② 《老子注》四十九章。
③ 《老子注》二十三章。
④ 康中乾认为，王弼解决"言""意""象"三者关系的"忘"，也与"体"有关。他说："从广义上说，'忘'也是一种认识活动。但它不是一般的认识，它与认识者的体悟有直接关系。要做到'得意忘言'、'得意忘象'，就要求认识者去体察、体会、体悟《易》中的'意'了。所以，王弼所讲的'得意忘象'法实际上是一种体悟方法，它与'体无'法是一致的。"（参见氏文：《王弼的"无"与"大衍义"》，载朱伯崑主编：《国际易学研究》第七辑）

了圣人精神,重塑了儒家人与道同的境界。

总的来说,在王弼看来,不是人的任何一种行为方式、认识方式,都能直通本体,或真正达"意"。圣人之值得学习的根本原因,就在于圣人拥有独特的行为和认识方式。因而,唯有圣人才能实际地"体无"。①

## 三、余言:何种儒学之渊源?

用"无"破执,沟通孔子"体"道与老子"言"道,一直被看作王弼从理论上会通儒道的杰作。② 随着简帛出土,早期儒道经典重现,重新掀起的早期儒家思想研究的热潮,使得对王弼思想的研究又有了新的视野。被认为来自思孟学派的先秦古典文献的出土,使我们有机会接触到更多王弼之前的儒家思想资料。其中,汉初以前的儒士对儒家思想中的圣人观、政治理论等的深刻思考,对于重新探究王弼思想中的儒学渊源,应该有重要的作用。

首先,王弼在重建经学中所阐发的玄学思想,其儒道会通的特色③,与早期儒道经典中所透显的儒道相融可能有某种内在的关联。如

---

① 杜维明对王弼"圣人体无"的思想,有专门的探索。他认为,王弼这种思想与儒家人学中的"体知"观有关。(参见《杜维明文集》第五卷)而黄俊杰及东方朔等认为,杜维明的看法,对于从儒家心性学角度来理解儒家精神,有一定的意义。(参见黄俊杰:《中国思想史"身体观"研究的新视野》,《现代哲学》2002年第3期;东方朔:《心灵真切处的体知——杜维明的刘宗周思想研究》,载《杜维明学术专题访谈录:宗周哲学之精神与儒家文化之未来》,复旦大学出版社2001年版)也有学人对王弼所用之"体"字,做出另外的解释。韩国学者郑世根认为,王弼的"体"的本体意义不强,只是在"用"上说"体"。(参见氏文:《论体——在中国古代哲学中"体"一辞之演变》[提交第12届国际中国哲学大会],及《王弼用体论:崇用息体》[提交台湾举行的"魏晋南北朝学术国际会议"(1998年)],两篇论文均为郑世根先生赠予笔者)

② 钱穆赞叹:"弼之援老释孔,汇通儒道之深致。"(氏文:《王弼郭象注易老庄用理字条录》,载《庄老通辨》,生活·读书·新知三联书店2002年版)

③ 参看王弼传记及其三种经典注解中的有关看法。

郭店楚简中《性自命出》①："道始于情，情生于性""性自命出""命自天降"；《五行》②："德之行五，和谓之德；四行和，谓之善。善，人道也；德，天道也。""圣之思也轻，轻则形，形则不忘，不忘则聪，聪则闻君子道，闻君子道则玉音，玉音则形，形则圣。"《德圣》③残篇："圣，天知也。知人道曰智，知天道曰圣。圣者声也。圣者智，圣之智知天，其事化耀。其谓之圣者，取诸声也。知天者有声，知其不化，智也。化而弗之，德矣。化而知之，叕也。""道者、德者、一者、天者、君子者，其闭塞谓之德，其行谓之道。"如此等等。显然，这种关于圣人精神与天道的看法，与王弼力图以形上之道来会通孔子之所体与老子之所言的根本，有相近之处。

其次，"无"被王弼用来做会通儒道的重要观念，而"无"一直被认为是以老子为首的道家思想的专属概念，但现今发现，在儒家早期的典籍中，恰是在王弼言说孔子"体无"的意义上，用"无"。竹简《民之父母》④中从"无"的角度讨论"礼乐之原"：

孔子曰：三无乎，无声之乐，无体之礼，无服之丧；君子以此横于天下。系耳而听之，不可得而闻也，明目而视之，不可得而见也；而志气塞于四海矣。此之谓三无。

这些内容出自传世的《礼记·孔子闲居》，特别是和《孔子家语·论礼》的部分内容基本一致，而《孔子家语》的编辑者王肃是和王弼相去不远的人物。

最后，王弼对儒家礼教采取了自然随顺的解释，并多从实际社会

---

① 刘钊：《郭店楚简校释》，福建人民出版社2003年版，第89页。
② 刘钊：《郭店楚简校释》，第89页。
③ 国家文物局古文献研究室编：《马王堆汉墓帛书》(壹)，文物出版社1980年版。
④ 参见马承源主编：《上海博物馆藏战国楚竹书》(二)，上海古籍出版社2002年版。

民情上强调，礼教之建立有一定的必要性，这与循道行事是一致的。①在新近出土的简帛中，对此有几乎相近的说法。帛书《五行》②中有：

> 圣人知天道也。知而行之，义也。行之而时，德也。见贤人，明也。见而知之，智也。知而安之，仁也。安而敬之，礼也。圣智，礼乐之所由生也，五[行之所和]也。和则乐，乐则有德，有德则邦家兴。文王之见也如此。

竹简《民之父母》③中有：

> 孔子曰："五至"乎，志之所至者，诗亦至焉；诗之所至者，礼亦至焉；礼之所至者，乐亦至焉；乐之所至者，哀亦至焉，哀乐相生。君子以正。此之谓五至。

上面列举的这些新出文献，王弼是否目睹，我们未能确定。但从文献反映的内容看，王弼会通儒道，讲圣人"体无""有情无累"，似乎来自有本。至少不能简单归结为篡改经义。而如果王弼没有机会读到上述简帛篇章，也能阐发出如此内容，则真可谓心有灵犀，我们得与魏晋名士一样，再次惊叹这一少年天才了。

但是，王弼的圣人观里所强调的"体无"，是否就是儒家对世俗的担当呢？或者说，是否就是儒士自孔子以来一直倡导的"弘道"呢？

（本文的初稿专为由哈佛—燕京学社资助，中山大学中国哲学研究所主办的"体知与人文学"学术研讨会[2006年7月，广

---

① 参看王弼《论语释疑·述而》中的有关论述。
② 刘钊：《郭店楚简校释》，第89页。
③ 参见马承源主编：《上海博物馆藏战国楚竹书》（二）。

州]而作。诚挚感谢香港中国神学研究院对本文写作所提供的帮助。论文修改稿《"体无"何以成"圣"?——王弼"圣人体无"再解》发表于《中山大学学报(社会科学版)》2008年第4期)

# 玄远之幕的飘落

## ——王弼《论语释疑》的命运

在魏晋玄学研究中，儒道互补始终是个恒久不衰的话题，而一旦谈及魏晋时期儒道互动的关系，总免不了要提及王弼所起的作用。致王弼在儒道互补历史上永留名字的，首推他对儒家经典《周易》的注，还有他与其他三位玄学重要人物裴徽、何晏、荀融关于圣人的几段对话。① 当然，不可忽略的还有王弼后来几乎失传的《论语释疑》。但引人深思的是，同是对儒家经典的注解，王弼《周易注》在他身后迅速成为官方及民间儒学认可并推崇的重要注经著作，而《论语释疑》则很快在官方钦定的注经读物中变得可有可无。② 一直到近代，在学界对

---

① 《三国志·魏书》卷二十八《钟会传》注引何劭《王弼传》中记载："弼幼而察惠，年十余，好老氏，通辩能言。……时裴徽为吏部郎，弼未弱冠，往造焉。徽一见而异之，问弼曰：'夫无者诚万物之所资也，然圣人莫肯致言，而《老子》申之无已者何？'弼曰：'圣人体无，无又不可以训，故不说也。老子是有者也，故恒言无所不足。'"另，何劭《王弼传》记载："何晏以为圣人无喜怒哀乐，其论甚精，钟会等述之。弼与不同，以为圣人茂于人者神明也，同于人者五情也。神明茂故能体冲和以通无；五情同故不能无哀乐以应物。然则圣人之情，应物而无累于物者也。今以其无累，便谓不复应物，失之多矣。弼注《易》，颍川人荀融难弼《大衍义》。弼答其意，白书以戏之曰：'夫明足以寻极幽微，而不能去自然之性。颜子之量，孔父之所预在。然遇之不能无乐，丧之不能无哀。又常狭斯人，以为未能以情从理者也。而今乃知自然之不可革。足下之量，虽已定乎胸怀之内，然而隔逾旬朔，何其相思之多乎。故知尼父之于颜子，可以无大过矣。'"

② 参见王晓毅：《王弼评传》，"附录二：著作考"中的"王弼著作历代著录及考辨文字"。其中，有详列的关于王弼《周易注》与《周易略例》《论语释疑》的历代著录及历代考辨文字。

王弼的评论中，几乎无人专门讨论他的这一部注经作品。①

如果说，同是玄学大师的何晏，其《论语集解》对于《论语》作为儒家经典之地位的确立，起过巨大作用的话②，那么，为什么王弼的《论语释疑》对《论语》经典地位的确立，其作用被看成作可有可无呢？

分析这个现象，显然关系到儒家经典在多大程度上，被玄学所体现的道家思想解释，才是"合理"的，或说是可以被儒家所接受的问题。更进一步看，则关涉一种传统的思想作品被来自另一种传统的思想所解释时，其作为传统经典的作用，在什么意义上被扩展了，而在什么意义上，又可能被改变了。如果改变与扩展是相辅相成的话，作为传统的传承者，对于来自另一传统的改变与扩展，会呈现出什么样的态度。

种种问题，本文试图通过如下三个方面来分别进行探讨：（1）王弼对《论语》说了些什么？（2）王弼给《论语》解释所设的玄远之维；（3）在后人评价中飘落的玄远之维。

---

① 王晓毅在其王弼《论语释疑》历代考辨文字中，仅引述了这样一段记载："《玉函山房辑佚书》卷四十四《经编·论语类》，《论语释疑》一卷，魏王弼撰。弼有《周易注》、《周易略例》，已各著录。《隋书·经籍志》载弼撰《论语释疑》三卷。《唐书·艺文志》六二卷。陆德明《经典释文·序录》与隋志同。今佚。间见于《释文》《正义》。兹更从皇侃《义疏》採辑共得四十节，合为一卷。其说'志于道'云：'道者，无之称也。'其说'性相近'云：'近性者正，而即性非正。虽即性非正，而能使之正。譬如近火者热，而即火非热；虽即火非热，而能使热。'浮虚惝怳老庄绪言。观前人论弼《易》：何邵云'不识物情'，孙盛云'妙赜无间'，程子云'元不见道，'朱子云：'巧而不明，'此之释《论》，毋亦与注《易》等乎？如释'老彭'为'老聃、彭祖'；'厩焚'为'公厩'；'赐不受命'为'不受爵'；'作者七人'为'伯夷、叔齐、虞仲、夷逸、朱张、柳下惠、少连。'皆与诸家殊别。虽非确训，颇广异闻。考古之儒或所不废也。历城马国翰竹吾甫。"（《王弼评传》，第384页）现代魏晋玄学研究的兴起，由汤用彤等学者开始，对于王弼的《论语释疑》，逐渐有专门的探讨，但比起对王弼其他两部经典的注释的探讨，仍是凤毛麟角。本文将在第三部分对现代学者中一些关于《论语释疑》的评论，做专门的介绍和评述。

② 王晓毅在其《王弼评传》一书中，同时附有《何晏评传》，并同时详列了何晏著作的历代著录及考辨文字。其中，关于何晏的《论语集解》有详尽的历代著录和考辨文字。

## 一、王弼对《论语》说了些什么?

现今留下的王弼著作,主要是王弼对三部经典的注释。其中,《老子注》及相关的《老子指略》被认为是王弼最重要的著作①,而《周易注》及《周易略例》虽不像前面著作一般被肯定,但其重要性也不逊于前面的著作。② 相比之下,王弼的《论语释疑》就显得冷清多了。③

但显然,王弼本人也许并不这样认为。从他对圣人观这个被看作是儒家思想的核心问题的屡屡惊世骇俗之言④可见,他对自己就儒家经典所做的阐发,应是十分重视的。事实上,他的《论语释疑》中,包含着很多后来学人不断引用的经典阐述。

### (一)关于道或本体的看法

> 时人弃本崇末,故大其能寻本礼意也。⑤
>
> 贯,犹统也。夫事有归,理有会。故得其归,事虽殷大,可以一名举;总其会,理虽博,可以至约穷也。譬犹以君御民,执一统众之道也。"⑥
>
> 忠者,情之尽也;恕者,反情以同物者也。未有反诸其身而不得物之情,未有能全其恕而不尽理之极也。能尽理极,则无物

---

① 一般认为,王弼是以其对《老子》解释中所阐发的玄理,对儒家经典《周易》及《论语》作注解的。这跟王弼本人在《老子指略》中的有关阐述有关。
② 因《周易》为儒家经典,所以王弼的注解尽管有非常大的影响,但同时遭到的批评也非常多。指责王弼开虚玄之风,致儒家理想被遗忘的理由,多被认作与王弼借《老》解《易》有关。(参见王晓毅:《王弼评传》,"附录二:著作考"中的"王弼历代著作历代著录及考辨文字")
③ 参见王晓毅:《王弼评传》,"附录二:著作考"中的"王弼著作历代著录及考辨文字"。
④ 参见《三国志·魏书》卷二十八《钟会传》注引何劭《王弼传》。
⑤ 《论语释疑·八佾》,本篇论文所有《论语释疑》,均引自楼宇烈校释:《王弼集校释》下册。
⑥ 《论语释疑·里仁》。

不统。极不可二，故谓之一也。推身统物，穷类适尽，一言而可终身行者，其唯恕也。①

道者，无之称也，无不通也，无不由也。况之曰道，寂然无体，不可为象。是道不可体，故但志慕而已。②

权者，道之变。变无常体，神而明之，存乎其人，不可豫设，尤至难者也。③

予欲无言，盖欲明本。举本统末，而示物于极者也。夫立言垂教，将以通性，而弊至于湮；寄旨传辞，将以正邪，而势至于繁。既求道中，不可胜御，是以修本废言，则天而行化。以淳而观，则天地之心见于不言；寒暑代序，则不言之令行乎四时，天岂谆谆者哉。④

（二）圣人观

易以几、神为教。颜渊庶几有过而改，然则穷神研几可以无过。明易道深妙，戒过明训，微言精粹，熟习然后存义也。⑤

温者不厉，厉者不温；威者心猛，猛者不威；恭则不安，安者不恭，此对反之常名也。若夫温而能厉，威而不猛，恭而能安，斯不可名之理全矣。故至和之调，五味不形；大成之乐，五声不分；中和备质，五材无名也。⑥

夫推诚训俗，则民俗自化；求其情伪，则俭心兹应。是以圣人务使民皆归厚，不以探幽为明；务使奸伪不兴，不以先觉为贤。

---

① 《论语释疑·里仁》。
② 《论语释疑·述而》。
③ 《论语释疑·子罕》。
④ 《论语释疑·阳货》。
⑤ 《论语释疑·述而》。
⑥ 《论语释疑·述而》。

故虽明并日月，犹曰不知也。①

圣人有则天之德。所以称唯尧则之者，唯尧于时全则天之道也。荡荡，无形无名之称也。夫名所名者，生于善有所章而惠有所存。善恶相须，而名分形焉。若夫大爱无私，惠将安在？至美无偏，名将何生？故则天成化，道同自然，不私其子而君其臣。凶者自罚，善者自功；功成而不立其誉，罚加而不任其刑，百姓日用而不知所以然，夫又何可名也！②

孔子机发后应，事形乃视，择地以处身，资教以全度者也，故不入乱人之邦。圣人通远虑微，应变神化，浊乱不能污其洁，凶恶不能害其性，所以避难不藏身，绝物不以形也。有是言者，言各有所施也。苟不得系而不食，舍此适彼，相去何若也。③

## （三）性情观

自然亲爱为孝，推爱及物为仁也。④

情发于言，志浅则言疏，思深则言讱也。⑤

情动于中而外形于言，情正实，而后言之不怍。⑥

不性其情，焉能久行其正，此是情之正也。若心好流荡失真，此是情之邪也。若以情近性，故云性其情。情近性者，何妨是有欲。若逐欲迁，故云远也；若欲而不迁，故曰近。但近性者正，而即性非正；虽即性非正，而能使之正。譬如近火者热，而即火非热，虽即火非热，而能使之热。能使之热者何？气也、热

---

① 《论语释疑·泰伯》。
② 《论语释疑·泰伯》。
③ 《论语释疑·阳货》。
④ 《论语释疑·学而》。
⑤ 《论语释疑·颜渊》。
⑥ 《论语释疑·宪问》。

也。能使之正者何？仪也、静也。又知其有浓薄者。孔子曰：性相近也。若全同也，相近之辞不生；若全异也，相近之辞亦不得立。今云近者，有同有异，取其共是。无善无恶则同也，有浓有薄则异也，虽异而未相远，故曰近也。①

## （四）礼乐论

言有为政之次序也。夫喜、惧、哀、乐，民之自然，应感而动，则发乎声歌。所以陈诗采谣，以知民志风。既见其风，则损益基焉。故因俗立制，以达其礼也。矫俗检刑，民心未化，故又感以声乐，以和神也。若不采民诗，则无以观风。风乖俗异，则礼无所立，礼若不设，则乐无所乐，乐非礼则功无所济。故三体相扶，而用有先后也。②

譬犹和乐出乎八音乎，然八音非其名也！③

礼以敬为主，玉帛者，敬之用饰也。乐主于和，钟鼓者，乐之器也。于时所谓礼乐者，厚贽币而所简于敬，盛钟鼓而不合雅颂，故正言其义也。④

从以上的摘引可以看出，王弼确是在做会通道儒的功夫。而不论言道言本，言性情还是言礼乐，实质都是围绕着圣人的言行与思想而展开的。围绕着圣人观的玄学化，王弼在《论语释疑》中，不仅有说服力地将圣人的言行，包括道德行为及政治作为，释之为对无常之道的因循（见其圣人观及道本论的对应阐述）。而且通过将道之本体、圣人品格及

---

① 《论语释疑·阳货》。
② 《论语释疑·泰伯》。
③ 《论语释疑·子罕》。
④ 《论语释疑·阳货》。

万民本性，释之为自然，化解相互之间矛盾及对抗的关系（见其圣人观及性情观的阐述），从而使凡人学圣人有一种本体论的根据。

这样的做法，无疑使得《论语》这部实际及生动体现儒家理想的经典的内涵，被改造为抽象义理的玄远性阐发。他所消解的人与人、人与物之间的矛盾和冲突，所模糊的具体行为的价值倾向等，虽可能是他所处的年代那种"自然与名教"的深刻矛盾解决，是一种无可奈何的希求。但如此完美地在理论上将这种希求加以论证，使之变得似乎合情合理，却带来儒家经典解释历史上一段漫长的困扰阶段。[①]

## 二、王弼给《论语》解释所设的玄远之幕

记录孔子言行、由孔子弟子辑撰而成的儒家经典《论语》，早在汉代就有儒士注解。[②] 当时儒士的解释，大多离不开以《周易》释《论语》。他们的注释，由于没有完整的保存，只能从玄士何晏的《论语集解》中窥得一二。可何晏的《论语集解》表面看似是对汉儒注解《论语》的结集，实际上却是以己见来确定采摘标准，其中很多集解还被认为是"偷龙转凤"，实际说的是自己的看法。[③] 何晏解《论语》，虽然传承了汉儒对《论语》作《周易》之解释的风气，但已开始从根本上改变旧日汉儒借《周易》解《论语》的实质。他的改变，某种意义

---

① 《论语》的解释权，自魏晋后，似乎停滞不前。直到宋代理学兴起，尤其是经过朱熹的努力，《论语》的权威解释权，才又重回儒士手中。台湾学者林丽真在其《王弼老、易、论语三注分析》一书中，认为王弼"《论语释疑》的成书，处在由汉至宋的儒学发展途程中，实具转折性的地位。"（氏著：《王弼老、易、论语三注分析》，台北东大图书公司1988年版，第124页）

② 郭沂指出，虽然汉代有记载已有《论语》博士，但《论语》作为士人之重要读物的时间，应推至秦代。（参见郭沂：《郭店竹简与〈论语〉类文献》，载《郭店竹简与先秦学术思想》第二编，上海世纪出版集团、上海教育出版社2001年版）

③ 整理和研究《论语》注释的名家皇侃、陆德明、邢昺等，对此都有过分析和评论。何晏《论语集解》的学术史贡献，很多学者都有探讨，其中如宋钢《六朝论语学研究》（中华书局2007年版）等学著中，都有专章讨论。

上为玄学注经风格的开启,起了铺垫作用。[1] 按后来学者的话,便是:"何晏《集解》并不掺入《老》、《庄》思想,而比较接近于以《易传》解《论语》。这种做法,或许可以摈除《论语》中,阴阳五行观的杂染,但于如何'知天'上并不能给予新的说明。因此《集解》之作,应可视为是过渡到魏晋玄学的作品。"[2]

真正使儒学玄学化,使《论语》的注解从《易》风走向《老》风的,是王弼。汤用彤先生认为,王弼非常清楚《论语》与《易》和《老》的区别:"王弼之所以好论儒道,盖主孔子之性与天道,本为玄虚之学。夫孔圣言行见之《论语》,而《论语》所载多关人事,与《老》、《易》之谈天者似不相侔。则欲发明圣道,与五千言相通而不相伐者,非对《论语》下新解不可。然则《论语释疑》之作,其重要又不专在解滞释难,而更在其附会大义使玄理契合。"[3]

而之所以《易》稍能与《老》并论,对解《论语》能起一定的作用,就在于"夫性与天道为形上之学,儒经特明之者,自为《周易》"。在于"《易》之为书,小之明人事之吉凶,大之则阐天道之变化"。[4]

但《易》毕竟不能与《老》完全相提并论。在王弼看来,儒家经典的《易》因其带着诸种爻象,而于玄虚之理不能说得淋漓尽致。只有道家经典《老子》,才可以将玄虚之学言说得深明透彻。"《老子》之书,其几乎可一言而蔽之。噫!崇本息末而已矣。观其所由,寻其所归,言不远宗,事不失主。文虽五千,贯之者一;义虽广瞻,众则同类。解其一言而蔽之,则无幽而不识;每事各为意,则虽辩而愈惑。""然则,《老子》之文,欲辩而诘者,则失其旨也;欲名而责者,

---

[1] 参见蔡振丰:《何晏〈论语集解〉的思想特色及其定位》,载黄俊杰编:《中日〈四书〉诠释传统初探》,台湾大学出版中心 2004 年版。另参见宋钢:《六朝论语学研究》。

[2] 蔡振丰:《何晏〈论语集解〉的思想特色及其定位》,载黄俊杰编:《中日〈四书〉诠释传统初探》。

[3] 汤用彤:《王弼之〈周易〉〈论语〉新义》,载《汤用彤全集》第四卷。

[4] 参见汤用彤:《王弼之〈周易〉〈论语〉新义》,载《汤用彤全集》第四卷。

则违其义也。故其大归也，论太始之原以明自然之性，演幽冥之极以定惑罔之迷。因而不为，损而不施；崇本以息末，守母以存子；贱夫巧术，为在未有；无责于人，必求诸己；此其大要也。"①

正是借用《老子》之言，玄解《论语》之大义，王弼使最能表现儒家思想特质的经典，散发出一种前所未有的异彩。连同他关于圣人品格的议论，不难看出，王弼实际上将原儒及汉儒的理想和实践，放在了一个玄远之幕来看待。这个玄远之幕的确立，使得儒学从形上至形下，都有了一种"似是而非"的新解释。这种新解释，从根本问题解决的转向，致具体践行的改变，从理论上说，似乎论证得"天衣无缝"，使得《论语》作为经典的意义，有了被重新认识的必要。

王弼究竟对《论语》做了什么呢？

概括以上所摘引的《论语释疑》的片段及王弼对圣人的看法，王弼首先将圣人的品格玄化。在《论语》的记载中，作为成圣楷模的孔子是有血有肉、爱憎分明的人。他对现实坎坷际遇的释然②、对心爱弟子早逝的悲恸③、对百姓大众的怜悯④等，在王弼的释疑及评论中，首先被玄化成自然之情的流露，但更重要的是，被强调成圣人并不为种种引发情感的物事所累。⑤而在"圣人有情否"的问题上，王弼从圣人之情的议论更远推至人性本体上的"性情论"的宏发，使圣人之情的

---

① 王弼：《老子指略》，楼宇烈校释：《王弼集校释》。
② 《论语·雍也》记载："子见南子，子路不说。夫子矢之曰：'予所否者，天厌之！天厌之！'"王弼释："案本传，孔子不得已而见南子，犹文王拘羑里，盖天命之穷会也。子路以君子宜防患辱，是以不悦也。""否泰有命。我之所屈不用于世者，乃天命厌之，言非人事所免也。重言之者，所以誓其言也。"
③ 《论语·先进》记载："颜渊死。子曰：'噫！天丧予！天丧予！'""颜渊死，子哭之恸。从者曰：'子恸矣。'曰：'有恸乎？非夫人之为恸而谁为！'"
④ 《论语》中描述孔子对仁、孝、礼、乐的看法，如《论语·学而》中引曾子曰："君子务本，本立而道生。孝悌也者，其为仁之本与！"王弼释："自然亲爱为孝，推爱及物为仁。"
⑤ 参见何劭《王弼传》中关于王弼论"圣人有情否"的记载。显然，在王弼看来，有情是人性自然的表现，而无累则是情能体道的结果。后者自然只有圣人才做得到。

自然性，可广泛地从人性的自然性情这一点被解释。①但人性的自然，不是王弼使得《论语》里的圣人品格被玄化的关键，关键在于，王弼强调圣人对性情所指对象的态度。②王弼认为，达到"有情而无累"的境界，才是真正圣人的标志。这种解释上的改变，使得儒家人格体现上，有了"适变""逍遥"的可能。③一旦将这种可能与圣人行事的根据相对应，儒家的理想本身便从现实的历史使命，变为自然而然的天理、规律。

其次，王弼在《论语释疑》中，下最大功夫为圣人的行事提供本体论的根据。其《论语释疑》中有关道本体、圣人观、性情观、礼乐论等的论述，着重的都是圣人行事与其循道的关系。也就是说，在王弼看来，圣人之所以如此这般的行事，是因为圣人能够以以"无"为特征之"道"为其根据。④而《论语》中记载的孔子，其为人、为官、为师，与实现其明确的政治、道德理想之努力分不开。也就是说，以孔子为首的儒家，其任何的实践活动，都与其对现实所做的担当及胸怀的理想分不开。这种担当是儒家力图通过自己的作为，使现实的社会、人伦变得更加美好。在这里，儒家对现实的态度毫无疑问是批判性的。正是这种对现实的批判态度，使得儒家在对日常生活的意义的说明上，不是狭隘的。不过，以孔子为代表的儒家，尽管也依其对人性的认识，来对人的行为做评价、定规范，但儒家心目中的真正楷模，

---

① 王弼《老子注》二章中说："美者，人心之所进乐也；恶者，人心之所恶疾也。美恶犹喜怒也，善不善犹是非也。喜怒同根，是非同门，故不可得而偏举也。此六者，皆陈自然，不可偏举之名数也。"

② 王弼《老子注》二十九章中说："万物以自然为性，故可因而不可为也，可通而不可执也。""圣人达自然之性，畅万物之情，故因而不为，顺而不施。除其所以迷，去其所以惑，故心不乱而物性自得之也。"

③ 参见王弼关于圣人的论述。庞朴在他未完稿的旧文中，更进一步引王弼《周易注》及《周易略例》的话，指出王弼实际是从现实世界的变化无常的自然性中，推论出处世待人的"适变"态度。（参见庞朴：《王弼与郭象》，载《沉思录》，上海人民出版社1982年版）

④ 参见本文第一节中，王弼关于圣人"则天之德"及关于"道不可体，故但志慕"的说法。

如周公、孔子，甚至心目中理想社会的原形（如西周），都是借助特定时空中的人和事才能说明。儒家并没有将自己行为的根据，普遍化或抽象化为一般人性的概念理解，相反，它是在其政治和道德的具体情境的判断中，包含了对呈现在历史经验中的普遍性和永恒性品格的理解。① 这些原本具有鲜明价值色彩、时代色彩，与具体行为分不开的行事依据或准则，如果依王弼而被完全抽象化为自然的"本体"②，起码在某种意义上，便与经验生活有了分离。儒家的现实担当，就不再是政治的具体参与和道德的躬身践行，而变成对不着痕迹的抽象"本体"的悟道。

王弼对《论语》解释的第三个改变，顺理成章地落在最后一方面：对儒家使命的玄化。《论语》中孔子的忧国忧民、力行问政、推广教育等，在王弼的玄学理解中，显然更多地改变成圣人明道、求智的"神明知几"功夫。如《论语释疑·述而》中"《易》以几、神为教。颜渊庶几有过而改，然则穷神研几可以无过。明易道深妙，戒过明训，微言精粹，熟习然后存义也"③ 不执着的圣人本性，还有物事本就自然的"本体"，使得圣人之为圣人的原因，不在于圣人依先贤的榜样，依理想社会的范式，领导或感召大众去改变现实，而只在于圣人能"明易道深妙，戒过明训，微言精粹，熟习然后存义也"④，在于"圣人通远虑微，应变神化，浊乱不能污其洁，凶恶不能害其性，所以避难不藏身，绝物不以形也"⑤。这样一种改变，无疑使儒家的使命，由原来入世的积极作为，变成游世或浮世的"无为"。尽管王弼一再强调，无为也

---

① 参见黄俊杰：《从儒家经典诠释史观点论解经者的"历史性"及其相关问题》，《台大历史学报》第二十四期；《论东亚儒家经典诠释传统中的两种张力》，《台大历史学报》第二十八期。

② 《老子注》五十八章："言谁知善治之极乎？唯无可正举，无可形名，闷闷然，而天下大化，是其极也。"另参见王弼在《论语释疑·泰伯》关于"圣人有则天之德"的论述。

③ 《论语释疑·述而》。

④ 《论语释疑·述而》。

⑤ 《论语释疑·阳货》。

可以大有作为，但这种作为，毕竟是基于"略于具体事物而究心抽象原理"，基于"专期神理之妙用"的玄思之上，才可能依于"有形之粗迹"相去甚远的"神理"——"无"而"作为"。①儒家使命由行变识，对于怀着理想而去担当的儒家来说，不仅是淡化其使命之实践性，而且是致儒家本身存在几乎丧失价值的做法。②

王弼释《论语》的后果，可想而知。

## 三、在后人评价中飘落的玄远之幕

历史上，直接针对王弼《论语释疑》而做的评价不多，清代马国翰《玉函山房辑佚书》中有过评价。③近人中，由于有章太炎、鲁迅、刘师培、陈寅恪、汤用彤、冯友兰、钱穆、宗白华、贺昌群、刘大杰、唐长孺等，先后对魏晋南北朝历史文化发生极大兴趣④，更由于汤用彤开研究玄学之先河，学界中逐渐有人专门评论王弼的思想。在其中，直接针对王弼《论语释疑》的评论，相比起对王弼《老子注》及《周易注》的评论，仍是不多见。其中较为突出的，除有汤用彤撰专文

---

① 参见汤用彤：《言意之辨》，载《汤用彤全集》第四卷。
② 以上概括，仅为笔者对王弼在《论语释疑》中所体现的援道释儒功夫的一种评述。其他学者对王弼《论语释疑》的概括稍有不同。汤用彤认为："王弼会合儒道最著之处为圣人观念。此可分四事说之。（一）主儒家之圣人，（二）圣人神明知几，（三）圣人治世，（四）用行舍藏。"（《汤用彤全集》第四卷，第82页）余敦康主要从解释学的意义上评述《论语释疑》的价值，并分别讨论了《论语释疑》对儒家思想中的关键概念的扩展，如本末、道言、圣人之德与自然之性、自然与名教、天人与礼乐、内圣与外王、孝与仁、诚信、忠恕等。（参见氏著：《何晏王弼玄学新探》，第七章）王晓毅从两个方面概说《论语释疑》：一、礼乐与真情，二、性与情。（参见王晓毅：《王弼评传》）林丽真从五个方面评述《论语释疑》中的老子义：一、论道本，二、论性情，三、论名教与自然，四、论圣人，五、其他。（参见林丽真：《王弼老、易、论语三注分析》）
③ 参见王晓毅：《王弼评传》，"附录二：著作考"中的"王弼著作历代著录及考辨文字"。
④ 参见金观涛、刘青峰：《中国现代思想的起源》（第一卷），香港中文大学出版社2000年版，第一章。金、刘认为，魏晋南北朝历史文化的研究在近代以来成为显学，与中国近代所遭遇的民族文化、传统与外来文化、传统相互关系的迫切问题之解决有关。杜维明也持此见。（参见《杜维明文集》第五卷，武汉出版社2002年版）

讨论外，余敦康在其著作《何晏王弼玄学新探》中，有专章对《论语释疑》做出评论①；王晓毅在其《王弼评传》一书中，有专节讨论《论语释疑》②；台湾学者林丽真在其《王弼老、易、论语三注分析》一书中，也有专章分析《论语释疑》。德国学者瓦格纳也有专文讨论王弼的《论语释疑》。③ 除以上学者的专门讨论外，一般研究王弼的学者，多讨论王弼在《老子注》《周易注》中所体现出的玄学思想，而少涉及《论语释疑》。④

但正如马国翰指出的那样，来自儒家对王弼此释的评价，与对《周易注》的评价，几乎如出一辙。因而儒家对王弼注解《论语》的评价，基本上可以看成是与对王弼注解《周易》的评价是一致的。或笼统地说，与儒家对王弼所阐发的玄学思想的评价是一致的。

在王弼所处的魏晋年代，士人对其所作就有不同的看法和理解。尽管王弼用其被朱熹称之为"巧"的独特方式，引领魏晋玄学的风骚，

---

① 参见氏著：《何晏王弼玄学新探》，第七章"王弼的《论语释疑》"。
② 参见氏著：《王弼评传》。
③ 参见 Rudolf G. Wagner, *Making Sense: Wang Bi's Commentary of The Lun Yu*（载黄俊杰编：《中日〈四书〉诠释传统初探》，台湾大学出版中心 2004 年版）。
④ 其原因大概有两个方面，一是因王弼的《论语释疑》作为古典文献的确定性不足，直接讨论被认为价值性不高；二是认为王弼《论语释疑》中关于儒道的思想，与其他两注的思想无太大差异，可借助讨论其他两注来评论其中的思想。如专治玄学史及王弼思想的王葆玹先生有这样的说法："魏晋时期的玄学家在注释《易》、《老》之余，往往还注《论语》，例如何晏有《论语集解》，卫瓘有《论语注》，李允有《论语集注》，孙绰亦有《集注》，江熙有《集解》。江熙集有晋代十三家《论语》学著作，多为玄学家。在这当中，王弼所作的《论语释疑》三卷堪为典型。这部书的影响虽不如何晏《集解》，玄学色彩却很浓厚，例如推崇'执一统众之道'，指出'能尽理极，则无物不统，极不可二，故谓之一'。声称这理之极至'中和'而'不可名'，在气味则'五味不形'，在音乐则'大爱无私'、'至美无偏'、'无形无名'。论述性情关系，认为人情'近性则正'，不'近性'则邪僻。此书久佚，仅有辑本，然而从有限的佚文来看，当是综合《易》、《老》的结晶，在玄学研究中有很高的参考价值。"（氏著：《王弼评传——玄学之祖、宋学之宗》，广西教育出版社 1997 年版，第 33 页）而研究正始玄学与儒道会通问题的高晨阳先生则有这样的看法："王弼现存的哲学著作主要有《老子指略》、《老子注》、《周易略例》、《周易注》以及《论语释疑》数种。在前两部著作中，所展现的是王弼的老学思想。在后两部著作中，所展现的是王弼的易学思想。最后一部著作虽然与易学著作有异，但思想倾向却没有什么差别，也属玄学化了的儒学之作，故可存而不论。"（氏著：《儒道会通与正始玄学》，第 196—197 页）

令当时学人为之侧目、趋步，但其借注释儒家经典而化解士人对社会、国家的担当责任，却也遭到很多的批评。从记载中，可以看出对王弼的贬斥是两个方面的，一方面是对其实际为人处世方式的不屑[①]；另一方面是对其倡导的玄风所带来的社会效果不满。后人的批评（如范宁、裴颜及傅玄等），尤其是儒士的批评，更多是后一方面。[②]

近人的批评中，汤用彤对王弼《论语释疑》基本给予正面评价，他甚至认为，魏晋儒道互通之最典范体现，便是王弼对《论语》的解释。[③] 汤用彤先生的赞誉，与其本身也企求以玄远之学发救心以至救身之用有关。

余敦康对王弼《论语释疑》的评价基本上是从肯定意义上阐发的。与汤用彤一样，他认为此书"对于我们了解王弼玄学思想十分珍贵，特别是在人性论与理想人格的问题上，有许多精辟的论述，可以弥补《周易注》与《老子注》的不足"[④]。因为，王弼的《论语释疑》不仅在解释学的层面上创造性地借用道家（老子）的思想，解决了儒家（孔子）"体无"与"言有"的矛盾，而且在理论上完满地重说了儒家理想中的多个关键观点，如本与末、道与言、圣人之德与自然之性、自然与名教、礼乐与天人、孝与仁、诚信、忠恕之道，特别是对"内圣外王"除"深层的理解"外，还做出了"创造性转化"。在余敦康看来，王弼由此而建构的圣人观，"包含着真、善、美三个方面的意义。所谓真是指圣人的智慧高于常人，'穷神研几'，'明足以寻极幽微'，对真理有全面的把握，对本体有完整的体认。所谓善是指圣人的品德'中

---

[①] 参见《三国志·魏书》卷十八《钟会传》注引何邵《王弼传》，以及《世说新语·文学第四》注引《王弼别传》。

[②] 拙文《崇本崇无——析王弼对汉儒政治思想的继承和批判》（载陈少明主编：《经典与解释》）中的第四部分，简介了各个不同时期的人对王弼援道入儒做法的评论。

[③] 参见《汤用彤全集》第四卷。另，本论集中另一文《论汤用彤对魏晋玄学的理解》，对汤用彤如何评价王弼《论语释疑》有概述。

[④] 参见氏著：《何晏王弼玄学新探》，第354页。

和备质'、'欲而不迁'、'浊乱不能污其洁,凶恶不能害其性',能够'久行其正'。所谓美是指圣人的情感'应物而无累于物',达到了完美的境界,这是一种自由的情感,一种为理性所净化了的情感,一种渗透着宇宙意识而脱离了低级趣味的情感"①。

瓦格纳认为,王弼《论语释疑》使得儒家在具体情境的行为中所包含的普遍性意义,在言说的角度上有充分的体现。王弼不仅在语言形式上使这种意义有体现的可能,而且在语言的内涵上也使这种意义有被包容的可能。②

而王晓毅认为,王弼的《论语释疑》"堪称第一本以玄学思想解释《论语》的作品"。在《论语释疑》中,王弼"展开了对礼乐与真情、性与情的讨论,弥补了其《老子注》和《周易注》因原著限制所造成的薄弱环节,使贵无论哲学形成了一个圆满的整体——将其本体论哲学延伸到伦理学人性论领域,为'名教与自然'这一玄学时代课题的王弼式表达,起了画龙点睛的作用"。但王晓毅对王弼这种沟通本体论哲学与伦理学的努力(包括在其他经典解释中体现的),有赞许也有不满。一方面,他肯定王弼通过其解释儒道经典的努力,"联结了魏晋精神世界一系列对立范畴:内圣与外王、一与众、性与情、出世与入世、进取与谦下、静与动等等,这些矛盾范畴都是魏晋士族知识分子心灵分裂在不同理论层面的反映。王弼玄学的积极意义,就在于重新联结了士大夫精神世界对立的两极,使双重人格的士族知识分子心理趋于平衡,增加生命厚度和弹性,在社会动荡黑暗的环境中继续积极面对现实,进行新的文化创造"。但另一方面,他又强调,王弼对儒道两方发展所做的努力"都不是超越的精神彼岸"。"首先,王弼笔下的宇宙

---

① 参见氏著:《何晏王弼玄学新探》,第七章"王弼的《论语释疑》"。
② 参见 Rudolf G. Wagner, *Making Sense: Wang Bi's Commentary of The Lun Yu*(载黄俊杰编:《中日〈四书〉诠释传统初探》)。

本体'无'并不是一个可以接纳灵魂的天国，而是事物中无形的规律、本质，永远不可脱离有形事物而孤立存在。因此，灵魂不会归于'无'得到永恒，而是化为真正的寂灭虚无。再者，王弼虽然提出了返朴归真的社会理想，但是'理想社会'的实现，仅仅是对人类生命自然的回归，不需要人类的有为活动，尤其是排斥道德行为的参与，因而建立理想社会，也就不能激发人类为之献身的神圣感，同样不具有使有限生命永恒的功能。"[①]

林丽真借用牟宗三的话，对王弼《论语释疑》做这样的评论："体用之关系，儒道两家皆然。惟一般言之，儒道虽同，而体之所以为体，则儒道不同。王弼说此一为体为本，是以道家之无、自然为背景。依道家之路数，此一之为本为体，纯由遮显，故只能从外表描述其形式特性。如无、自然、寂静、一、本，皆形式特性也。从形式特性言之，儒、道皆同，甚佛、耶亦同。惟从实际的内容特性言之，则体之所以为体，儒道不同。其不同之关键在'心性'。而王弼于此根本未入。了解形式特性易，了解内容特性难。不能进入内容特性，则不能尽儒道之精蕴与全蕴，尤其不能尽孔门义理之精蕴与全蕴。"在林丽真看来，王弼不得儒道之精蕴与全蕴的原因，与"王弼对孔子的'道'，没有切实而具体的领悟，又谈不上任何躬行实践、亲体默证的工夫"有关。[②]

在以上种种毁誉各半的评述中，王弼对再造儒家经典意义的工作，就有了值得深思的可能。

首先，在儒学从汉儒过渡到宋儒的漫长历史中，王弼所设的玄远之幕无疑起了非常重要的作用。汉儒借有形上之味的《周易》解记载

---

① 王晓毅：《王弼评传》，第316、317、333、339页。
② 林丽真：《王弼老、易、论语三注分析》，第133、127页。在该书中，作者还对王弼《论语释疑》的多处说法有批评。

人事的《论语》的做法，意味着汉儒有将孔子思想中超时空的永恒义理挖掘、光大的企图。这显然首先是一种从"普遍人间的理念"①的角度，来体会、理解儒家思想的努力。但是在汉儒对经典的解释里，这种理解的角度确立，如牟宗三比喻的那样，仅仅是就"内容"方面来说的。其"形式"的表现，由于滞着太多的形相、枝末，不免"弊至于湮""势至于繁"②，终致孔子思想中具有普遍品格的义理，重沦为儒士"随其所鉴而正名焉，顺其所好而执意焉。故使有纷纭惯错之论，殊趣辩析之争，盖由斯矣"③。王弼有感于《论语》中记载的孔子所体之道便是《老子》所言之道，用道家的玄学对汉儒言说儒家思想的形式，进行了改造。使儒家思想内涵中的普遍性品格，因其表现方式的抽象性，而得到最大程度的体现。如王弼从"自然"角度上，对圣人、仁、性、情、礼、乐等概念含义的重释，使原来只是在《论语》中孔子于形下情境中讲道所展示的多重含义，得以统一在"天道""自然"这个形上的意义上理解。并且王弼在其解释中，还努力将不同概念的一般性阐释系统化、逻辑化，围绕着来自道家的"道"和"无"，使儒家思想在这种完美的形式下，成为另具异彩的新理论。④如前所说，王弼在儒家思想言说形式改造上的独具匠心，有效地克服了汉儒注经的种种弊病，并且在很长一段时间内，影响了经典的解释风格。⑤

---

① 徐复观的话，见其著作《中国人性论史·先秦篇》。
② 《论语释疑·阳货》。
③ 王弼：《老子指略》，楼宇烈校释：《王弼集校释》。
④ 实际上，王弼通过其圣人观、政治理论及人生理论等，使儒家思想从根本精神至实际作为等，都有了完整的体现。
⑤ 学界有人认为，宋明儒学对孔孟儒学的发展，最主要的是将孔孟所阐发的儒家理想，愈往玄远之维而发。这种言说方式上的改变，虽然多被看成受中国佛学的影响，但追根溯源，与对中国佛学有过大作用的魏晋玄学不无关系。汤用彤先生是基于此看法，而从佛教研究转向玄学研究的。(参见汤用彤：《理学谵言》，载《汤用彤全集》第五卷，河北人民出版社2000年版) 钱穆认为，王弼在经典解释中，尤其是《论语释疑》中言"理"，对中国思想发展的作用不可磨灭。

但理论形式的彻底改变，必然带来的另一个问题便是：言说形式的抽象化是否与内容的虚空并进？或者说，开发了言说的抽象形式，强调了思想的玄远之维，是否同时会使言说和思想的对象也因此变得虚空起来？当言说的形式被抽象至与任何具体的内涵不相容，而只指向同样抽象的内涵时，这种言说的形式还是否能充当具体内容的理论外衣？吸收老庄道家思想而发展出来的玄学，其理论形式本就是与玄远本体、自然无为等内涵相连在一起的。而儒家思想尽管有其普遍性品格，但这只是在历史过程的贯通中，通过具体的个体生命实践、体验呈现出来的人类的共同理想。首先，它与人连在一起，与人现实的生命活动连在一起，它不能被淡化为纯粹的本体说明，更不能被物性的说明去涵盖。另外，一旦它与人的现实存在不可分，它就必然与人的历史、现实、道德、宗教，甚至政治、经济等的担当连在一起。从本性上说，儒家思想是怀着"普遍人间的理念"，去担当沉重的历史和社会责任的。而这种担当和责任，绝不是用"神而明之"及"无为"等的功夫，就可以替代的。牟宗三指责王弼不明儒道义理上的内容之"精蕴"和"全蕴"，说的就是王弼从形式改造上，带来对儒家思想理解实质性的伤害。在这点上，古今儒士对王弼的指责都是一样的。

由于《论语》被儒家学者认定是代表自家传统、理想的重要经典，所以，当其思想内涵一旦因为不当的解释而被消减的话，那么，为坚持体现这种理想的传统而放弃这种解释，便是理所当然的事。相比之下，王弼的《周易注》，因其对象本身多谈形上之理，所以，儒家学者一定程度上继续借用王弼的释经方法，便不足为奇了。①

---

（接上页）"《论语》本言道，而弼注转言理。大率言之，唐以前人多言道，宋以后人多言理，以理的观念代替出道的观念，此在中国思想史上为一大转变。王弼可谓是此一转变之关捩也。""王弼言理，既为释家辟路，亦为宋儒开先。"（参见氏著：《庄老通辨》）

① 汤用彤在其论文《王弼之〈周易〉〈论语〉新义》中，就王弼对两种经典的注解之不同，有深刻研究。（参见《汤用彤全集》第四卷）

王弼的《论语释疑》从其历史命运看,似乎没给儒家经典增添什么新的意义。但相比他对同是儒家经典的《周易》的注的影响来看,仍然起到了对儒家经典解释范式的冲击作用,并且这种冲击作用进一步影响到对儒家思想实质的理解。无疑,王弼援道入儒的做法,在抽象的本体论层面上,扩展了对儒家思想内涵的理解视野,使儒家理想的普遍性品格得以最完全的说明。但如前面所分析的那样,儒家思想的实质本就不是用抽象的普遍性能完整说明的,它深厚的历史性、当下性(现实性)与深刻的人文性,在某种意义上,与抽象本体论的理论实质,虽然有关联但不完全等同。分析这个问题,需要更广泛地讨论伦理或宗教与哲学的关系问题。①

(论文修改稿《玄远之幕的飘落——王弼〈论语释疑〉的命运》,发表于《孔子研究》2004 年第 3 期)

---

① 拙文:《儒家思想对中国宗教的作用及其世界意义》,尝试对这个问题做进一步分析。(载黄俊杰编:《传统中华文化与现代价值的激荡》;黄俊杰编:《传统中华文化与现代价值的激荡与调融(二)》[繁体版])

# 玄思的魅与惑
## ——王弼玄学再探讨

### 前言 从王弼被嘲说起

形容在哲学中走火入魔的词,莫过于"玄"。古希腊故事里,对入迷于"玄"的哲人,有过这样的比喻:有位哲人专注于思考"玄乎"之理,不知不觉中掉到了正在行走的路面上的井里。被人讥为只顾望天上不切实际之事,而不脚踏实地地看地上之事。在古代中国,诸子百家虽被后人做不同的继承与批判,但从"玄"意上被讽的似乎还没有。[①]到了魏晋南北朝,"玄乎"之学不仅独领一代学术之风骚,而且同时开始了中国"玄学"被讥笑及至后来的被猛烈批评。其中,以玄学始者王弼之学术命运最为典型。

按史书的记载,年少的王弼在当时士人圈中一出现,立即使当时的思想界精英为之震撼。他敏捷的才思,特别是其与众不同的"玄"思,开创了中国思想史上前所未有的"玄学"之风。从记载可看,王弼在公开场合震慑人的魅力,主要在于他总能从"玄思"的角度开启

---

① 然而,古代诸家相互间的批评,也有采用互嘲的方式,只是都不在"玄"的层面上体现。如道家批评儒家倡导实际运用于社会中的礼法,就有嘲讽意味:"上礼为之而莫之应,则攘臂而扔之。"(《老子》三十八章)

人们对事情思考的新视野。① 这种耳目一新的"清谈",使王弼在正始年代有了一种超然的地位。欣赏他的人,从其独特中,猜度其表现出的"玄思"魅力应该能感动天下人,并且首先应该能感动君主。于是,便荐王弼为官。可是,靠玄谈来混迹官场,玄思之"可笑"几乎马上显现出来。正是其时的一国之君对于王弼这种为士人惊叹不已的"玄思"之魅力,第一个表现出不屑。按记载,在王弼被煞有介事地引荐给皇帝讲"玄"时,皇帝对其开始也表现出高度的重视,可很快,在王弼还沉溺于自语其"玄思"时,皇帝已显得不耐烦。而这种不耐烦,与其对王弼自以为是的治国理想,不以为然有关。② 其后,王弼很快地在政治的争斗中失宠,相信除与王弼为人的不世故外,也与来自实际政治势力认定王弼只能"玄思",而不能"实行"有关。③

于是,中国的"玄乎"之学开始有了被嘲讽与批评的命运。或许,这种首先来自统治者的嘲讽,尔后来又被儒士转化的批评,从王弼身上看,与这位少年天才之实践中的"不识物情"(或说不懂人情世故)

---

① 《三国志·魏书》卷二十八《钟会传》注引何劭《王弼传》,对于王弼在当时士人的辩论中表现的奇才,有这样的描述:"弼幼而察慧,年十余,好老氏,通辩能言。"时裴徽为吏部郎,弼未弱冠,往造焉。徽一见而异之,问弼曰:"夫无者诚万物之所资也,然圣人莫肯致言,而老子申之无已者何?"弼曰:"圣人体无,无又不可以训,故不说也。老子是有者也,故恒言无(《世说新语》'无'做'其')所不足。"寻亦为傅嘏所知。于时何晏为吏部尚书,甚奇弼,叹之曰:'仲尼称后生可畏,若斯人者,可与言天人之际乎!'""淮南人刘陶善论纵横,为当时所推。每与弼语,常屈弼。弼天才卓出,当其所得,莫能夺也。"弼与钟会善,会论议以校练为家,然每服弼之高致。何晏以为圣人无喜怒哀乐,其论甚精,钟会等述之。弼与不同,以为圣人茂于人者神明也,同于人者五情也,神明茂故能体冲和以通无,五情同故不能无哀乐以应物,然则圣人之情,应物而无累于物者也。今以其无累,便谓不复应物,失之多矣。"

② 《王弼传》中这样描述:"正始中,黄门侍郎累缺。晏既用贾充、裴秀、朱整,又议用弼。时丁谧与晏争衡,致高邑王黎于曹爽,爽用黎。于是以弼补台郎。初除,觐爽,请闲,爽为屏左右,而弼与论道,移时无所他及,爽以此嗤之。"(《三国志·魏书》卷二十八《钟会传》注引何劭《王弼传》)

③ "时爽专朝政,党与共相进用,弼通俊不治名高。寻黎无几时病亡,爽用王沈代黎,弼遂不得入门下,晏为之叹恨。弼在台既浅,事功亦雅非所长,益不留意焉。"弼为人浅而不识物情,初与王黎、荀融善,黎夺其黄门郎,于是恨黎,与融亦不终。正始十年,曹爽废,以公事免。"(《三国志·魏书》卷二十八《钟会传》注引何劭《王弼传》)

有关系，但王弼之"不识物情"，在统治者或儒士眼中，却与其沉迷于"玄思"有关系。

或者说，起码在中国人心目中，"思"与"行"是相连的，不同的思只能成就不同的行。魏晋玄学的名士们所开创出来的另一种"思"，却也使他们有了在当时人及后人看来可圈可点的另类的"行"。

从某种意义上说，魏晋玄学开启了中国古典哲学理论探讨的先河。[①] 它从形式及内容两个方面，使古典文献中隐含着的形上思想第一次得以系统地整理和表述。显然，这对于经典中的"义理"在不同历史时期，得以传承和应用（经世致用），有着不可磨灭的贡献。问题是，着重从"玄"的角度上整理和表述这些经典的士人，其"思"中的"玄"是否必然会导致"行"上的"虚"或"空"呢？王弼短暂的一生，究竟意示了玄学的什么命运？

本文试图通过分析王弼如何"思"，来进一步探讨他如何"行"的可能。从而展示中国古典"哲学"中一种特别的知行品格。并尝试探讨这种特别的知行品格，对中国士人所产生的魅力及造成的困惑。

## 一、由思而行

按研究魏晋玄学的名家汤用彤先生的看法，王弼之所以选择"玄"的角度来反思汉儒所作，有其理由。[②] 尽管这些理由中包括了实在的政治和人生因素在内，但就王弼本人来说，着重阐明的理由，则是从学

---

[①] 先秦之前的古典文献及诸子百家思想的记载，以及秦汉各家的经典和解释，都包含有深厚的哲学思想及理论。但从系统的层面上，将零散的哲学思想及理论观点进行整理，并将之"玄学"化的，是魏晋时期的士人。由于他们对经典的整理和重新注解、释疑，所取的角度与以前士人不同，并且采用的方式也有区别，所以，被认为是中国学术史上第一次从"哲学"意义上表述的系统理论。（参见陈荣捷为英文版《王弼〈老子注〉》所作的导言："毫不夸张地说，中国的形上学开始于王弼的《老子注》。" *Wang Pi: Commentary on the Lao Tzu*, translated by Arian Rump in Collaboration with Wing-Tsit Chan, the University Press of Hawaii, 1979）

[②] 参见拙文：《论汤用彤对魏晋玄学的理解》，《中国哲学史（季刊）》2003年第3期。

理上说的。

在王弼对三部不同经典的注解和释疑中,我们看到,王弼对汉儒的批评,不是要否弃他们所坚持的原儒精神,而是认为他们对原儒精神的继承与发扬之方式不合适,导致出发点与结果的不相符。① 在学理上将这样一种观点阐明,王弼有相当的自觉。

从现今流传下来的文献中,我们看到,王弼对汉儒的批评,首先不是在根本上颠覆汉儒所坚持的儒家思想。相反王弼与当时的士人一样,认为以孔子为代表的圣人榜样值得继续倡导。② 因而,王弼着力注解和释疑了两本儒家最具影响力的经典:《周易》与《论语》。与《周易注》一起,他还对《易传》的方法,做了系统的整理和阐释。③ 但不难看出,王弼在对这些儒家经典的重新注解中,改变了汉儒对儒家理想的理解。这种改变,虽然后来大部分儒士及研究王弼的学者都认为,是王弼站在道家的立场上来做出的。④ 也即是说,王弼有抑儒扬道的嫌疑。但毋庸置疑,王弼对儒家经典中所包含的思想的重新解释,不仅给儒家思想的发展开辟了一条新的路向,而且确实给后来儒家的发展带来了很大的困惑。这双重的作用,究竟是如何产生的呢?

显然,王弼理解的儒家精神与汉儒理解的不一样。在王弼的经典

---

① 拙文《归本崇无——析王弼对汉儒政治思想的继承和批判》(载陈少明主编:《经典与解释》),对此有过分析。

② 王文亮在《中国圣人论》中,指出由孔子弟子开始,被孟子强调,后又经司马迁等儒士的倡导,孔子一直是士人心目中的圣人榜样。(参见氏著:《中国圣人论》)

③ 参见王弼:《王弼集校释》,楼宇烈校释。

④ 王弼注解儒家经典的同时,还重新注解了道家的主要经典《老子》,并且对《老子》的方法论思想做了全新的、系统的重述。(参见王弼:《王弼集校释》,楼宇烈校释)后来学人基本认为,王弼是借《老子》的思想,来重释儒家的经典。这种阐释法,就儒士看来,是对儒家思想的一个歪曲性改变。如宋明理学家及清代朴学家,及至后来新儒家的批评。而研究王弼的学者,则认为王弼借助《老子》的思想,给儒家增添了新东西。因而,都基本断定,在王弼思想中,道家思想应该是最为重要的。(参见王晓毅:《魏晋玄学研究的回顾与瞻望》,《哲学研究》2000年第2期)另,拙文《评汤用彤在现代玄学研究中的作用》(《中山大学学报(社会科学学报)》2003年第2期)中,对玄学研究中就玄学如何定性的问题的讨论,有简单介绍。

注释中，他对孔子以来的儒士，做了三方面的批评。[①] 一是认为孔子以来的儒士，不懂得孔子所体现的儒家精神，实质是一种"以无为本"的精神。就孔子而言，就是"圣人体无"。二是认为孔子以来的儒士在解释上将孔子所体之"无"，局限为"随其所鉴而正名焉，顺其所好而执意焉。故使有纷纭愦错之论，殊趣辩析之争，盖由斯矣"[②]。也即是将具普遍意义的儒家理想，狭隘地与其所执混为一谈，结果变得莫衷一是。三是认为孔子以来的儒士，由于对孔子精神的偏狭理解，导致在实际行为上，对儒家精神的错误体现。

> 夫刑以检物，巧伪必生；名以定物，理恕必失；誉以进物，争尚必起；矫以立物，乖违必作；杂以行物，秽乱必兴。
>
> 夫敦朴之德不著，而名行之美显尚。则修其所尚而望其誉，修其所道而冀其利。望誉冀利以勤其行，名弥美而诚愈外，利弥重而心愈竞。父子兄弟，怀情失直，孝不任诚，慈不任实，盖显名行之所招也。患俗薄而兴名行、崇仁义，愈致斯伪，况术之贱此者乎？[③]

在这种种批评中，我们看到，王弼具体谴责的是后儒在言行上对孔子精神的歪曲，但歪曲的缘由，王弼断定与后儒对孔子精神的错误理解有关。换句话说，后儒的错行是因为他们对行之所由的错思或错解。王弼自己要做的拨乱反正的工作，便首先是"正确"理解，或换种思维，然后再来论依此而作的"行"。

那么，何种"思"才可能导致正确的"行"呢？王弼对此的回答是：对"以无为本"的"神明知几"。也就是，道"是以天地虽广，以

---

[①] 部分阐述在本文集的另一论文《王弼对汉儒政治思想的继承和批判》中有强调。
[②] 王弼：《老子指略》，楼宇烈校释：《王弼集校释》。
[③] 王弼：《老子指略》，楼宇烈校释：《王弼集校释》。

无为心；圣王虽大，以虚为主。故曰以复而视，则天地之心见；至日而思之，则先王之至睹也"[1]。这种"思"换成"识"，便是"真识形象之分位"，更"深知天道之幽赜"。[2]

问题是，为何必定是对"以无为本"的"思"，才是正确的"思"或"识"与"知"？

王弼申明主宰世间万事万物，包括诸种人事变迁的，是"以无为本"的"道"。而圣人之为圣人，也正是在于只有他们才对"以无为本"之"道"真正理解和遵循而行。

> 圣人有则天之德。所以称唯尧则之者，唯尧于时全则天之道也。荡荡，无形无名之称也。夫名所名者，生于善有所章而惠有所存。善恶相须，而名分形焉。若夫大爱无私，惠将安在？至善无偏，名将何生？故则天成化，道同自然，不私其子而君其臣。凶者自罚，善者自功；功成而不立其誉，罚加而不任其刑。百姓日用而不知所以然，夫又何可名也！[3]

可见，王弼与汉儒的根本区别，关键不是在"思"什么，循何种"思"而行，及与不同"思"相对的"行"的结果是什么，而相反，是怎么"思"的问题。更进一步，是由何种"思"带出来的何种"行"的问题。

## 二、玄思与体无

如果从王弼也执意地要重解儒家的经典这一点上说，王弼并没有

---

[1]《老子注》三十八章。
[2] 参见汤用彤：《王弼之〈周易〉〈论语〉新义》，载《汤用彤全集》第四卷。
[3]《论语释疑·泰伯注》。

将自己标树的目标与汉儒决然分别开来。相反，在自觉传承圣人精神上，王弼与汉儒是一样的。第一，与汉儒一样，王弼也认为天道主宰世间事物及人事的诸种变化。这也是今人能法古人，及世间事物变化有规律可循的重要原因。① 第二，与汉儒一样，王弼也认定贯穿古今及万事万物的天道，能通过具体的事迹，包括人事的"仁""德"之具体行迹昭示出来。第三，与汉儒一样，王弼也认定，唯有圣人不仅能从诸种形迹中灵通天道，而且能循天道而行。第四，与汉儒一样，王弼肯定，只有像圣人一般识天道，并循天道而行，人与自然、人与社会才得"太平""昌盛"。明白这最后一点，对国家的统治者来说，尤其重要。因而，圣人在某种意义上说，就具有了政治家的意味。②

实际上，士人之所以能"言"孔子的精神，正是通过体察孔子所行之"道"迹而得以明白的。

但究竟孔子所行之"迹"及其所循之"道"有什么关系，并且，在这种关系中，士人能继承和发扬的究竟是何种道呢？王弼与汉儒的分歧，便在这些问题上表现出来。

首先，"行"或"体"的究竟是"无"还是"有"？毫无疑问，圣人之行或实践是实在的。但这是否意味着，圣人所行只是"有"或"末"，而毫无"无"或"本"？汉儒与王弼都认为圣人之行不可能只纯粹地表现为一个方面。因为圣人之行虽实在，但同时透显了穿越时空的普遍意义。正因此，人们可以学习及继承。但两个方面中，究竟哪个方面更为重要，并使得圣人有常人无法企及的过人之处呢？在王弼看来，汉儒执的是圣人行迹中的"有"或"末"，而疏忽了行迹背后隐藏着的"无"或"本"。这样一来，汉儒本想弘扬的圣人精神或儒家理想，其普遍性意义便不免与具体、有限之一时行迹混为一谈。更为

---

① 余敦康在《何晏王弼新探》(齐鲁书社1991年版)中，对汉儒的天道观作了非常精辟的分析。
② 刘小枫认为，徐梵澄先生对《老子》的臆解，就将《老子》书中的圣人，解释为颇有柏拉图哲学王的意味。参见氏文：《圣人的虚静——纪念梵澄先生逝世两周年》(《读书》2002年第3期)。

有害的是，汉儒的这种扭曲导致自己由识而做的践行，毫无原本圣人行天道的意味。王弼指出，孔子以后的儒士，不懂"夫立言垂教，将以通性""寄旨传辞，将以正邪"，反而在阐释上"弊至于淫""势至于繁"①；又因与阴阳五行、人事灾异等具体形迹纠缠，不免"伪说滋漫，难可纪矣。互体不足，遂及卦变；变又不足，推至五行。一失其原，巧愈弥甚"②。那种沉迷于这种繁、伪之说的儒士：

> 夫素朴之道不著，而好欲之美不隐，虽极圣明以察之，竭智虑以攻之，巧愈思精，伪愈多变，攻之弥甚，避之弥勤。则乃智愚相欺，六亲相疑，朴散真离，事有其奸。盖舍本而攻末，虽极圣智，愈致斯灾。③

王弼对此问题的解决，选择了"体"，来打通圣人行迹之"有"与"无"、"本"与"末"的关系。强调圣人之行（体）不纯是"有"，而更重要在"无"。

在王弼看来，"体"无论就实体及其表现，还是就人的具体存在与行为来说，虽然有不能与"道"同的狭隘性、局限性的一面，但如果不是执着于从"一""常"，而相反的从"无不周""变""化"等角度来看"体"或去"体"的话，原本"道不可体"自然也可变成"与道同体"。但如何选取变化的角度，王弼将"体"的问题，进一步扩展为"知"的问题，并区分了君子、圣人之知与仁知、百姓的不知。④

---

① 《论语释疑》。
② 《周易略例·明象》。
③ 王弼：《老子指略》，楼宇烈校释：《王弼集校释》。
④ 如："君子体道以为用也，仁知则滞于所见，百姓则日用而不知，体斯道者，不亦鲜矣。"（《周易·系辞上传》韩康伯注引）"无在于一，而求之于众也。道视之不可见，听之不可闻，搏之不可得。如其知之，甯须出户；若其不知，出愈远愈迷也。是以圣人不行而知，不见而名，得物之致，故虽不行，而虑可知也。识物之宗，故虽不见，而是非之理可得而名也。不为而成。明物之性，因之而已，故虽不为，而使之成矣。"（《老子注》四十七章）

由君子、圣人之知，引导出的"体"（行为、作为），必然有"穷理体化""体神而明之"及"与道同体"的可能。① 这实际也是玄思与体无的巧妙结合。②

## 三、关于王弼的是是非非

王弼是玄学大家，其以道弘儒之贡献一直深远地影响着后来的思想史。但王弼之作是否如其所愿？历史上有过各式各样的说法。

在王弼所处的魏晋时代，士人对王弼的作为就已有不同的态度及看法。在《世说新语》及《三国志·魏书》中，有多处记载当时与王弼接触过的玄士无不为王弼的玄思妙想所折服：

> （王弼）少而察惠，十余岁便好庄老，能辩能言，为傅嘏所知。吏部尚书何晏甚奇之，题之曰"后生可畏，若斯人者，可以言天人之际矣"。③
>
> 何晏为吏部尚书，有位望，时谈客盈坐。王弼未弱冠，往见之。晏闻弼名，因条向者胜理语弼曰："此理仆以为极，何得复难不？"弼作难，一坐人便以为屈，于是弼自为客主数番，皆一坐

---

① 如："夫唯知天之所为者，穷理体化，坐忘遗照。至虚而善应，则以道为称；不思而玄览，则以神为名。盖资道而同乎道，由神而冥乎神者也。""体神而明之，不假于象，故存乎其人。""夫物之所以通，事之所以理，莫不由乎道也。圣人功用之母，体同乎道，盛德大业，所以能至。"（《周易·系辞上》韩康伯注引）王弼对圣人之"体"作"知"的看法，在历史中的圣人观理论中也有过，只是赋予的含义稍有不同。（参见王中江：《儒家"圣人"观念的早期形态及其变异》，《中国哲学史》1999年第4期；方旭东：《为圣人祛魅：王阳明圣人阐释的"非神话化"特征》，《中国哲学史》2000年第2期）王弼算是一个转折点。他的"体知"理论中，既有理性之知，也有体验之知，更有思辨之知，但却削弱了经验之知的作用。

② 笔者在本文集中的另一论文《"体无"何以成"圣"？——王弼"圣人体无"再解》，对其中的体、道、无、言、象、意等概念及相关关系做了进一步的分析。

③ 《世说新语·文学第四》注引《王弼别传》，引自徐震堮：《世说新语校笺》，中华书局1984年版。

所不及。①

何晏注《老子》未毕，见王弼自说注《老子》旨，何意多所短，不复作声，但应诺诺。遂不复注，因作《道》、《德》论。②

淮南人刘陶善论纵横，为当时所称，每与弼语，尝屈弼。弼天才卓出，当其所得，莫能夺也。……弼与钟会善，会论议以校练为家，然每服弼之高致……弼注《老子》，为之《指略》，致有理统；著《道略论》。注《易》，往往有高丽言。太原王济好谈，病《老》、《庄》，尝云："见弼《易》注，所悟者多。"③

正始中，王弼、何晏好庄老玄胜之谈，而世遂贵焉。④

弼之卒也，晋景王嗟叹之累日，曰："天丧予。"其为高识悼惜如此。⑤

（王濛之子王修）未拜而卒，时年二十四。昔王弼之没，与修同年，故修弟熙乃叹曰："无愧于古人，而年与之齐也。"⑥

但在魏晋年代，也有人对王弼不以为然，甚至加以痛斥。有记载：王弼"初除，觐爽，请间。爽为屏左右，而弼与论道移时，无所他及，爽以此嗤之"⑦。东晋人范宁更认为何晏、王弼应对西晋灭亡负责，"罪深于桀纣"。他说：

子信有圣人之言乎？夫圣人者，德侔二仪，道冠三才，虽帝皇殊号，质文异制，而统天成务，旷代齐趣。王何蔑弃典文，不

---

① 《世说新语·文学第四》，引自徐震堮：《世说新语校笺》。
② 《世说新语·文学第四》，引自徐震堮：《世说新语校笺》。
③ 《三国志·魏书》卷二十八《钟会传》注引何劭《王弼传》。
④ 《世说新语·文学第四》注引《续晋阳秋》，引自徐震堮：《世说新语校笺》。
⑤ 《世说新语·文学第四》注引《王弼别传》，引自徐震堮：《世说新语校笺》。
⑥ 《世说新语·文学第四》注引《文字志》，引自徐震堮：《世说新语校笺》。
⑦ 《三国志·魏书》卷二十八《钟会传》注引何劭《王弼传》。

遵礼度，游辞浮说，波荡后生，饰华言以翳实，骋繁文以惑世。搢绅之徒，翻然改辙，洙泗之风，缅焉将坠。遂令仁义幽沦，儒雅蒙尘，礼坏乐崩，中原倾覆。古之所谓言伪而辩，行僻而坚者，其斯人之徒欤！昔夫子斩少正于鲁，太公戮华士于齐，岂非旷世而同诛乎！桀纣暴虐，正足以灭身覆国，为后世鉴戒耳，岂能迥百姓之视听哉！王何叨海内之浮誉，资膏粱之傲诞，画螭魅以为巧，扇无检以为俗。郑声之乱乐，利口之覆邦，信矣哉！吾固以为一世之祸轻，历代之罪重，自丧之衅小，迷众之愆大也。①

其后，更有儒士将对王弼思想的批评，扩展至对整个魏晋玄学的批评。如《晋书·儒林传序》中说：

有晋始自中朝，迄于江左，莫不崇饰华竞，祖述虚玄，摈阙里之典经，习正始之余论，指礼法为流俗，目纵诞以清高，遂使宪章弛废、名教颓毁，五朝乘间而竞逐，二京继踵以沦胥，运极道消，可为长叹息者矣。②

《晋书》卷四十七载傅玄上疏斥当时玄风甚盛之危，曰：

近者魏武好法术，而天下贵刑名；魏文慕通达，而天下贱守节。其后纲维不摄，而虚无放诞之论盈于朝野，使天下无复清议，而亡秦之病，复发于今。③

而《晋书》卷三十五记载同是玄士的裴頠对与王弼同崇"无为"

---

① 《晋书》卷七十五《范宁传》。
② 《晋书》卷九十一《儒林传序》。
③ 《晋书》卷四十七《傅玄传》。

行事的何晏及后来尚自然的阮籍的指责：

> 頠深患时俗放荡，不尊儒术。何晏、阮籍素有高名于世，口谈浮虚，不遵礼法，尸禄耽宠，仕不事事，至王衍之从，声誉太盛，位高势重，不以物务自婴，遂相放效，风教陵迟，乃著崇有之论，以释其蔽。①

《晋书》卷七十载应詹上疏，指责承王弼玄风而来的玄学，对整个社会风气的败坏：

> 元康以来，贱经尚道，以玄虚宏放为夷达，以儒术清俭为鄙俗。永嘉之弊，未必不由此也。②

干宝所著《晋纪总论》，也责备王弼所弘之玄风带来的恶果：

> 风俗淫邪僻，耻尚失所。学者以庄、老为宗而黜六经，谈者以虚薄为辨而贱名检，行身者以放浊为通而狭节信，进仕者以苟得为贵而鄙居正，当官者以望空为高而笑勤恪。③

北齐颜之推则批评说：

> 何晏、王弼祖述玄宗，递相夸尚，景附草靡，皆以黄农之化，在乎己身，周孔之业，弃之度外。直取其清谈雅论，剖玄析微，宾主往复，娱心悦耳，非济世成俗之要也。④

---

① 《晋书》卷三十五《裴頠传》。
② 《晋书》卷七十《应詹传》。
③ 干宝：《晋纪总论》，《全晋文》卷一百二十七。
④ 颜之推：《颜氏家训·勉学篇第八》，载《诸子集成》第 8 册，上海书店 1986 年版。

魏晋褒贬并立，至唐，李鼎祚对王弼的经解则持贬斥的态度：

> 自卜商入室，亲授微言，传注百家，绵历千古，虽竟有穿凿，犹未测渊深。唯王（弼）、郑（玄）相沿，颇行于代。郑则多参天象，王乃全释人事。且《易》之为道，岂偏滞于天人者哉！致使后学之徒，纷然淆乱，各修局见，莫辨源流。天象远而难寻，人事近而易习，则折杨黄华，嗑然而笑，方以类聚，其在兹乎。①

再到两宋，理学兴起，志在卫道。一方面排拒释、道，一方面又轻视汉学，而以义理解经为主。这一思想取向也体现在对王弼尤其是对其《周易注》的评论中。故肯定王弼能转变学风，继续圣人的思想，"比如李觏的《易论》十三篇，'援辅嗣之注以解义'，认为王弼的《周易注》'盖急乎天下国家之用'，'君得之以为君，臣得之以为臣'，是文王、周公、孔子思想的继承者"②。

明清之际，则依学问背景不同而对王弼的看法异样。有理学传统的黄宗羲在《象数论序》指出：

> 有魏王辅嗣出而注《易》，得意忘象，得象忘言。日时岁月，五气相难，悉皆摈落，多所不关，庶几潦水尽寒潭清矣。顾论者谓其以老、庄解《易》，试读其注，简当而无浮义，何曾笼络玄旨。故能远历于唐，发为正义，其廓清之功，不可泯也。③

而顾炎武痛恨清谈，故重提"昔范武子论王弼、何晏二人罪深于

---

① 李鼎祚：《周易集解》，中国书店 1984 年版。
② 余敦康：《何晏王弼玄学新探》，第 341 页。
③ 转引自余敦康：《何晏王弼玄学新探》，第 341 页。

桀纣，以为一世之患轻，历代之害重；自丧之恶小，迷众之罪大。"[1] 当然，也有注意平衡两方面的观点的：

> 自汉以来，言易者多溺于象占之学。至弼始一切扫去，畅以义理，于是天下宗之，余家尽废。然王弼好老氏，魏晋谈玄，自弼辈倡之。易有圣人之道四焉，去三存一，于道阙矣。况其所谓辞者，又杂异端之说乎！范宁谓其罪深于桀纣，诚有以也。[2]

> 弼全废象数，以变本加厉耳。平心而论，阐明义理，使易不杂于术数者，王弼与康伯深为有功。祖尚虚无，使《易》竟入于老庄者，弼与康伯亦不能无过。瑕瑜不掩，是其定评，诸儒偏好偏恶，皆门户之见，不足据也。[3]

> 观前人论弼《易》：何劭云"不识物情"，孙盛云"妙赜无间"，程子云："元不见道"，朱子云："巧而不明"，此之释《论》，毋亦与注《易》等乎？[4]

在清代对王弼的看法中，章太炎及钱大昕等有力主公平评价王弼等玄学思想的倾向。[5] 他们都不赞同晋人范宁将亡国之罪归于王、何的做法。章太炎认为：

> 五朝所以不竞，由任世贵，又以貌举人，不在玄学。

钱大昕一方面主张应正确看待王、何二人之经典解释：

---

[1] 顾炎武：《日知录集释》卷十八，"朱子晚年定论"条。参见黄汝武释：《日知录集释》，岳麓书社 1994 年版。
[2] 马端临：《文献通考·经籍考》卷二《经部》，中华书局 1986 年版。
[3] 《四库全书总目》卷一《经部·易类一》"周易注十卷"条。
[4] 转引自王晓毅：《王弼评传》，第 384 页。
[5] 以下引文转引自容肇祖：《魏晋的自然主义》，东方出版社 1996 年版，第 6—9 页。

> 自古以经训颛门者，列于儒林，若辅嗣（弼字）之《易》，平叔（晏字）之《论语》，当时重之，更数千载不废。方之汉儒，即或有间；魏晋说经之家，未能或之先也。①

另一方面认为，王、何研究老庄诸子反是其"研究学问，不存先见"之精神的体现。

> 论者又以王何好老庄，非儒者之学。然二家之书具在，初未尝援儒以入老庄，于儒乎何损。且平叔之言曰，"骛庄放玄虚而不周于时变"，若是乎其不足于庄也，亦无庸以罪平叔矣。

钱大昕由此断言：范宁对王何的指责，"以是咎嵇阮可，以是罪王何则不可"。在何晏与王弼之间，钱大昕更认为"辅嗣位虽未显，而见知于平叔尤深，当非廑以浮誉重者"。

那么，是什么原因导致这位思想的天才，生前身后遭受如此悬殊的评价呢？

## 结语　玄虚或落实？

尽管王弼引领了玄学的风骚，开辟了士人之新风气。但就儒士来说，王弼对儒经的解释，其重塑的儒家政治理想，却在事实上使儒家精神面临严峻的挑战。

---

① 相应的有朱彝尊在《王弼论》中的说法："毁誉者，天下之公，未可以一人之是非偏听而附和之也。孔颖达有言，'传《易》者更相祖述，惟魏世王辅嗣之注独冠古今。'汉儒言《易》，或流入阴阳灾异之说，弼始畅以义理。惟范宁一言，诋其罪深桀纣，学者过信之，读其书者，先横'高谈理数祖尚清虚'八字于胸中，谓其以老庄解《易》。"（转引自容肇祖：《魏晋的自然主义》，第6—7页）

在某种意义上说，王弼创造了中国士人的一种新的生活方式，这种生活方式是由其极具魅力的玄思引发的。与大部分士人不一样，王弼几乎是纯粹在理论上，在精神世界里，解决了当时士人困惑不已的知行何以合一的问题。

孔子通过其身教言传，为后来士人树立了知行合一的榜样。但问题是，这种榜样的力量，究竟何在？由于孔子本人并无著述，所以，这种透显在孔子言行中的普遍理念，并没有完整的标准说法。后来士人尽管做出种种努力，但各自眼光的限制，又始终使不同的解释，摆脱不了与具象纠缠的嫌疑。[①]

必须看到的是，解释上的这种与具体形迹纠缠不清，甚至导致解释上对具体形迹的过分拘执，与解释者是在具体的生活情景中面对解释对象这点有关。在一定程度上说，解释者不可能脱离开自己的生活，脱离开自身来面对解释对象，这意味着，解释者有意无意地将自己具体的"存在"状况及具体的"存在"问题，带进了对被解释对象的理解里。但解释者因为试图在被解释对象那里，挖掘出穿越时空，使解释对象与自己相关在一起的"普遍"意义，因而，解释者往往同样是自觉与不自觉地将具体的"理解"看成是普遍的"真理"。

这种形式的解释，通常遭到挑战的机会不多。但碰到动荡的时代，这种多少"自以为是"的解释，便显得可疑。王弼所处的年代恰好是乱世。什么才是圣人的理想？各有各说，但谁也说服不了谁。汉儒的探索，为解释走出人的局限，提供了宝贵的经验和教训。正始时期，

---

[①] 对孔子思想的解释，除汉儒外，还有战国末期及秦代的儒士，其中，著名的有孟子及荀子。他们与汉儒不一样，对孔子思想的解释，走的不是与一般意义上的形下之迹纠缠不清的解释路线，而相反，他们着重从人性上来理解孔子的圣人理想。孟子基于承担儒家救世教化使命的自觉，多从伦理意味上解释人性与儒家精神的一致性。而荀子则从实际社会政治运作的需要出发，多从自然意味上解释人性与儒家精神的一致性。但这两种解释，由于未能完全从普遍意义上解决儒家理想中天人合一的问题，所以给后来汉儒进而从自然意味上解释（物与人的）自然性与儒家理想的一致性提供了一定的空间。这就是儒家经典解释史上，人性论思想进展至所谓宇宙论的过程。

士人就解释的恰当方式做出进一步的努力。尽管当时有相关于人事，但已涉及抽象形式的"名实"探讨，以及相对远离具象的"清谈"，可是具体的生存状况及生存问题在解释中的自然体现，不是太过实在，就是几乎被弃至一边。其中，排斥、远离实在的抽象被讥为"空洞"的解释，流露了当时士人在梦想中，而不是在"入世"的生存中，寻找"圣人"。这一方面，开始了解释上从"玄"（或抽象）的层面，言说"普遍真理"的尝试，使理解有摆脱具体形迹纠缠的可能。而另一方面，理解的对象如果完全无关于生活本身，完全对立于与解释者本身相关的具体形迹，那么，这种被抽象化或"玄"化的真理，其普遍意义又何以在实在的生活本身呈现呢？

王弼面临的正是这样一个解释的难题。他有足够的天赋，使他对问题的解决，做出了不同凡响的贡献。但他的生命历程太短，加上他天生就是个会用脑，而相对不会生活的人，所以，他对问题的解决即使特别，但也留下了更大的问题。

他的特别或他的贡献，主要表现为他是从理论上圆通了解释对象与解释者之间存在的具体与普遍的矛盾。也即是说，王弼仍然是借助于"玄思"来解决"玄"与"实"的矛盾。进一步来说，王弼的哲学开辟了依玄思解决作为所循之道的解释的方式问题。这种玄思，一方面，导致他从理论上，不离弃具象对"道"或"无"、"意"彰显的作用，另一方面，又使他仍然只能侧重强调，为了不固执具体形迹，必须对经验世界与经验知识采取相对否定的取向。[①]

但无可否认的是，实际上王弼在这种对具体形迹相对否弃的同时，也创造了一种新的生活方式——借玄思而来的"逍遥"生活方式。这种生活方式，使赞叹王弼的当期及后来的玄士，相对在精神上挣脱社

---

① 冯达文认为"'道'本体之确立并被完全赋予绝对意义，以及它之被归于'无'，都根自于王弼对经验世界与经验知识的否定性取向。"（参见氏著：《中国哲学的本源—本体论》，广东人民出版社 2001 年版）

会政治、经济、伦理等"名教"的束缚，获得人格和精神上的自主性。[1]另外，王弼玄思的魅力，还在于他开辟出的对解释对象的这种抽象而深刻的思考，有力地彰显了解释对象的"普遍性"意义。这对于后来儒士力图使孔子精神传承后世的努力，在理论言说形式上，起了很大的示范作用。

但是，如前面所说，王弼的玄思也给后人带来困惑。如果说，王弼从理论意义上圆通了儒道本来的分歧，从而，使儒家对理想贯彻时的躬身践行，相对地变成了老子所唱的"圣人虚静"之神秘体验，那么，王弼的这种圆通，在儒士看来，也是对儒家思想内涵的一种伤害。从王弼理论上所表现出的对生活世界或现实社会，以及经验知识或诸如伦理规则及政治方略，甚至对具体伦理、政治行为等的否弃态度，都使得儒家理想的实现，有可能在这种沉迷于精神自足的"无为"中落空。而这是儒士不甘的事情。如何在普遍意义上重释孔子所身体力行的儒家精神，而又能在现实层面上具体落实儒家精神，成为王弼带给儒士解释及实践儒家理想的双重困惑。

（论文修改稿《玄思的魅与惑——王弼玄学再探讨》，发表于《华东师范大学学报（哲学社会科学版）》2006年第5期）

---

[1] 余英时等学者称魏晋南北朝为士之新自觉时期。（参见氏著：《士与中国文化》）

# 汤用彤玄学研究论集

## 论汤用彤对魏晋玄学的理解

一般来说，经典是一种权威文本，它对于传统或某一文化思想、某一理论类型起着基本范式的作用。这种作用既可从方法上看，又可从问题上看。按托马斯·库恩的观点，它导致一个传统、一种文化，甚至一种理论或思想（包括学科）的方向性发展。由于经典是民族、文化的人文心理、品格灵魂的集中表现，所以，对于每一个解释经典的人来说，实际上都有一些切身考虑：究竟要在经典中汲取何种资源，在经典所体现的传统中，寻求何种解决当下处境中面临问题的资源。这是经典自身的普遍性品格所必然带来的解释期待。经典解释者通过不同的方法、方式，不仅可以发掘经典中解决当前问题的宝贵资源（即所谓的"经以致用"），而且可以通过自己对经典的解释，进一步拓展经典价值的普遍性。这样一种双重的解释意义，对于解释者来说，仅仅通过对经典的"文字训诂、章句疏解"，是不可能完全达到的。在这里，对经典体现的传统之普遍性的反思，或说对经典中的"微言大义"的再认识，用狄尔泰的话来说，只有所谓解释者的"再体验"才是必要的。然而，运用适当的经典解释方法来满足经典解释的期待，或挖掘、展现经典包含的普遍意义，不是每个解释者都能真正做到的。

在儒家经典的解释历程里，如何从儒家与具体事象纠缠的经典言述中，解释出具有普遍品格的意义，使儒家之理想在任何情境下都能发挥作用，始终是儒家解经历史上一个不能回避的问题。魏晋玄学既释道，也释儒，它的出现为儒家解决此问题提供了不同于汉儒的思考方式。它的兴起与其说是道家思想的创新发展，倒不如说它同时也是儒家经典解释历史的一个里程碑。本文企图通过分析汤用彤先生对魏晋玄学的理解，展示儒家经典解释中的一个重要问题：经典解释的目的与经典解释方法的关系。并探讨二者的关系理解与不同经典之间的交流之相关性。最后通过对汤用彤先生的批评，进一步探讨特定的经典解释的目的与特定的经典解释方法相互间可能产生的矛盾。

## 一、汤用彤对魏晋玄学研究的奠基作用

对大陆学界魏晋玄学研究历史作过概述的王晓毅先生，关于汤用彤的玄学研究贡献，有这样的评价：

> 严格地说，中国现代意义上的魏晋玄学研究，是从汤用彤先生开始的。他在1938—1947年期间陆续写成了9篇具有拓荒意义的系列论文，除《言意之辨》外，发表在当时的报纸杂志上，1957年6月由人民出版社结集出版，题名《魏晋玄学论稿》。这些论文对魏晋玄学思想渊源、学术方法、哲学特质、发展阶段以及历史影响等各个难点进行了专题研究，形成了全面系统的学理体系，尤其是对早期玄学的形成，用力最多。他认为，汉魏之际的形名学与《易》学天道观的演变，是玄学形成的两大思想来源；"言意之辨"是玄学的新方法；王弼玄学标志着中国哲学从"宇宙构成论"到"本体论"的转变；向秀与郭象《庄子注》的思想特质是以"儒道为一"；道生的"顿悟"说对宋明理学的形成具有重要影响。此外对魏晋玄学的产生是否受到外来佛教影响，以及

魏晋玄学的主要发展阶段也提出了独到见解。其中，关于玄学的特质是以本体论"体用"方法融合儒道的观点，对二十世纪魏晋玄学研究的基本思路，产生了决定性的影响。①

事实上，在中国学术发展史上，对玄学的研究早已存在。但如王晓毅所断言的那样，起码在现代的玄学研究里，汤用彤的作用之所以是功不可没的，原因就在于他首创从哲学的本体论角度来解释玄学。对此，汤一介先生有更细致的评说："用彤先生的'魏晋玄学'研究的主要贡献，是他提出了魏晋玄学是一种不同于汉学的本体之学，至今中外学者大致以此为根据把研究推向纵深发展。其关于魏晋玄学派别之论断、'言意之辨'、'贵无三派'、'向郭之庄周与孔子'、'圣人学致问题'等均为发前人之未发，而启发了后来之研究者。"②毫无疑问，汤用彤被认为在对魏晋玄学的哲学研究上，起了重要的作用。

而汤用彤在魏晋玄学研究上所起的这种奠基性作用，主要体现在其站在玄远的角度，采取哲学的方法，对玄学本体论的弘扬上。在其中，汤用彤虽然也对玄学的思想资源做了分析，但其做法，仍然区别开陈寅恪、唐长孺等先生从社会、历史的角度上，采用训诂、考据的方法追溯、考究玄学的历史和成因的做法。③汤用彤这种着重于从抽象

---

① 王晓毅：《魏晋玄学研究的回顾与瞻望》，《哲学研究》2000 年第 2 期。
② 汤一介：《〈汤用彤全集〉评介》，《中华读书报》2001 年 1 月 3 日。
③ 与汤用彤先生同时代研究玄学的名家还有：容肇祖、刘汝霖、刘大杰、宗白华等。其中容肇祖先生主要探讨魏晋时期与玄学相关的自然主义思想，1934 年写成《魏晋的自然主义》（后由上海东方出版社 1996 年重版）；刘汝霖先生从学术意义上对魏晋玄学的历史及社会交往等做了严格的考据，1929 年写有《魏晋玄学小史》（刊于《努力学报》1929 年 9 月第 1 期），后又编成《汉晋学术编年》及《东晋南北朝学术编年》（二书后来都由上海书店在 1992 年据商务印书馆 1935 年版重印）；刘大杰先生对玄学思想做一总的考察，20 世纪 30 年代写有《魏晋思想论》（后来由上海古籍出版社在 1998 年重版）；而宗白华先生则首创将玄学与美学，以及独特人格等结合看待的做法，最著名的是他的两篇论文《论〈世说新语〉和晋人的美》、《清谈与析理》（两文后来收入宗白华：《美学散步》，上海人民出版社 1981 年版）。另外值得一提的是，20 世纪 20 年代末以其《中国哲学史》成名的冯友兰先生，也曾撰写专文讨论魏晋玄学。他的讨论角度无疑是哲学的。在 1927

层面，对玄学思想内在发展之必然性的分析，有力地帮助了后人从思想逻辑的层面上，对玄学概念、体系、方法、特质以及影响等问题的理解。玄学究竟为何，学理上的言说方式，基本由汤用彤奠定。①

魏晋玄学在中国学术及思想史上，一直都不是主流理论。其影响不曾像儒学或佛教理论那样，由于同时获得伦理、宗教的形态，得以在民间、官方的意识形态上发挥重要的塑造作用，从而可能直接成为与传统相关联的经典。但是，魏晋玄学虽然不是体现传统思想主流的学问，但它却与经典中的传统精神如何被理解有着密切的关系。某种意义上，魏晋玄学并不是与佛学、儒家理论完全区别开来的另外一种理论。魏晋学术的经典意义，体现在对与传统相连的经典的影响深远的解释上。

至少在汤用彤看来，魏晋玄学之值得研究的重要原因，在于玄学赋予儒家经典的解释一种新方法、新眼光。而这种与道家思想分不开的新眼光、新方法，之所以能对儒家经典解释具有作用，又与历史上的儒家对其经典的意义理解紧密相连。

中国历来有解释经典的传统。孔子既界定经典，又率先"以经述

---

（接上页）年发表的《郭象的哲学》（文章原发表在《哲学评论》1927年第一卷第一号，后收入北京大学出版社1984年版的《三松堂学术论文集》）一文中，他断言：郭象《庄子注》为中国哲学进步之显迹。因为"郭象不但能引申发挥庄子的意思，能用抽象底、普遍底理论，说出庄子的诗底文章中所包含底意思，而且实在他自己也有许多新见解"。而在他的《中国哲学史》讨论南北朝之玄学的章节中，他首先认为：王弼等玄士的理论由于持"孔子与老庄'将无同'"之见解，因而，不过是"以道家之学说，释儒家之经典，此乃玄学家之经学也"。（参见冯友兰：《中国哲学史》下卷，第604、614页）郭象则在表现理想人格的哲学中，注入了神秘主义的色彩。（参见冯友兰：《中国哲学史》下卷，第660页）但由于冯友兰先生终究着力不在玄学，所以，多年以后，他说自己当年的《中国哲学史》巨著，"魏晋那一段太简略"。（参见冯友兰：《三松堂自序》，生活·读书·新知三联书店1984年版，第230页）20世纪20—40年代中，还有其他学者对玄学写有不同风格的文章。（参见四川大学、复旦大学哲学系资料室编：《全国主要报刊哲学论文、资料索引》[1900—1949年]，商务印书馆1989年版；南开大学图书馆期刊室、哲学系资料室合编：《中国哲学史论文索引（第一分册）》[1900—1949年]）对于其他学者玄学研究的评论，可参见孙尚扬：《汤用彤》，台北东大图书公司1996年版，第202页。

① 陈明将汤用彤先生对魏晋玄学研究的影响，界定为从汤氏《魏晋玄学论稿》一书出版以后开始。所以，汤用彤先生主要影响20世纪50年代以来的魏晋玄学研究中主义理派一系。（参见陈明：《六朝玄音远，谁似解人归》，载《原学》第二辑，中国广播电视出版社1995年版）

志"，后来的儒者无不以孔子为榜样，以"祖述尧舜""宪章文武"和"述仲尼之志"为其志向；而且诸子中的其他各家，也大都强调经典传承的重要性，如墨子说："非禹之道也，不足为墨。"[1] 但尽管述志是经典解释的目的，然而，由儒家形成的注释经典模式仍主要体现为注释的技术性操作。儒家经典解释包括三种方式：文字训诂、章句疏解、经以致用。汤一介因此而指出："在西方哲学传入中国之前，在中国却没有把'哲学'从'经学'、'子学'，甚至'史学'、'文学'分离出来作为一门单独的'学科'来进行研究，而'哲学思想'，往往是在'经学'或'子学'中来进行研究的。"[2] 虽然同是儒家经典的《系辞》对《易经》的注释，其中不乏"整体性的哲学解释"[3]，但毕竟经典中义理（儒家思想的普遍适用性）仍在很长的时期，未能由于注释中的技术性操作而得到完善的解释。如何弘扬孔孟的精神，使之真正于当前的社会现实、人生问题有"致用"之功，日益成为不同历史时期儒士继道统、承大业所迫切要解决的问题。

玄学的兴起，某种意义上为儒学发展史上这一问题的解决，提供了"新眼光、新方法"[4]。起码，从学理上说，魏晋玄学对儒家经典的诠释克服了原先解释上，由于训诂、考据太过繁琐，而至义理湮没失真的偏失，以及义理阐发与随意附会的矛盾，而使义理之言说不仅具有文献上的可靠性，而且具有说理上的可理解性。汤用彤认为：只有这样一种解经方法，才可真正做到体会言象所蕴之意，让圣人之意昭然

---

[1] 参见汤一介：《再论创建中国解释学问题》，《中国社会科学》2000年第1期。汤一介先生自1998年以来力倡创建中国解释学，他陆续发表了《能否创建中国解释学》（《学人》第13辑，江苏文艺出版社1998年版）、《再论创建中国解释学问题》（《中国社会科学》2000年第1期）、《三论创建中国解释学问题》（《中国文化研究》2000年第2期）和《关于僧肇注〈道德经〉问题——四论创建中国解释学问题》（《学术月刊》2000年第7期）等四篇论文。又将这种指导总概为《论创建中国解释学问题》，发表在2001年如《学术界》《社会科学战线》等学术杂志。

[2] 汤一介：《三论创建中国解释学问题》，《中国文化研究》2000年第2期。

[3] 汤一介：《再论创建中国解释学问题》，《中国社会科学》2000年第1期。

[4] 汤用彤：《言意之辨》，载《汤用彤全集》第四卷。

可见。① 汤用彤自己一直着力于从不同的角度对玄学的新解经方法及目的给予评说。他的玄学研究同样获得学界的认同。② 后来学者对玄学的研究，作为对汤用彤研究的承继来说，愈来愈多地像汤用彤那样，采用严谨的哲学思辨方式，从本体论上解读玄学的特质、从言意之辨上发挥玄学方法及从学理上理解玄学的影响。就汤用彤玄学研究之影响做出过广泛考察和分析的孙尚扬博士概述说：

> 就玄学研究而言，八十年代以来的大量专著、论文，很少有不直接受惠于用彤之《魏晋玄学论稿》者。在对玄学的整体把握上及对玄学各派思想之哲学意义的分析上，论者多采用用彤之说，或就用彤所提出的问题进行探讨。不论对用彤之成果采取什么样的态度，作何种评价，大概很少有人绕过《魏晋玄学论稿》这座关隘。甚至在对魏晋文学的研究中也存在此种现象，只是有些人不喜注明或间接受益于该书罢了。③

虽然，事实上，也确有学者对汤用彤的魏晋玄学研究提出激烈的批评。④ 但不论是承继还是批评汤先生研究玄学的风格，学者们对其同时注重玄学解经目的及其与解经方法的关系，稍有忽略。更少去注意他之所以简说竹林玄学的原因。从反思中国经典解释传统的角度，汤用彤对玄学解经理论之研究，应是值得重新借鉴的。

## 二、汤用彤对魏晋玄学的理解

从《魏晋玄学论稿》的编目即知，汤用彤对玄学与如何解经的关

---

① 汤用彤：《言意之辨》，载《汤用彤全集》第四卷。
② 孙尚扬认为："自用彤始，学界统称魏晋思想为魏晋玄学。"（氏著：《汤用彤》，第206页）
③ 孙尚扬：《汤用彤》，第206、261页。
④ 参见孙尚扬的转述及对陈明批评的再批评。（氏著：《汤用彤》，第262—267页）

系最为关注。[1] 汤用彤认定，玄学之所以对儒家经典解释传统形成有重大作用，并由此而成为解经的经典的原因，就在于：魏晋玄学通过王弼、向秀和郭象所体现出来的儒道两家经典的互解，不仅使儒道两家的分歧，通过字句上的精心诠释而得以化解，而且更重要的是，使儒家经典所蕴含的普遍性品格得以发掘，并为经世致用奠定思想基础。而后一点恰是汉儒在解经中，未能妥善解决的大问题。

（一）玄学以道释儒经的原因和目的

汤用彤认为：魏晋玄士借用道家经典及其思想来重释儒家经典，揭发儒家经典中的深远含义及经世致用的品格，与当时的社会背景、人生态度，甚至生活方式有关，并与汉代儒士解经的不足有关。

当然，魏晋玄学并不是泛用道家的经典及其思想，体现自己对儒家经典解释的不同作用。作为一种独特的解释理论的价值，魏晋玄学主要地表现为：它开创了用道家的贵无理论来面对和重说儒家经典的方法。这样一种选择与作为，显然有一定的原因。

关于玄士倡导"贵无"的动机，汤用彤指出，与其时遗世的人生态度有关；与学理上日渐重形而上学有关；与政治上主无为有关。[2] 其中，遗世的人生态度，"与佛家出世不同，因其不离开现实社会。遗世只是轻忽人事。人事纷乱外，更有私欲为累。欲求忘累，故贵无"[3]。另外，政治上的无为，也"并不是不做事"。汤用彤对汉人之无为及魏晋人之无为做了这样的区别："①汉人讲黄老之术，为君者无为，不扰

---

[1]《魏晋玄学论稿》包括：《读〈人物志〉》《言意之辨》《魏晋玄学流别略论》《王弼大衍义略释》《王弼圣人有情义释》《王弼之〈周易〉〈论语〉新义》《向郭义之庄周与孔子》《谢灵运〈辨宗论〉书后》《附录：魏晋思想的发展》等九篇论文。其中，《言意之辨》《王弼大衍义略释》《王弼圣人有情义释》《王弼之〈周易〉〈论语〉新义》及《向郭义之庄周与孔子》，都是汤用彤专论魏晋玄学解经学的名篇。（参见《汤用彤全集》第四卷）

[2] 参见汤用彤：《贵无之学（上）》，载《汤用彤全集》第四卷。

[3] 汤用彤：《贵无之学（上）》，载《汤用彤全集》第四卷。

民也。此非玄学家之主张。②魏晋人之无为政治，自垂拱而治之说来。为君在法天，分职任官，把臣民都安排好，大家安分尽职。无为并不是不做事。"所以，即使如"范宁等亦为玄学家，亦讲无为，不过给无为以不同之解释"①。

政治、人生上的选择，使得玄士在学理发展上择取出与此选择相关，并能为此选择做一新说法的"贵无"学说。但汤用彤一再提醒，学理上对"贵无"之说的择取，并不是魏晋玄士的创发。因为"汉学之自然发展，后来亦达到贵无之说。但此所谓无，乃本质，而非本体"②。而这便是当其时学理上日渐重形而上学之体现。对此，汤用彤从学术发展的渊源上，对汉儒解经之贵无思想如何进展至玄学之贵无理论，做了更仔细、更清晰的说明和梳理：

> 汉之学说最重要的为儒家之经学，但不纯粹为儒家，而仍有阴阳家道家学说之渗入。
> 名学（名理之学），是准玄学，以道为根本而谈名教……
> 王弼注《易》，何晏撰《论语集解》，虽可谓为新经学家，而其精神与汉时大异。③

由此而看，汉学解经所用之玄与魏晋玄学解经所用之玄，或二者对儒家经典之根本的"贵无"之理解，区别只在于：

> 汉代偏重天地运行之物理④，魏晋贵谈有无之玄致⑤。二者虽均

---

① 汤用彤：《贵无之学（上）》，载《汤用彤全集》第四卷。
② 《汤用彤全集》第四卷。
③ 汤用彤：《崇有之学与向郭学说》，载《汤用彤全集》第四卷。
④ 即本质。
⑤ 即本体。

尝托始于老子，然前者常不免依物象数理之消息盈虚，言天道，合人事；后者建言大道之玄远无朕，而不执着于实物，凡阴阳五行以及象数之谈，遂均废置不用。因乃进于纯玄学之讨论。汉代思想与魏晋清言之别，要在斯矣。①

这里值得注意的一点是，汤用彤反复强调，无论是汉儒还是魏晋玄士解释儒家经典时所体现的贵无思想，都与道家经典思想的运用有关。

王弼对于道家经典为何能释孔子借经典所表之理想，有这样明确的交代，相比起其他诸家学说：

《老子》之书，其几乎可一言而蔽之。噫！崇本息末而已矣。观其所由，寻其所归，言不远宗，事不失主。文虽五千，贯之者一；义虽广瞻，众则同类。解其一言而蔽之，则无幽而不识；每事各为意，则虽辩而愈惑。

然则，《老子》之文，欲辩而诘者，则失其旨也；欲名而责者，则违其义也。故其大归也，论太始之原以明自然之性，演幽冥之极以定惑罔之迷。因而不为，损而不施；崇本以息末，守母以存子；贱夫巧术，为在末有，无责于人，必求诸己；此其大要也。②

也就是说，在王弼看来，唯有老子之言才可能在息末，也即不被末所蔽的澄明下，阐释孔子所体之本（也是儒家记载孔子所行之事的经典所蕴含之意）。这里，王弼着重的是老子所言为阐释儒家核心精神而提供的新眼光、新方法。

汤用彤指出，由这样一种新眼光、新方法开启出的、真正的贵无

---

① 汤用彤：《魏晋玄学流别略论》，载《汤用彤全集》第四卷。
② 王弼：《老子指略》，楼宇烈校释：《王弼集校释》。

思想，应是"玄远之学"（玄学）。它"学贵玄远，则略于具体事物而究心抽象原理。论天道则不拘于构成质料（Cosmology），而进探本体存在（Ontology）。论人事则轻忽有形之粗迹，而专期神理之妙用。夫具体之迹象，可道者也，有言有名也。抽象之本体，无名绝言而以意会者也。迹象本体之分，由于言意之辨。依言意之辨，普遍推之，而使之为一切论理之准量，则实为玄学家所发现之新眼光新方法。王弼首唱得意忘言，虽以解《易》，然实则无论天道人事之任何方面，悉以之为权衡，故能建树有系统之玄学。夫汉代固尝有人祖尚老庄，鄙薄事功，而其所以终未舍弃人灾异通经致用之说者，盖尚未发现此新眼光新方法而普遍用之也"[①]。

总而言之，魏晋玄士与汉代儒士一样，将社会政治及个人人生等问题的解决，看成与如何理解儒家经典，有密不可分的关系。并且都开始尝试在儒家经典解释中，借用道家的思想方式来揭发其中的玄理。只是，相对来说，魏晋玄士看到了汉代儒士解经时将玄理与事象不分的缺陷，及日益衰败的社会现象和失落的人生，而着力于运用新的解经方式，使儒家经典中的普遍真理得以宏发，并显现其对社会诸种人事、物象的统御作用。[②] 这无疑是魏晋玄士解经的目的。

## （二）玄学言意之辨的解经路向

但在实际中，魏晋玄学如何借用道家经典及其思想，克服汉代经说由于与具体人事、物象相纠缠，而致与原儒立身行事的理想相去甚远，而不能对缤纷多变的现实真正作为的弊病，重新表述儒家经典中的理想，关涉儒家经典解释中的方法选择和具体操作。

首先，汤用彤指出，对于魏晋玄士来说，不同经典互解有两个问

---

[①] 汤用彤：《言意之辨》，载《汤用彤全集》第四卷。
[②] 此文集中的另一论文《王弼对汉儒政治思想的继承和批判》，对魏晋玄士解经之原因及目的做了一些相关的分析。

题要解决：一是儒道透过经典而现出的根本旨趣之差异："孔子重仁义，老庄尚道德""六经全豹实不易以玄学之管窥之"；二是儒道在文句上的冲突："儒书言人事，道家谈玄虚"。此外，"儒书与诸子中亦间有互相攻击之文，亦难于解释"。所以，"儒书多处如子见南子之类，虽可依道家巧为解说"，但儒道之间，从经典表述来看，实是"其立足不同，趣旨大异"。要解决这种从经典文字上反映出来的、事关根本旨趣的差异，不同经典之相互理解或解释，在玄士看来就"不得不求一方法以救之。此法为何？忘言得意之义是矣"。①

玄学之得意忘言的方法，之所以能改造汉儒经学，宏发圣人理想，就在于：只有这种方法，才使对经典的理解不至"滞于名言"，而能"忘言忘象"，体会经典"所蕴之义"，经典中的"圣人之意乃昭然可见"。"王弼依此方法，乃将汉易象数之学一举而廓清之，汉代经学转为魏晋玄学，其基础由此而奠定矣。"实际上，"王氏新解，魏晋人士用之极广，其于玄学之关系至为深切"。②

得意忘言之法何以能解决儒道旨趣及文句两方面的差别呢？汤用彤仍然首先强调：王弼首唱，玄士广用的方法也并不是魏晋玄士之首创。对于玄士解经之得意忘言方法与儒家经典《周易》、汉学后期及名理学解经方法的关系，汤用彤做了这样的分析：

> 凡所谓"忘言忘象""寄言出意""忘言寻其所况""善会其意""假言""权教"诸语皆承袭《易略例·明象章》所言。
> 
> 王弼之说起于言不尽意义已流行之后，二者互有异同。盖言不尽意，所贵者在意会；忘象忘言，所贵者在得意，此则两说均轻言重意也。惟如言不尽意，则言几等于无用，而王氏则

---

① 汤用彤：《言意之辨》，载《汤用彤全集》第四卷。
② 汤用彤：《言意之辨》，载《汤用彤全集》第四卷。

犹认言象乃用以尽象意,并谓"尽象莫忘言","尽意莫若象",此则两说实有不同。然如言不尽意,则自可废言,故圣人无言,而以意会。王氏谓言象为工具,只用以得意,而非意之本身,故不能以工具为目的,若滞于言象则反失本意,此则两说均终主得意废言也。①

正是采用了改造过的解经方法,玄士首先使儒道经典中之根本差异得以调和。"玄学家主张儒经圣人,所体者虚无;道家之书,所谈者象外。圣人体无,故儒经不言性命与天道;至道超象,故老庄高唱玄之又玄。儒圣所体本即道家所唱,玄儒之间,原无差别。至若文字言说均为方便,二教典籍自应等量齐观。不过偏袒道家者则根据言不尽意之义,而言六经为糠秕,荀粲是也。未忘情儒术者则谓寄旨于辞,可以正邪,故儒经有训俗之用,王弼是矣。二说因所党不同,故所陈互殊。然孔子经书,不言性道。老庄典籍,专谈本体。则老庄虽不出自圣人(孔子)之口,然其地位自隐在六经以上,因此魏晋名士固颇推尊孔子,不废儒书,然其学则实扬老庄而抑孔教也。"另外,也使儒道经典中本是冲突的文句得以贯通。"按子书中之毁非圣人,莫明于《庄子》。儒家之轻鄙庄老则有《法言》。""然向、郭之注庄,不但解庄绝伦,而其名尊圣道,实唱玄理,融合儒道,使不相违,遂使赖乡夺洙泗之席。王、何以来,其功最大。""李弘范虽名注儒书(《法言》),实宗玄学也。"②

(三)解经方法与解经目的的一致

汤用彤认为,魏晋玄士的解经新意,因其是就一定的动机而发的,

---

① 汤用彤:《言意之辨》,载《汤用彤全集》第四卷。
② 汤用彤:《言意之辨》,载《汤用彤全集》第四卷。

所以，解经新方法的采用就有个与解经目的是否合适的问题。他专门分析了王弼对两种儒经的重解，以及向、郭对《庄子》的新解，来展示魏晋玄学解经之新方法与其解经意图的契合。

在汤用彤对魏晋玄学发展的分期界定中，王弼及向秀、郭象是他重点评说的对象。① 如前所说，他肯定，只有王弼最能体玄致之意，而向、郭则是继王之后，另一得玄意的人。由于从时间上说，王弼是玄学的首唱者，并且按汤用彤先生的看法，王弼最能体现儒道会通的努力，所以，汤用彤对玄学解经的范例分析，自然最重王弼的儒经新解。如果说，王弼关于"圣人有情"的义释，从根本上显示了玄学解经目的与方法的一致的话，那么，王弼对《易》的重注及释义，还有对《论语》的释义，则是直接从经典重新解释中显示解经目的与解经方法的一致。

"圣人观"是一个儒家思想的中心问题，而圣人有情与否的问题，在汤用彤看来，也与中国传统对人性的形上理解有关，所以关涉儒道能否从根本会通的问题。② 进一步来说，它还关涉儒家名教思想与道家自然思想的关系问题③ 以及圣人是否可至的实际问题④。王弼借言意之辨的妙法，在《周易注》及《论语释疑》中，化解了儒道在此问题上的根本及文句之别。⑤ 从而在形上与形下不分的新角度，赋"圣人有情"说予新意：

---

① 汤用彤关于魏晋玄学的分期的看法，可参见《魏晋玄学流别略论》，载《汤用彤全集》第四卷。在他的梳理中，只有一、二期玄学是玄士当主角，三、四期则是创造中国佛学的玄僧当主角。而他首推的玄士为王弼（第一期发展的代表）及向秀、郭象（第二期发展的代表）。
② 汤用彤认为，中国人性说上形上学之大宗，首推儒家，之外，自推道家。（参见《汤用彤全集》第四卷，第 69—70 页）
③ 参见汤用彤：《王弼圣人有情义释》，载《汤用彤全集》第四卷。
④ 参见汤用彤：《谢灵运〈辨宗论〉书后》，载《汤用彤全集》第四卷。
⑤ 参见汤用彤：《王弼圣人有情义释》，载《汤用彤全集》第四卷。

辅嗣既深知体用之不二，故不能言静而废动，故圣人虽德合天地（自然），而不能不应物而动，而其论性情，以动静为基本观点。圣人既应物而动，自不能无情。平叔言圣人无情，废动言静，大乖体用一如之理，辅嗣所论天道人事以及性情契合一贯，自较平叔为精密。①

而王弼的《周易注》，在解经史上，已被作为经典看待。这同样得益于世人无不从之获取新意。②因为"夫性与天道为形上之学，儒经特明之者，自为《周易》"③，"《易》之为书，小之明人事之吉凶，大之则阐天道之变化。"所以，如何注《易》，体现学人对儒家理想之普遍性或根本性的不同理解，也体现学人对儒家理想与现实政治、人生关系的理解。

王弼注《易》有其"因缘时会，受前贤影响"之因。后期汉儒已开始力克旧儒拘泥章句，"繁于传记，略于训说"的解经方式，开始"尝以《老》、《庄》入《易》"，用象数、阴阳等言说事物变化之物理的宇宙论思想解《易》，但又不免使"天道未能出乎象外"，致儒家之义理失真无用。王弼用得意忘言之法，批评汉儒这样的注经做法不能体现注经之目的："经世致用"。"夫着眼在形下之器，则以形象相比拟而一事一象。事至繁，而象亦众。夫众不能治众，治众者必由至寡之宗。器不能释器，释器者必因超象之道。王弼以为物虽繁，如能统之有宗，会之有元，则繁而不乱，众而不惑。学而失其宗统，则限于形象，落于言筌。"由于王弼的《周易注》既"真识形象之分位"，更

---

① 汤用彤：《王弼之〈周易〉〈论语〉新义》，载《汤用彤全集》第四卷。
② 汤用彤说："弼注《易》，摈落爻象，恒为后世所重视。然其以传证经，常费匠心。古人论《易》者，如孙盛称其附会之辨。朱子亦尝称其巧。"（汤用彤：《王弼之〈周易〉〈论语〉新义》，载《汤用彤全集》第四卷）
③ 汤用彤：《王弼之〈周易〉〈论语〉新义》，载《汤用彤全集》第四卷。

"深知天道之幽赜",使《易》中"具体之象生于抽象之义"得于勃发。由此,其"《易》注出,而儒家之形上学之新义乃成"。①

而王弼对《论语》的释疑,汤用彤认为是王弼实现其儒道会通之目的的最成功之作。《周易注》只是释理,真正儒家理想之新义,则由《论语释疑》体现。"王弼学贵虚无,然其所推尊之理想人格为孔子,而非老子。""王弼会合儒道最著之处为圣人观念。""王弼之所以好论儒道,盖主孔子之性与天道,本为玄虚之学。夫孔圣言行见之《论语》,而《论语》所载多关人事,与《老》、《易》之谈天者似不相侔。则欲发明圣道,与五千言相通而不相伐者,非对《论语》下新解不可。然则《论语释疑》之作,其重要又不专在解滞释难,而更在其附会大义使玄理契合。"② 作为儒家经典的《论语》所显现的,最突出的无疑为与道家经典的《老子》的根本和文句上的不同。望文生义,或拘泥于章句,于儒道会通只能是阻碍。要使儒道之玄理得体现,必须借用得意忘言之方法。

实际上,王弼通过解《论语》融通了儒道,于旧的圣人说立一新义:圣人虽所说训俗,但体无;圣人之德,神明知几;"圣人法道,德合自然";圣人"用行舍藏"。

至此,王弼通过解经而建立的儒家之形上学之新义,就具备了不仅对人事的致用,而且更重要的是具备了立身行事之风骨。汤用彤在解玄时,于这点的评价,是极为引人注目的。

> 中国社会以士大夫为骨干。士大夫以用世为主要出路。下正焉者欲以势力富贵,骄其乡里。上焉者怀璧待价,存愿救世。然得志者入青云,失意者死穷巷。况且庸庸者显赫,高才者沉沦,

---

① 参见汤用彤:《王弼之〈周易〉〈论语〉新义》,载《汤用彤全集》第四卷。
② 汤用彤:《王弼之〈周易〉〈论语〉新义》,载《汤用彤全集》第四卷。

遇合之难，志士所悲。汉末以来，奇才云兴，而政途坎坷，名士少有全者。得行其道，未必善终。老于沟壑，反为福果。故于天道之兴废，士人之出处，尤为魏晋人士之所留意。

王弼虽深知否泰有命，而未尝不劝人归于正。然则其形上学，虽属道家，而其于立身行事，实乃赏儒家之风骨也。①

在汤用彤看来，玄士解经的目的与方法之合璧，只有在王弼的这种"体用一如"之哲学与社会政治理想及人格风骨的结合中，才真正体现。②

由于向、郭在玄学上的位置显著，任何对玄学的研究，都不能绕开二人的思想而行。汤用彤对二人思想的解释也独具匠心。除不断地在多篇论文中，比较王与向、郭的理论之玄远性和致用特点以及人格理想外，汤用彤还专辟一章，讨论向、郭的解经学。与王弼用《老》《易》对《论语》释疑不同，向、郭是用儒家理论释道家经典《庄子》。《庄子》在某种意义上，与当时道家的其他主要著作一样，不能被看成"经"。经之界定，只用于言说儒家传统的权威著作上。《庄子》一向被认为是道家著作中，不仅与儒家思想有根本分歧，而且文句上最能体现道家对儒家攻击的代表。"老、庄绝圣弃知，鄙薄仁义，毁弃礼乐，而不满于尧、舜、禹、汤、孔子之论，尤常见于庄生之书。然则欲阳存儒家圣人之名，而阴明道家圣人之实者，文义上殊多困难，必须加以解答。"而向、郭能从如此极端的"绝圣弃智"之文中，解出同为儒家力扬的"内圣外王"之"中华最流行之政治理想"。实也是一种创造。

向、郭的妙解，自然首先关系上面所说的融合儒道及重弘圣人理

---

① 汤用彤：《王弼之〈周易〉〈论语〉新义》，载《汤用彤全集》第四卷。
② 汤用彤在玄学研究中，特别注重王弼思想的阐释。不仅认为王弼体现了玄学理论之真如，而且认为王也体现了玄士的理想。魏晋佛学发展中，可与之比肩的，只有僧肇。（参见《汤用彤全集》第四卷中的《言意之辨》《魏晋玄学流别略论》等篇）

想的目的。但在《庄子》中释出资源来，仍需实际的方法工具。"郭象注《庄》，用辅嗣之说。以为意寄于言，寄言所以出意。人宜善会文意，'忘言以寻其所况'。读《庄子》者最好方法，要当善会其旨归，而不滞文以害意。《庄子》辞多不经，难求其解。然齐谐志怪之言，不必深求。"正是运用这样一种方法解《庄子》，不仅《庄子》之"内圣外王"之真意得显，而且儒家圣人理想也得新义。汤用彤称这是对《庄子》的理论之解答，也是王弼体用一如思想，在向、郭处的新发：所以迹与之迹的内外兼顾。"士君子固须宅心玄虚，而不必轻忽人事。"①

然比较王、郭两种注解、解经，二者仍有不同，从目的上，王偏以"本"、"无"统御"末"、"有"，所用方法为"得意忘言"；而郭则主"从有看无"，"以有显无"，方法上多用"寄言出意"。

### 三、对汤用彤玄学理解之再理解

其实，汤用彤对魏晋玄学的理解并不就解经方面而止。他的玄学研究范围极广，另外较引人注目的，包括他对竹林玄学的理解及对同时期佛学的玄学化理解。这些连同他对魏晋玄学中与儒家经典相关的解经理论的研究，该如何看待呢？笔者尝试在介绍其他学人对汤用彤批评的同时，提出自己就解释问题的一些相关意见。

(一) 从对汤用彤的评价谈起

随着 1999 年《汤用彤全集》在河北人民出版社的出版，学界对于汤用彤在中国学术史上的地位和作用，又掀起了一番新的评论。② 尽管

---

① 汤用彤对向、郭注《庄子》的分析，参见《向郭义之庄周与孔子》等，载《汤用彤全集》第四卷。

② 对此的集中讨论可见《中国哲学史（季刊）》2001 年第 2 期专栏：《汤用彤：回顾与研究》。

几乎所有的学者都认定,汤用彤对现代中国学术发展之贡献非凡,但仔细打量,便会发现讨论汤用彤贡献的言论和文章,多是就其对汉魏南北朝佛学的研究而论的。其中也有涉及汤用彤在魏晋玄学及其他方面研究的贡献,但始终着墨不多。①

偏褒汤用彤对佛学研究的贡献的做法,在大陆学界一直存在。大陆专论汤用彤学术成就的著作和文章不多。② 在当中,我们仍不难发现,这些专著及专文在论及汤用彤的学术贡献时,多着眼于其对佛学研究的贡献。究其原因,一方面,当然与汤用彤论述佛学的著作面世后,立即得到国内外学界的高度赞扬而奠定其在中国学术研究中的崇高地位有关。汤用彤的《汉魏两晋南北朝佛教史》出版后,即得到当时教育部授予的最高学术奖。③ 并"一直被视作'价值至高之工具和导引',被视为'中国佛教研究中最宝贵的研究成果'"④。季羡林、任继愈、许

---

① 全集出版后,北京大学和河北人民出版社专门组织专家、学者举行座谈会。详细报道可见《中华读书报》(2001年1月3日)。里面引述了给全集作序的季羡林、任继愈二位先生的发言。《中国哲学史(季刊)》专栏的文章作者包括:任继愈、张岂之、蒙培元、孙尚扬、钱文忠。其中任继愈、孙尚扬、钱文忠的文章,都特别针对汤先生的佛学研究来说。

② 专著有麻天祥的《汤用彤评传》(百花洲文艺出版社1993年版)、孙尚扬的《汤用彤》等。专文有(主要参考中国人民大学报刊资料索引):(1)李中华:《北京大学举行汤用彤先生诞辰九十周年纪念会》,《哲学研究》1983年第12期;(2)许抗生:《读汤用彤先生的中国佛教史学术论著》,《北京大学学报(哲学社会科学版)》1984年第6期;(3)麻天祥:《汤用彤的佛教史和比较宗教学研究》,《西北大学学报(哲学社会科学版)》1992年第2期;(4)孙尚扬:《汤用彤宗教思想探析》,《孔子研究》1995年第4期;(5)赵瑞年:《诉一代巨匠之心声——读〈汤用彤评传〉》,《晋阳学刊》1995年第2期;(6)麻天祥:《汤用彤学术思想概说》,《甘肃社会科学》1995年第1期;(7)张三夕:《一位有意于致中和之中国学人——读麻天祥博士著〈汤用彤评传〉》,《郑州大学学报(哲学社会科学版)》1996年第2期;(8)王煜:《实践无为而治的佛学家扫描——评介麻天祥〈汤用彤评传〉》,《甘肃社会科学》1996年第1期;(9)吴家栾:《宏通平正,融化新知——汤用彤的学术贡献》,《历史教学问题》1999年第4期;(10)孙尚扬:《汤用彤文化思想探析》,《中国文化研究》1994年夏之卷、秋之卷(总第4、5期)。另外,还有与纪念汤用彤先生相关的学术论文集,如《燕园论学集——汤用彤先生九十诞辰纪念》(北京大学出版社1984年版)。其中,在27篇纪念文章中,直接与魏晋玄学问题讨论相关的有杜维明、汤一介二先生的文章。

③ 参见孙尚扬:《汤用彤》,第310页。

④ 转引自孙尚扬:《汤用彤》,第42页。

抗生等先生共同赞誉此书及汤先生的佛教研究,是经典、传世之作。①而另一方面,也与学者认定汤用彤太过侧重于玄学玄理的阐发和解释,而对魏晋玄学中彰显人格风范的竹林玄学略显冷落的看法有关。王晓毅先生在他对现代玄学研究的综述中认为:

> 尽管这个时期的学术大师有相当水平的西方哲学知识,但是,仍留下开拓时期的缺憾。不仅像陈寅恪、唐长孺这样"客串"的大家如此,即使汤用彤先生那样的主将,也不免将竹林玄学置于其本体论学理体系之外,而以嵇康、阮籍为代表的元气自然论的存在,毕竟给汤氏体系的完整留下了缺口。②

汤用彤的玄学研究与其佛学研究相比,始终没形成系统的表述。其成就虽影响大陆诸多学者的研究,但获得的评述,也始终不如佛学研究的多。如前所析,其魏晋玄学研究中,关于玄学方法的探讨多为人称道,后来学者沿此方向深入的也居多。但其对玄学的目的之分析及断定,却鲜为人说。与目的相关的原因探求,多为有历史学背景的思想史家如余英时③继续深入,但左右其思想方法的又主要是陈寅恪、唐长孺等史学大家。玄学目的与其方法选择之关系,当代学人中,虽有孙尚扬博士④的出色评说,但毕竟未成学界共同注意的大问题。

## (二)理解或解释中的二重矛盾

汤用彤20世纪30年代至40年代醉心玄学,与他寄心于玄学去关

---

① 参见北京大学与河北人民出版社"《汤用彤全集》出版座谈会"报道,《中华读书报》2001年1月3日;许抗生:《读汤用彤先生的中国佛教史学术论著》,《北京大学学报(哲学社会科学版)》1984年6期。
② 王晓毅:《魏晋玄学研究的回顾与瞻望》,《哲学研究》2000年第2期。
③ 参见氏著:《士与中国文化》有关篇章。
④ 参见氏著:《汤用彤》中第七章、第八章"慧发天真解玄音"(上、下)。

怀国家、民族、文化甚至人生大问题的努力有关。① 他立志"融合新旧，撷精之极，造成一种学说，以影响社会，改良群治"。由于他自小便"寄心于玄远之学，居恒爱读内典"②，所以，其学说的建树无疑是致力于从哲学上发古哲潜德之幽光，以重体学理之助人驭心至驭身之作用。佛学固然是一种具驭心驭身大作用的玄远之学，但于中国切身的问题解决而言，汤用彤认定，"理学者，中国之良药也，中国之针砭也，中国四千年之真文化真精神也"③。理学之形上学特质与佛学有关，而更溯远一点说，起码中国佛学作为玄远之学的驭心驭身作用，与玄学的影响分不开。④ 正是为求明玄学学说有这样一种妙用的真面目，汤用彤开始他对玄学的深悟妙发。⑤ 但20世纪50年代起他中断了这种研究。⑥

---

① 参见麻天祥《汤用彤评传》及孙尚扬《汤用彤》中，对汤先生家学渊源及早年参与中国新文化运动、《学衡》杂志社活动，至哈佛师从白璧德新人文主义思想等的介绍。
② 转引自孙尚扬：《汤用彤》，第60页。
③ 汤用彤：《理学谵言》，载《汤用彤全集》第五卷，第3页。
④ 汤用彤将儒家理学与魏晋玄学关联起来考虑的做法，可在任继愈先生对自己一篇早期论文的写作渊源的追溯中，得到旁证。任继愈先生在《理学探源》（载《燕园论学集——汤用彤先生九十诞辰纪念》）一文中，提到文章是在汤用彤的指导下完成的。重刊文章是因为："这篇文章使人联想起四十多年前某些知识分子在漫漫长夜中梦想'学术救国'艰难前进的状况。"（《燕园论学集——汤用彤先生九十诞辰纪念》，第302页）任的论文共分八节，一、绪论，二、理学之远源，三、汉代中印思想之调和，四、魏晋玄学之建立与本末问题，五、南朝之佛性问题，附夷夏问题及神不灭问题，六、隋唐四宗，七、唐宋之际儒佛之交融，八、理学之兴起。任强调，"本文所论为探研理学之渊源"（《燕园论学集——汤用彤先生九十诞辰纪念》，第302页）。任继愈概述说："宋兴百年儒学复振于五代禅学鼎盛之后。袭魏晋之玄风，承孔孟之余绪，于理气性命心体善恶之问题作一空前之总结束，内之如心性之源，外之如造化之妙，推之为修齐治平，存之为格致诚正，无不尽其极致。两宋以迄清末，八百年来哲学界逐为理学所独擅，岂为偶然？然亦须知此固一种思想之自然演进，非为被动，亦非自葱岭带来也。"（《燕园论学集——汤用彤先生九十诞辰纪念》，第307页）
⑤ 此为孙尚扬的评论。在此评论前，他转引了一段贺麟记载的汤用彤的哲学界定："真正高明的哲学，自应是唯心哲学。然而唯心之心，应是空灵的心，而不是实物化或与物对待之心。"（氏著：《汤用彤》，第205页）
⑥ 按麻天祥及孙尚扬二位先生的汤用彤传记，汤用彤原本企图对其20世纪40年代以来系统讲授的玄学，做一体系的总结。1947年汤用彤赴美加利福尼亚大学讲课，课程"汉隋中国思想史"（The History of Chinese Thought from Han to Sui Dynasty）中，主要内容也是魏晋玄学。参见麻天祥《汤用彤评传》、孙尚扬《汤用彤》，以及《汤用彤全集》第七卷相关英文讲义。

他晚年的日子里，佛学研究，并且是考证性的佛学研究，成了他留给世人的最后一笔宝贵遗产。他不是个喜记自己心路历程的人，他对玄学研究的中断究竟为何，无从考证。但其魏晋玄学研究中，从不同角度对正始玄学与竹林玄学以及元康玄学的比较和评论[①]，也许对我们理解他的玄学研究中断之原因有所帮助吧。

撇开汤用彤玄学研究中断的原因不说。汤用彤通过其玄学理解，尤其是其对玄学与儒家经典解释关系的理解，仍给儒家经典解释中，释经以致弘志、经世的努力，留下一些值得思考的问题。

第一，解释本身的目的与方法之关系问题。

如果解释的存在，真如狄尔泰所言，具从自由及普遍之意义开发精神科学研究的功能的话，那么，也就如他提醒的那样，企图从解释对象中发掘或唤起超越个体存在之狭隘性的意义，就不是解释中理性方法所能力担的重任。他所谓归纳方法中，体现的对解释对象意义的再创造和再体验，可谓与王弼所唱的"得言忘言"经典解释方法有异曲同工之妙用。[②]

但问题是，任何解释，包括经典的解释，对于解释者来说，目的不只是为了发掘对象的意义，尤其是对象在普遍品格上所体现出来的人文意义。而"得意忘言"的方法，如不是为人文意义寻找的目的做工具的话，也还自有其他的用处。另外，如果太过强调解释中非理性的意会及再创造和再体验，那解释中理性的规范和限制，又如何能保证解释者对对象的解释不是虚，借解释对象而发自己的新义才是实，甚至进一步说，如何保证解释者不是将自己的思想强说是解释对象的新义呢？

第二，从儒家释经的目的来看，述志无非是为了经世致用。但对

---

[①] 参见汤用彤在其魏晋玄学研究中，对竹林玄学一系的评论。（《汤用彤全集》第四卷）

[②] 参见威尔海姆·狄尔泰（W. Dilthey）：《对他人及其生命表现的理解》，李超杰译，转引自洪汉鼎主编：《理解与解释——诠释学经典文选》，东方出版社2001年版。

经典的"述志"解释尚且不能保证完全克服解释者个人的随意性,那么,与其相附的体用理论,又何尝不是玄远之寄心与行事之实迹矛盾重重。

汤用彤魏晋玄学研究中,甚少直接讨论儒士或佛学家对玄学理论的批评。尽管或者这不是汤用彤的有意疏忽,但却与汤用彤先生对哲学的期待相关。如魏晋玄士一般,汤用彤先生企图通过对经典的解释,开发玄学(哲学)救心以至救身的奇妙功用。

毋庸置疑,哲学确与根本问题的认识相关。但根本问题如何解决,却又相关于具体情境下的具体的人。如果说根本问题的认识,在某种意义上,可以是自然、不偏的话,那么,根本问题的解决,就不可能完全是"无为"和"无累"的。过分地强调根本问题的认识与根本问题的具体解决可能一致的话,只会导致认识本身及认识作用之期待的自相矛盾。

实际上,从历史中关于魏晋玄学的作用及其定性问题的种种批评里,可以说:(1)玄学对现实的指导作用并不如魏晋玄士所期待的那样,能够真正克服汉儒的弊端,弘儒家大道。相反,被指太过玄远,缺乏儒家理想之鲜明的价值立场,缺乏切实地处置人事与物象的具体作为,而与儒不相同。① (2)魏晋玄理的弘发,本就意味着与具体行迹有自觉区分。这种自觉的结果,当然是对人生、社会、文化等之中超越时空限制的终极问题的关注。但这种关注由于没有彻底与对现实政治和人生的关怀分别开来,所以,玄学有人生哲学、社会哲学的意味,可是不具备宗教意义的终极意味。②

显然,汤用彤对哲学及玄学的研究,之所以能屡发"新义",而又能使"新义"不偏离"原义",与其本身同样具有扎实的史学与语言学

---

① 笔者在书中《玄远之幕的飘落》及《玄思的魅与惑》等文,对此种评论稍作介绍。
② 王弼的"适变"与郭象的"独化"等都有别于佛家的"顿悟"和"寂静"。事实上,汤用彤先生在其玄学分期及汉晋佛教研究中,已触及这个问题。(参见《汤用彤全集》第四卷)

功力有关。但毕竟在解释或理解的过程中，同解释者的生活与体验相关的"新义"是否能够与被解释者的"原义"不相矛盾，在汤用彤漫长的生活历程中，日益成为问题。特别是一旦涉及"救心"与"救身"或"救国""救民"的问题，不仅在魏晋玄学那里没有明确的答案，而且现实生活中的汤用彤更是矛盾重重。① 玄学本就不是纯粹的理论，它与玄士的生活方式有关。理论的玄远、"客观"，与生活本身的有限、侧重，既相关又相左。仅说魏晋玄士理论的玄远，而少谈他们生活的选择，对于理论玄远之度何在，不能把握；而仅描玄士生活之实，而不描他们理论所寄之玄，对于生活之"意"何发，也不可能尽得。仅用理性的方法固然不能妙解"玄意"，但对生活本身的体验，又如何能保证所解之"玄意"在普遍有效的抽象层面上是"客观"的？玄学之研究，本就是理性与体验并重。至于何种理性与何种体验并重，才能妙解"玄意"，无疑，这对承汤用彤开辟的玄学解释路线而继续的玄学研究，仍然是一个待解决的问题。

但不管怎样，汤用彤对魏晋玄学的研究，仍然给中国学术、文化发展，留下了一笔宝贵的财富。

（论文修改稿分拆为两部分，分别为《论汤用彤对魏晋玄学的理解》，发表于《中国哲学史（季刊）》2003年第3期；《评汤用彤在现代玄学研究中的作用》，发表于《中山大学学报（社会科学版）》2003年第2期）

---

① 参见孙尚扬：《汤用彤》，第五章"慧发天真解玄音（上）"第一节"缘起"，第二章"文化思想"，第一章"生平与思想、学术历程"中关于汤用彤与胡适的关系部分等（第51—54页）；麻天祥：《汤用彤评传》，第一章"生平及思想发展的路向"。

# 文化坚守者与学问家的张力
## ——以汤用彤为例

## 引言　身份认同与学问方式：文化坚守者或学问家？

近现代中国知识分子[①]面临的一个问题，与身份认同有关。

19世纪末西方势力的入侵，不仅改变了古老中国政治、经济的存在方式，也改变了中国传统的教育、学问方式。这双重的改变，迫使中国知识分子从原来传统文化卫道者与学问家共为一身的社会存在方式，至必须面临学问是否必然为文化坚守的方式这样的严峻拷问，再至实际生活中矛盾学问家的身份能否同时担当文化坚守者的重任。双重身份的合一，仿佛已不再可能。

但这身份认同问题究竟是如何被迫出来的呢？

走进现代化进程的中国，不仅需要应对西方物质文化的挑战，而且需要学会如何认识和批判遭遇的外来文化（宗教）。探索用何种新方

---

[①] 在中国传统中，称与本题相关的"知识分子"为"士人"，其身份中的文化坚守者与学问家是一体的。但在近代，"知识分子"则相对地指具备专业知识的学人。历史上的知识分子对内外文化所承担的使命各有不同。（参见余英时：《余英时文集·第四卷·中国知识人之史的考察》，广西师范大学出版社2004年版；萧功秦：《儒家文化的困境——中国近代士大夫与西方挑战》，四川人民出版社1986年版；许纪霖：《20世纪中国知识分子史论》，新星出版社2005年版；等等）

式来理解、批评外来文化（宗教），是中国近现代知识分子自觉承担的一个历史重任。其中，通过学术的方式能否帮助中国人重新认识自己与世界的精神层面，成为不少具有文化保守情怀的近代中国学问家努力解决的问题。或者说，学问家，是否同时也能够是文化坚守者？

原本，知识精英既是学问家，也是文化守护者。也就是说，中国传统学术从来不是书斋中"独善其身"的事。这养成了中国知识分子（士人）学习、学问与家、国、天下事不分的习惯。也在某种程度上，中国知识分子一直将做学问视作理解生活世界、融入生活世界、作为生活世界的一种独特方式。做学问，同时也是传承道统、弘扬文化的重要途径。

但原本的学问方式，在面对外来文化（宗教）时，是否仍然有效，尤其是是否依然是传承自己文化道统的有效方式，实际成为一个令人疑惑和纠结的、需不断探索的问题。其中，传统文化及外来文化中的价值核心内容，尤其是宗教[①]如何被理解，更是人文学者无法回避的严峻难题。[②]正是在这点上，如何通过学问方式，来坚守自己文化价值核心及理解其他文化价值核心的问题，成了近现代中国知识分子文化坚守者与学问家双重身份是合一还是分离的一个纠结点。

知识（学问）方式的改变，使近现代学问家（知识分子）的含义

---

[①] 这里的"宗教"在近现代中国学人的理解中，其一般性的含义（作为不同宗教形态的共性）与具体含义（特指一种具体宗教形态）一直是混淆的。但因"宗教"一词的使用及解释，与西方文化的传入有关，中国学人在这种传入中感受到中国文化受损、受贬的不愉快情感，所以，宗教的"褒""贬"理解，成了近现代中国学人自我身份认同的纠结点。下节有做具体分析。

[②] 清末，中国传统的科举制已经逐步被认为在培育及选拔人才上有一定问题，朝廷及民间开始有知识分子尝试探讨西方的新教育方式是否可成为未来有效的教育方式。西方及日本等国强行打开中国国门，并借机在中国实行新的教育方式时，原本中国知识分子不纯粹为学问（学术）而学问（学术）而同时担当家、国、天下事的文化情怀，使他们有力地抵制外来的新体制建立者，使之不能顺利地借新教育方式来推行西方或其他外来的文化价值观，尤其是不可能让学校成为外来宗教宣教、传教的阵地。但在这种新的教育、学术体制中，近现代中国知识分子能做什么呢？教育和学问还能成为传承自己传统价值立场的方式吗？能成为理解西方文化，包括西方的价值立场和宗教的方式吗？

必然地不同于原来传统学问家（士）的含义。新式教育不仅使原来传统教育的简单分类被复杂化，而且其中有些知识只关注自然，与人文、价值等无关。而即使是人文学、社会科学知识，被力图融进中国传统的经史子集等知识内容，但夹杂着的西方相关知识体系，却又呈现出可能与中国传统教育中传授的知识不同的另种人文、价值观。或者说，新式教育中的人文学、社会科学知识，从其同时有西方人文、价值因素这点上，就不能纯粹地成为坚守中国传统文化的有效方式。[①]

中国文化的坚守，能否通过这种已经不能不含有西化特色的新学问方式来体现，变得复杂和曲折。对于很多有文化保守情怀的中国近现代知识分子来说，有时不得不面临痛苦的抉择：成为文化坚守者，或成为学问家。

但如果从既坚守传统文化，又主张融合不同文化的温和保守立场上来化解这种双重身份认同的极端抉择，是否文化坚守者与学问家两种身份可以兼得，重回传统中国知识分子的"士"义上呢？这是一个更为复杂的问题，也是本文重点讨论的问题。

本文企图通过对汤用彤的个案分析，展现近现代中国知识分子与现代化进程中的文化（宗教）的多重复杂关系。其中特别分析其通过学问方式（做学问的学问家），在坚守与融合中平衡时的纠结。尤其是对坚守与融合中的自身文化传统核心与外来宗教的纠结关系。

汤用彤是一位对现代中国学术有重要作用的学者。他的学术贡献都与近现代中国学术能否用新方法对中国传统（包括中国宗教）思想做新解释有关。至今，他示范的学术规范，仍影响着中国佛教史的研

---

[①] 本文集中论文《被质疑的哲学——以清末民初四位学人的看法为例》，对作为一门人文学科的"哲学"，在近现代中国知识分子的理解中，包含着的知识与价值立场之矛盾尝试性地做过分析。另，笔者的另一篇论文《近现代中国宗教研究兴起的几个相关问题》（载《2003—2004 中国宗教研究年鉴》，宗教文化出版社 2006 年版），也尝试对同样作为一门人文学科的"宗教学"曲折发展历程中的知识与价值立场及近现代中国学人的心态等矛盾问题做出分析。

究，影响着道教史料的整理研究，更重要的是，他的魏晋玄学研究仍然对中国学者如何理解儒家、道家的哲学，有深刻的作用。在一定程度上说，通过魏晋玄学研究，汤用彤从哲学学术层面上，开启了一种中国知识分子理解多种宗教间可交融的新视域。

或者说，汤用彤是以学问家的方式，进入（参与）到不同的宗教（不同的宗教思想）里去，并在其中体现他的文化坚守者立场。

但他这种参与或归属方式[①]，却最终不能在心仪的学问方式（玄学研究）上，完满地达致他文化坚守者与学问家双重身份的结合。

下面将从更广泛的"宗教"理解及理解方式选择、汤用彤特定的学问方式选择、所面临的矛盾等方面，分别进行分析。

## 一、宗教或宗教含义的多重解读

近现代中国知识分子对西文 religion（宗教）的理解和接受心态，较为矛盾，也较为含糊。[②]

中国传统文化中没有西方宗教含义上的宗教。传统中的三教——儒、释、道——基本上是从中国古典思想的"教化"意义上界定其含义的。[③] 而奠定"教化"基本含义的儒家经典，有这样非常明确的表述：《诗·周南·关雎序》："美教化，移风俗。"《礼记·经解》："故

---

[①] 本文原英文缩写稿专为 SYSU-Innsbruck Sympoisu "Multiple Religious Belonging, or Multiple Participation in Religions"(Innsbruck University, June 2016) 而作。"归属"和"参与"是对应于学术会议主题 "Belonging" 和 "Participation" 而译。

[②] 笔者论文《近现代中国宗教研究兴起的几个相关问题》（载《2003—2004 中国宗教研究年鉴》）及《寻找入世的真理——以章太炎、太虚与欧阳竟无的观点为例》（《现代哲学》2007 年第 2 期），对近现代中国学人理解和定义"宗教"的心态有过分析。

[③] 近年因儒家宗教问题的热烈讨论，学者从不同角度重新审核"宗教"一词的词源及词义的不同理解。其中，李申选《儒教、孔教、圣教称名说》一书，从中国不同的古典文献中，相对集中地梳理了"教"与"教化""宗教""圣教"等词的词义。（参见李申选编：《儒教、孔教、圣教称名说》，国家图书馆出版社 2009 年版）

礼之教化也微，其止邪也于未形。"而之所以能"移风俗""止邪也于未形"，依据在于《易·观》："观天之神道，而四时不忒，圣人以神道设教，而天下服矣。"①

从这种"教化"含义理解，中国宗教有自己的特色，并且重要的是区别于以基督教为代表的一神宗教。②如果将广泛意义上的宗教或文化、传统价值的核心（它代表特定文化、传统中，带有超越、终极意味的对美好生活的理想和追求），看成是近现代中国学人（知识分子）在文化保守立场上的主要坚守对象的话，中国的各种思想和宗教该如何被理解呢？

儒家思想是否为宗教，一直就是中国人文学界争论的问题。就从与传统"教化"相关的含义、被扩展的宗教含义（主要是指宗教性或有终极意味的世界观［韦伯语］）上看，儒家思想可被看作宗教。③但至少在近现代的中国知识分子看来，儒家思想不可能等同于基督教等一神宗教。④

外来的佛教在中国化后，也被认定与西方宗教不同。⑤

作为三教之一的"道教"最早只指道家，后来在中国思想史上的三教关系讨论中，也较多被侧重指称道家。宗教化的道教在近现代中国知识分子眼中，也多被看成是民间宗教，而不完全是西文意义上的宗教。

宗教的归属和参与问题，实际上是在近现代西方政治、经济、文

---

① 钱锺书先生对"神道设教"有这样的解释："神道设教，乃秉政者以民间原有信忌之或足以佐其为治也，因而损益依傍，俗成约定，俾用之倘有效者，而言之差成理，所谓'文之也'。"（氏著：《管锥编》第一册，中华书局 1979 年版，第 20 页）

② 这种看法，尤为大部分近现代中国学人所认同。

③ 参见韦伯在其宗教社会学相关著作中，对"宗教"及中国宗教的论述。

④ 较多的学者强调儒家无论思想还是实践上都与基督教等一神宗教不一样。尤其是儒家思想对价值立场的坚守及对"神圣"的理解，并不远离、外在人。

⑤ 近现代中国知识分子普遍持此看法。典型代表为欧阳竟无，他不仅不将佛教看作西方意义上的宗教，而且认为佛学与西方哲学无关。（参见氏著：《佛法非宗教非哲学》，载黄夏年主编：《欧阳竟无集》，中国社会科学出版社 1995 年版）

化进入中国后，迫使中国知识分子重新面对的问题。这关系到对西方精神的理解，对西方宗教实践方式是否认同等复杂的问题。因伴随西方宗教问题而来的，至少还有西方文化的问题，这使得中国知识分子在如何确定自己的宗教归属或宗教参与时，便有了非常矛盾的表现。

那么，这种矛盾是什么呢？

首先是与自己传统相关的解读和与西方含义相关的解读之间的矛盾。这不仅是对一神信仰的理解与否的问题，而且还是神圣信仰作用是否与教化相关的问题。传统的"教化"等于西方概念"宗教"吗？这种有一神信仰意味的"宗教"，其对人心、人生的作用，与中国传统具有人文关怀的"教化"作用，可等同而语吗？

其次是宗教（不管是中国传统"教化"意义上的三教——儒、释、道，还是被认为与西方一神信仰关联的宗教，如基督教）究竟是通过精神教化而起作用，还是通过实践教化（中国传统的教化实践，主要表现为儒家要实际影响国家统治者的政治实践及民众的伦理道德修养，以及个人的德性修炼）而起作用？

最后是对于作为学者的近现代中国知识分子来说，如何参与或归属宗教，有非常复杂和矛盾的表现方式。对自己文化传统的保守情怀及原本与特定宗教游离的状态，在这个时期，依然是他们与宗教关系的主要表现方式。但因西方宗教与文化传入，使他们如何对待不同宗教与文化，有了新的选择。其中，有的知识分子为了接受西方教育，成为基督教徒，在实际人生中体验宗教的作用。但大部分学者型的中国知识分子，他们并不归属某一种形式的宗教，而只是企图用学术的方式来理解宗教及接受宗教（不是一种宗教）在精神教化上的积极作用。用汤用彤自己的话来说，便是挖掘宗教驭心以驭身的大作用。[①]

---

[①] 汤用彤在1914年9月至1915年1月发表的长文《理学谵言》（载《理学·佛学·玄学》，北京大学出版社1991年版）里，表达了他作为文化坚守者的抱负。

## 二、文化坚守与新旧的学术方式

在中国，因科举制度的建立，学术从来就是知识分子理解及塑造传统的一种方式。同时，学术也是中国知识分子，尤其是儒家知识分子体会、融化外来宗教文化思想的一种独特方式。或者说，学术是中国知识分子坚守文化的独特方式。

历史上，正是通过学术讨论的方式，儒家思想成功地融合了印度的佛学，并从道家的新解释学（魏晋玄学）中，发展出了一套新的守护传统、更新传统的论说方式。以汤用彤的看法来描述，这是一种区别开传统儒学中的经学，而具融合中外文化的新眼光、新方法。

近现代西方文化的传入，再次使中国知识分子面临如何坚守传统、发扬传统的问题。宋明以来体现中国最核心价值观念的理学（或在西方学者看起来，最具神学色彩的理论），尽管在言说方式上，比魏晋时期融合佛学但对儒学立场有虚空可能的玄学，更加鲜明地突出儒家的教化立场和价值理念。但是，西方的宗教、文化与印度的佛教、文化不尽相同。何种学术形式才是最合适既坚守中国儒家传统，又能融化外来新精神（新知），成为部分持较温和保守主义立场的中国知识分子努力解决的问题。

汤用彤出身于士大夫世家，小时候受过严格的儒家经典教育。青年时代又因长辈的鼓励，进入同时传授中国古典知识与西方知识的新学堂。[①]在这时期，他形成自己"昌明国粹、融化新知"的文化保守主义立场，并以此作为学者的使命。与他持同样立场的著名学者还包括历史学家陈寅恪、文学家吴宓等。他们虽然认定儒家是中国精神的核心，但并不将自己简单地归属于儒家。他们所从事的学术，也不是儒

---

① 汤用彤早期就读的顺天学堂和清华学堂，不仅教授新式的西方知识，而且同时保持中国传统人文学术的讲授。

家研究经、史、子、集的古典学术，而是将古典学术与西方学术（他们称之为新学术或新知）结合的中国现代人文学术。后来，汤用彤更是有机会留学美国。

就汤用彤来看，体现其文化保守主义立场的学术努力分为两个方面。

一是在对外来宗教文化的温和理解和接受上，汤用彤的学术努力主要表现在哲学上。他在美国哈佛大学等留学时，对欧美经验主义哲学及唯理论哲学有系统的理解，回国后，他曾为北京大学学生开设这种专题课程。也因在哈佛大学时受美国新人文主义代表白璧德（Irving Babbitt，1865—1933）和兰曼（C. R. Lanman，1850—1941）等的影响，学习了印度宗教哲学，他回国后，同样为学生开设了印度哲学课程。这些与学术有关的研究课程，可看作他从思想和理论上对其他不同宗教文化的融化（某种程度上的归属和参与）的努力。

在直接体现汤用彤文化保守主义立场的学术研究上，他的表达较为隐匿及复杂。他坚持将儒家思想看作中国精神的核心，看作重振民心的精神资源。但他却主张重回魏晋玄学，重回中国佛教历史中，提取坚守中国传统，并同时能使中国文化与外来文化融合的宝贵经验。他的魏晋玄学研究和他的中国佛教历史研究，都是他至今仍深刻影响中国学术的辉煌成就。在这些体现其文化保守情怀的学术研究中，明显可见，汤用彤对包括儒家在内的各种"教化"意义上的宗教，采取了一种在思想和理论上同时归属但又有所侧重的态度。在这种学术研究里，他将玄理的体会、论证（佛学、玄学及西方哲学的学术方式），与严格的文献训诂、考据（儒家经学，特别是古文经学经常涉及的学术方式）结合，企图从文献、历史的思想解读中，表达他在对各种宗教文化包容的理解上，坚守中国传统和力图挖掘中国传统走向世界、走向现代化进程资源的抱负。

但汤用彤在学术上的努力，在其后半生，并没有一直坚持下去，其温和的文化保守主义情怀,也没能通过其学术得到完美体现。其最后的学术方式完全是古典的。作为学问家的汤用彤,终究不能用学术方式,表达其在思想和理论上对不同宗教、文化的宽容理解。

## 三、学问家的限度

从汤用彤学问方式的侧重上看,他主要擅长对中国儒家思想和其他各种宗教、文化思想进行哲学分析。这种涉及概念、理论的逻辑及论证分析,尽管他以结合中国古典学术中的语言、历史、文献等方式来进行,但他学术光彩之处,仍是用理性的分析,揭示了语言、历史、文献背后的思想实质。

问题是,汤用彤对思想的理解,并不狭隘地只限于一家一派,又有极强的文化保守情怀,其学术方式的哲学侧重,固然能使他对各种宗教、文化思想的共通之处,做出精彩的分析和揭示,但同时有可能使其侧重的儒家思想精神得不到细致和被道统所接受的说明。

儒家思想有极鲜明的经世致用色彩。其对政治、文化、社会和人生的教化作用,必须通过具体的制度落实、风俗塑造、个人德性养成等来体现。而这些与实际生活、实际的社会历史形态紧紧结合在一起的教化实践,虽渗透着超越时空的,与其他宗教、文化相通的精神,但更多的应是儒家作为一种民族文化,作为一个在不同历史社会时空中变迁的具体文化传统,自己独有的特质。这种特质,不可能由哲学的学术方式得到完全揭示。

何况,在近现代儒家思想有可能不再成为中国的主流核心价值时,儒家思想能否只借用学问的方式(不管是哲学,还是其他人文学)来坚守,来开发儒家思想与其他宗教、文化沟通的可能,本就成一问题。

事实上,汤用彤对中国传统文化与外来宗教、文化关系的解释方式（学问），很快遭到侧重古典学术学者的质疑。① 不仅如此，汤用彤借学问来实现文化保守及文化宽容的抱负，在其后来的人生中，也渐渐落空。最终，他放弃与文化抱负相关的哲学学问方式，而回归传统较为专精的古典学术，只做考据、训诂，对于以往学术一概自我贬低和自我批评。②

至此，学问家的汤用彤与作为文化坚守者的汤用彤已经分离了。

假如说，历史上中国知识分子曾借学术方式，或以学问家的身份，提供了中国传统文化应对及融化外来佛教的有效途径，近现代中国知识分子再以学问家的身份，以学术方式，来重振传统，开发传统文化在新时代与其他宗教、文化对话与融合的新路径，仅靠哲学或人文学的学术方式来探索，应该是不够的。是否至少应增加社会科学的学术方式，这仍是有待探讨的问题。

（本文为贵州省哲学社会科学规划国学单列课题基金项目"文化坚守者与学问方式的张力——汤用彤玄学研究分析"成果和广东省社科基金项目"玄学的现代命运——汤用彤魏晋玄学研究的思想寄托及其困境"成果。本文部分内容的英文译稿［"Multiple Religious Belonging, or Multiple Participation in Religions"］曾发表于 SYSU-Innsbruck Symposium［Innsbruck University, June 2016］。部分内容发表于"儒学的当代理论与实践"——汤一介思想国际学术会议［深圳，2016 年 12 月］。论文修改稿《文化坚守者与学问家的张力——以汤用彤为例》，发表于《广西大学学报（哲学社会科学版）》2018 年第 3 期）

---

① 另一位研究中国佛教历史的著名学者吕澂曾严厉批评汤用彤对佛教中国化的分析。（参见吕澂、柳诒徵、姚治华：《吕澂柳诒徵〈汉魏两晋南北朝佛教史〉审查书》，载《汉语佛学评论》第三辑，上海古籍出版社 2013 年版）

② 汤用彤 20 世纪五六十年代重刊或整理发表的著作，都反复提到"唯心主义"的观点方法是必须被批判和被抛弃的。参见汤用彤《汉魏两晋南北朝佛教史》（中华书局 1983 年版）下册《跋》；《印度哲学史略》（中华书局 1988 年版）《重印后记》等。

# 理学的另类解读[①]
## ——析汤用彤《理学谵言》

在经典解释史上有影响的解释者有很多类型：有的是直接发掘经典穿越时空的普遍意涵；有的是从政治、经济、文化等不同的层面发掘经典内涵的不同价值；有的则从社团、族群的共同利益上探讨经典的意义；有的则企图从经典中开挖出个体人生的意义等。这些不同的经典解释方式，或多或少都与解释者身处的历史、社会背景有关，更与解释者本人的人格特性有关。在理解任何一种解释的过程中，较多地关注解释者如何以特殊个体的身份来发掘及阐释经典中跨越时空（或者说跨越具体的历史和社会处境）的普遍意义，相信对于理解经典解释的多种面相会有一定的帮助。

本文选择的个案人物是汤用彤。汤用彤的学术贡献并不直接体现在我们所讨论的经典解释上。将他纳进讨论的视野，是因为他对经典解释史的研究起了特别的作用。这种作用主要表现在他的魏晋玄学研究上。如果说他的佛教史研究是其在近现代中国学术史上声名卓著的

---

[①] 题中的"另类解读"，喻汤用彤对理学的解读，是一种极具时代特色和个人风格的经典解读。他的这种解读，不但不进入儒家经典解释道统，甚至不为研究儒家经典解释的学者关注。如果关注汤用彤身处的特殊年代背景，以及关注汤用彤解读理学的风格有可能影响他的其他学术研究风格，那么，重新讨论汤用彤对理学的特别解读，便是一件有意义的事。

标志的话，那么他的玄学研究则是中国学术中玄学研究者不能绕过的一座丰碑。如魏晋玄学在中国经典解释史上有特别的位置一样，汤用彤的玄学研究对今天中国的经典解释学的影响也不容忽视。但同样，如魏晋玄学在经典解释史上的特别作用一样，汤用彤的玄学研究、佛教史研究，究竟给今天的经典解释研究提供了一些什么样的资源，也是一个非常复杂的问题。[①] 至少，我们不可能简单地将其史学风格的佛教研究及不系统的魏晋玄学探讨，直接归入经典解释研究的范畴。汤用彤是通过对历史上经典解释的研究来阐发其经典解释思想的。

其实，如果将汤用彤与经典解释的关系放在他本人的思想历程上看，他自己实际上尝试过解释经典。这便是他最早贡献给学者的一篇长文《理学谵言》。在文章里，他对阳明的《传习录》及朱子的《朱子语类》《四书集注》等著作做出了有别于儒家经典解释道统的另类解读，只是他后来没有将这种解读延续到他的其他学术研究上。这致使大多汤用彤的研究者忽视了他曾在经典解释上所做的直接努力，以及这一努力与他其他学术成果的密切而又微妙的关系。

本文将尝试析读汤用彤的《理学谵言》，分析他对朱子、阳明学说的独特关注，阐发他对经典及解释的特殊看法，以及他所实践的独特解释方式。

## 一、"谵言"之意

在学术史上，汤用彤对儒家思想的另类解读并不太为人注意。[②]

---

[①] 在魏晋玄学研究上，汤用彤将僧肇思想放进玄学的其中一段，有学者持不同看法。而在佛教史研究上，他主张外来印度佛教被中国思想所融合的论证，也引起学者讨论。（参见孙尚扬：《汤用彤》，台北东大图书公司 1996 年版；颜尚文：《汤用彤的汉唐佛教史研究》，《台湾师范大学学报》1983 年第 11 期；王晓毅：《魏晋玄学研究的回顾与瞻望》，《哲学研究》2000 年第 2 期）

[②] 在目前所见的汤用彤研究资料中，麻天祥的《汤用彤评传》（第 7—16 页）有较专门的评论汤用彤《理学谵言》的文字。另，任继愈在纪念汤用彤诞辰 90 周年的《燕园论学集》中，重刊

《理学谵言》是汤用彤发表于 20 世纪早期的论文，也是汤用彤较少的正面讨论儒家思想的论文之一。①但从题目看，"谵言"有"病中的胡言乱语"之意。但汤用彤"胡言乱语"的自嘲，实际是有感而发的言论。首先，这不是一篇能与他往后享有盛誉的佛教史研究、魏晋玄学研究比肩的学术成果，其中的许多断定与表述，基本不是严格的论证。其次，从文章开头的一段自白可以清楚看到，这是一篇针对当时中西之争、理学与科学之争而作的感言。它有着强烈的时代气息，也毫不掩盖个人特色。

汤用彤在文章一开始描述了他与理学的关系：先是随波逐流的厌恶，到开始阅读时的隔阂、皮毛的了解，再到感动而为之复兴疾呼。

汤用彤自述其谈理学有三个原因：

首先，他从理学在中国传统文化中的地位及作用来强调，他有一著名的说法："理学者，中国之良药也，中国之针砭也，中国四千年之真文化真精神也。"②

其次，将近人崇尚的西方科学与理学相比，突显理学的精神特性。他这样断言："夫以古之理学与今之科学比，则人咸恶理学而求科学矣，不知理学为天人之理，万事万物之理，为形而上之学，为关于心

---

（接上页）他四十多年前写的《理学探源》，文前提到这是当年他在汤用彤的指导下写成的论文。文中思路及许多断言，都与汤用彤的想法有关。（参见《燕园论学集——汤用彤先生九十诞辰纪念》，该文重刊于汤一介、赵建永编：《汤用彤学记》，生活·读书·新知三联书店 2011 年版）

① 据孙尚扬整理的《汤用彤学术年表》，汤用彤的《理学谵言》自 1914 年 9 月至 1915 年 1 月连续刊布于《清华周刊》第十三至二十九期。（参见氏著：《汤用彤》）除这篇正式刊发的讨论儒家思想的论文外，汤用彤还有一篇尚待整理、发表的讨论儒家思想的文章。与这篇文章相关的演讲，在吴宓日记中被提到。（参见《吴宓日记》第 8 册，生活·读书·新知三联书店 1998 年版，第 7 页）另，吴宓的这篇日记，又见汤用彤：《儒学·佛学·玄学》，江苏文艺出版社 2009 年版，第 36 页。汤用彤未刊文稿整理者赵建永在他的《汤用彤未刊稿的学术意义》一文中提到，汤用彤未刊的、1941 年于武汉"儒学会"所做的演讲稿为《儒家为中国文化之精神所在》（参见氏著：《汤用彤未刊稿的学术意义》，《哲学门》第 5 卷第 2 册，湖北教育出版社 2005 年版）。我们从主题看，应该是回应他 1914 年发表在《清华周刊》杂志上的《理学谵言》的主张："理学者，中国之良药也，中国之针砭也，中国四千年之真文化真精神也。"

② 汤用彤：《理学谵言》，载《理学·佛学·玄学》，第 1 页。

的；科学则仅为天然界之律例，生物之所由，驭身而不能驭心，驭驱形骸而不能驱精神，恶理学而乞灵科学，是弃精神而任形骸也。"①

最后，从他自己的感动与选择、担当来释理学："余尝观昔贤讲学之风，雍雍穆穆，朴茂之气凛然，洵堪为浇俗之棒喝，则心为之神往者。""国人皆恶理学，则一国之人均行尸走肉耳，国乌得国乎？噫，金瓯不圆，陆沈有日，坐而思之，能无慨然。我虽非世人所恶之理学先生者，然心有所见不敢不言，以蕲见救于万一，于是擅论古人，著其语之有合于今日，尤有益于侪者为篇。"②

从这三点自述的原因中，可以看到，汤用彤对理学的理解既与他自己选择的文化守成主义的立场相关，也与他在后来学术研究中显现出来的玄学情结有关：他较为侧重儒学的心性、精神方面的作用。但也必须看到，汤用彤并没有因自己坚持唯有理学是中国文化的真精神的立论，而将自己变为儒家。他对自己身份的不直接表明，意味着他既不从儒学的道统上来谈论理学，也不作为儒学的对立面来批评儒学。汤用彤对理学的态度既显示出文化守成的一面，又同时保持着仿似隔阂的理智远观。

《理学谵言》正面表达了汤用彤对中国传统文化及儒家思想的立场，全文一共分成三个部分："阐王""进朱"及"申论"。这三个部分的安排，汤用彤颇费心思："阐王"是重新阐明阳明之学，以纠自明末以来腐儒对心学的曲解；"进朱"除了梳理朱子之学的深奥外，更重要的是从治时弊的角度来强调朱子学说的精神更为可贵；"申论"则再次回应他在文章开头的文化守成主义态度，表明对理学的这种弘扬、解释是他自己的体会与感言。

在这三部分对理学的感言中，汤用彤显示了他自己独到的经典解读方式。他既不采用传统的考据训诂方式，逐字逐句地对阳明、朱子

---

① 汤用彤：《理学谵言》，载《理学·佛学·玄学》，第1页。
② 汤用彤：《理学谵言》，载《理学·佛学·玄学》，第1—2页。

的经典作完整及系统的注解,又不采用纯粹玄远义理的理论建构方式,发挥阳明、朱子的思想。他是针对自己忧心的问题,从自己对中国文化精神的理解以及对阳明、朱子学说能救心、救德、治时弊的信念,来呈现阳明及朱子经典中的某种特殊"意义"。这种从经典中寻找问题答案的热情期待,使汤用彤对朱子、阳明的经典采取了可说是"断章取义"的解读方式。

这种特殊的解读方式是否导致对经典本身的含义做出自以为是的解读呢?

我们回到文中的前言部分看汤用彤进入理学经典的过程。在前言中,他一开始便提到,他对理学家原本抱有厌恶之心,厌恶的缘由与他们所展示出的理学的偏激风气有关。从汤用彤的传记资料上,我们有理由相信,他对理学态度的转变与主观臆想无关。汤用彤受父亲雨三公(汤霖)喜汉学的深刻影响,对学问一贯持严谨或谨慎的求证态度。[1] 所以,他首先不是从道德或玄理上批评当时的理学家,而是从学风上唾弃他们。另外,他对理学的推崇也不仅仅是意气用事。受父亲的感召,他对中国文化不仅满怀深情,而且对中国文化精神的传承及坚守有自觉的责任担当。[2] 而以严谨的学风来重新阅读及体会理学的真义,则得益于他在清华学堂时国学老师的启蒙。[3] 这种潜心阅读和体会

---

[1] 参见孙尚扬:《汤用彤》,第13页。另,胡适日记记述了他与汤在为学上的分歧。《胡适日记》1937年1月17日记载:"读汤锡予的《汉魏两晋南北朝佛教史》稿本第一册。全文为他校阅。""此书极好。锡予与陈寅恪两君为今日治此学最勤的,又最有成绩的。锡予的训练极精,工具也好,方法又细密,故此书为最有权威之作。"另在隔天日记中胡适继续记载和评论:"到北大,与汤锡予先生畅谈。他自认胆小,只能作小心的求证,不能作大胆的假设。这是谦词。锡予的书极小心,处处注重证据,无证之说虽有理亦不敢用。这是最可效法的态度。"(《胡适日记全编》第6册,安徽教育出版社2001年版,第641、642页)

[2] 参见麻天祥、孙尚扬为汤用彤所作的评传。参见汤一介追忆汤用彤的纪念文章。(汤一介:《昌明国粹、融化新知——纪念汤用彤先生诞生一百周年》,载汤一介、赵建永编:《汤用彤学记》)

[3] 展现当时清华国学学习情形的是吴宓。参见吴学昭:《吴宓与汤用彤》,载《国故新知:中国传统文化的再诠释——汤用彤先生诞辰百周年纪念论文集》,北京大学出版社1993年版。该文重刊于汤一介、赵建永编:《汤用彤学记》。

理学经典，使汤用彤感慨："理学者，中国之良药也，中国之针砭也，中国四千年之真文化真精神也。"可见汤用彤的选择与寻找是在经典阅读与理解的过程中获得的。

## 二、阐明阳明学

选择从阐明阳明之学开始，首先，因汤用彤痛感阳明之学的宗旨被后儒，尤其是腐儒日益曲解，演变成当时极坏的学风：心高轻浮，玄虚自大。汤批评说："阳明点明良知，人人现在，一反观自得，则作圣有方，所谓致良知者，诚不刊之论点。顾后之学者，各师其意，失其真，以玄理高尚，妄相揣测，求见本体，遁入清谈，反远事理，则不若穷理格物之训，先知后行矣。况近日士子浮轻不载，好高自大……"①其次，汤用彤对于当时"国粹派"企图借王学来振中国人之精神的激情有批评②，认为这实是不知阳明致良知工夫的真义："先生致良知大体，并非如佛说顿教，全无工夫，所言善便存，恶便去，何等痛切，并非谓一识良知即可放纵，不惟需知良知，并需知致良知，尤需时时知致良知也。王门之每不如宋儒之循循规矩者，抑亦不为时时为克己工夫耳。晚近学子辙谓日本强于王学，欣然欲振之祖国，而岂知王学不宜于今日中国之薄俗也耶。"③

从这两点批评出发，汤用彤的"阐王"便用力在阳明的良知与人性，良知何以为真知，或致良知何以与克己工夫相关，良知何需时时知及致等问题上。他分十一处引用了阳明的相关阐述，分别作解。每处引文后对阳明思想的解释和辨明，都针对阳明后学及时人对阳明思想真义的错误理解而发，着重点依然落在对良知的呈现如何可能的追

---

① 汤用彤：《理学谵言》，载《理学·佛学·玄学》，第2页。
② 麻天祥对此有专门的评述。（参见氏著：《汤用彤评传》，第14—15页）
③ 汤用彤：《理学谵言》，载《理学·佛学·玄学》，第2—3页。

问上。他坚持认为，阳明致良知并非一顿悟工夫可得。良知确发内心，但非"无庸拂试"，"非谓逾闲破矩不加检束也"。阳明良知学的真谛、"明透"与"洒落"，是"生于天理之常存，生于戒慎恐惧之无间，而非谓生于不法律之自由，不道德之平等也"①。

如何才能"常存天理"，如何才能"戒慎恐惧"，如何才能"不失德"？汤用彤分别将良知之"知"与良知之"致"区分开来。

在汤用彤看来，"知"在时下学者那里有阳明唾弃的"滋人欲""蔽天理"的可能。当对圣人为学之"知"与时下追逐西学知识的"学"混淆时，便会日趋"受教育而无道德"，"不知本末，无烛远之眼光，心羡今日之富强，而不为将来之长治久安计"②，或如阳明所痛斥："不知作圣之本，却专去知识才智上求圣人。知识愈广，而人欲愈滋；才力愈多，而天理愈蔽。"③

汤用彤认为，阳明所讲的真"知"实"学"首要是"立志辨诚伪"，其次是"得个头脑"，再次是"由己"而不"从物"，最后便会"从心所欲不逾矩，只是志到熟处"④。

这是一整套的"为学工夫"。汤用彤尤其强调阳明的"存养省察"及"克己"工夫。

汤用彤认为，阳明"克己"工夫的意义在于与狭隘的"为己"说及肤浅的"顿悟"说区分。阳明的真义是："为己之方，厥为自克扫除恶念，培植善念，修其天爵，而人爵从之，是非真能为己者之所为

---

① 汤用彤：《理学谵言》，载《理学·佛学·玄学》，第3页。
② 汤用彤：《理学谵言》，载《理学·佛学·玄学》，第4—5页。
③ 汤用彤：《理学谵言》，载《理学·佛学·玄学》，第4页。
④ 汤用彤引申说："阳明谓数年切磋，只得立志辨诚伪，则此足以见立志之必须时时萦心，不少宽假也，及至用力之久，则心底日明，德养日精，工夫至此少见效至于通神圣之域，此身毫无系累，行为在轨范之中而不溢出于外，则观止矣。故阳明曰，从心所欲不逾矩，只是志到熟处，故立志之初步为坚定，而其最终之效果为化工也。"（汤用彤：《理学谵言》，载《理学·佛学·玄学》，第5—6页）

耶！""行善问道，是替昔日许多圣贤表白苦心，是为圣贤发表其善果，是为将来无数圣贤作标准，不使之灰心而不力为。故所谓立命工夫，不但为一人一时，实为千秋万祀计也。"①

与阳明对"存养省察"和"克己"的为学工夫的提倡对应，汤用彤认为"改过"也被阳明看作是学问之重要阶段。从"颜子不贰过"说起，阳明主张只有在"改过"上用功，才能去陋习。汤用彤力图将阳明的改过工夫说，用于纠正当时急功近利、骄横自傲的学风。

再进一步，汤用彤从理学心性论上，发挥阳明的"去欲""制情"说。将改过与去欲、制情关联起来，说明为学如不正心，则只助长私欲、纵容七情，唯时时省察存养，方可成圣贤。

而一旦将"为学工夫"落实在人生真切处，如何才能真正从根本上"得道"？为此，汤用彤特别阐释了阳明之"格物"说与朱子"格物"说的异同：

> 阳明与朱子宗旨各殊，持端自异，然说到极处，无非希圣希天，譬之狙栗，朝三暮四，朝四暮三，其各不同，其实则一。朱子惧天下之靡靡不振也，惧天下人慵慵而无恒心也，惧天下之偏于顿悟也，乃为之教曰：修身必始自格物。格者至也，物者事也，穷天下万物万事之理，而后知至，而后意诚，而后心正，而后身修。学者自暴自弃则已。苟有心为人者非格物穷理莫由也。阳明之意亦谓格物之学道之要。故曰，防于未萌之先而克于未萌之际。此正致知格物之功，舍此以外无别功矣。然阳明惧学者之徒事皮毛也，惧学者之浮光掠影而伪作也，惧学者不识天理为何物，而劳力苦心于格致，不得成效也，故为之教曰：理无内外，性无内外，学无内外，知即是行，行即是知，即知即行，即行即知，心

---

① 汤用彤：《理学谵言》，载《理学·佛学·玄学》，第7页。

有主脑，节目事变，均可应乎而解。夫诚意者，诚于心所发也。格物者，格其意之物也。故格物洵不过为诚意之工夫，为学道之一手段耳。是阳明之后格物者，欲人先通性命之情也，先知诚意之方也，非拒格物于外也。不然者，则先生亟言格物，进之为克欲之功，又言诚意退格物于其后，则非支离破碎也。先生言学贵有头脑，吾知其必不为此也。[①]

从"格物"之"诚"，汤用彤认为，阳明实际是将"为道"与"读书"相连。读书需做之工夫，实际上也是修身养性之工夫。汤用彤再借阳明的说法，批评当时读书人的懒惰及浮夸。

## 三、劝进朱子学

在《理学谵言》的第二部分，汤用彤着力重新光大朱子学说的精神。他分十处引述朱子的语录，并逐一加以阐释。

朱子学说的被误读，在汤用彤看来，是致儒家理学之光在国危之际不得彰显的主要原因。当世学风的懒惰、虚浮，与阳明学说中"为学"之道的被曲解有关。汤用彤在上节力图阐明的，便是阳明"为学""得道"，并不只是精神上肤浅的、不费功夫的"顿悟"及狭隘的、自以为是的"为己"。要纠不正之风，不仅需要重新阐明阳明学说中刻苦、恒久的"存养省察"及"克己"的根本工夫，而且需要重新阐明与人时时自觉、诚意的"改过""去欲""得道"的修身为学工夫。这两种工夫，汤用彤将之归为朱子最重，阳明亦倡，但为后儒所轻忽的"格致"工夫。

何为朱子所倡之"格致"？汤用彤认为这是一种朱子本人身体力

---

① 汤用彤：《理学谵言》，载《理学·佛学·玄学》，第11页。

行的"修身"与"为学"相合的工夫。汤用彤赞誉,在刻苦为学中修得道之真谛,最为道统之正。朱子身体力行的工夫,在阳明及朱子经典里,实际是各显特色。阳明是"会心",朱子是"穷理"。汤用彤不同于时下学者片面固执朱子学说与阳明学说的分歧,他认为阳明学说只是为纠正当时的学风之偏颇,而特别从"心"上发挥朱子学说的根本。"格致"工夫在阳明处显为"精微",在朱子处显为"深切"。[①]

朱子对此工夫的论证,在汤用彤看来,涉及对人性、天理,对涵养,对穷理、主敬、读书、反躬实践等的为学之道的深刻思想。

朱子并未将"理"与"心""性"分开,也没有将"穷理"与"性善"分开。[②]正所谓,天理不远人,需固及进;人欲不远人,需黜及退。因而,为学之道,尤其是儒学之道,在朱子那里,便是成圣之道。为学或穷理本身,就是做去人欲之私、彰显天理的省察存养工夫。这对儒者而言,是个漫长而需自觉警醒的躬行过程。只是养成这种省察存养的功夫,必须先有个"收心""敬畏"的涵养。汤用彤断言,自孟子以来,儒者为人之学归根结底就是心学。"敬"便是"收心"涵养养成之要。借用黄梨州的话,便是"涵养须用敬,进学在致知,此伊川正鹄也"。[③]

汤用彤在这一部分的下半部分,着力阐释朱子的"穷理之大旨"[④]。他针对朱子以后的儒生对朱子学说的种种曲解,重申朱子穷理之学,是与心性养成相关的主敬工夫,是对事物各理穷尽、通明的为学工夫,是反躬实践的省察工夫。汤用彤尤其赞赏朱子将刻苦的为学与真诚的做人相结合的做法,认为这才是真正的孔子之为己、为人之道:

---

① 参见汤用彤:《理学谵言》,载《理学·佛学·玄学》,第12—14页。
② 参见汤用彤:《理学谵言》,载《理学·佛学·玄学》,第14—17页。
③ 参见汤用彤:《理学谵言》,载《理学·佛学·玄学》,第17—18页。
④ 汤用彤:《理学谵言》,载《理学·佛学·玄学》,第18—27页。

> 盖仁义礼智四端，皆在于我者，人性本善，近取即是，反躬实践即得本，无用深探，更无用他求，故人类之福星，即在人类之一身，非必他求也。①

> 朱子之学，理学中之最细密者，所谓物之里表精粗无不到，身之全体大用无不明，是以《宋儒学案》谓先生之学，全体大用兼综条贯，表里精粗交底于极也。由此则所以朱子之学后人谓之迂阔，后人病其支离也，是岂朱子之迂阔支离耶，殆未之深察可厌申其说。②

至此，从在理学中寻找医治当时中国之弱病的良方的愿望出发，汤用彤完成了他对朱子、阳明学说与众不同的解读。他坚信："朱子之学反躬实践，无时无地不用功夫，正是反弱而强的药剂。王阳明之学知行合一，即知即行，不行不知，坚确专一，实为荒惰无恒者的绝好针砭。"③

坚信从朱子、阳明学说中，能找到救国、救民族、救文化的良药，是汤用彤理学解读的一个特殊视角。他的解读，与他强烈的文化保守情怀有极大关系。

回到经典解释道统的轨迹上看，汤用彤是不被纳入其中的。④ 但是，作为一个学者，他渗透着期望和信念的、特别的（另类）经典解读，却有自己的风格，并影响他后来在其他方面的学术研究。

---

① 汤用彤：《理学谵言》，载《理学·佛学·玄学》，第23—24页。
② 汤用彤：《理学谵言》，载《理学·佛学·玄学》，第26页。
③ 麻天祥：《汤用彤评传》，第14页。
④ 汤用彤的解读，从某种意义上说，不是严格的经典解释。至少，不是儒家道统上的经学。他的解读，对于发掘朱子、阳明思想的历史意义，起码对后来的儒学发展来说，几近没有作用。而汤用彤本人也意不在此。他确实是身处在一个特殊的年代里，由对民族、文化、精神的深刻危机的焦虑及强烈的文化保守情怀，而企图用自己对经典的感悟性解读，抒发其从经典中所找到的救国、救民族、救文化的希望和信念。

## 四、经典之特殊与解释之"安""实"

《理学谵言》呈现给我们的,不只是汤用彤对朱子、阳明学说的重新解读,更值一提的是,他在这种另类的解读中形成了自己对经典及解释的特殊看法。在《理学谵言》的"进朱"末尾及"申论"部分,汤用彤在概括朱子学说精要的同时,进行了三方面的阐发:一是针对当世的流弊提出朱子之学需重倡的必要性;二是再区分阳明学说与朱子学说的侧重;三是提出对中国传统经典及解释的独到看法。下面我们先梳理他的概述。

首先,汤用彤认为每一种经典在历史中呈现出来的特殊意义,与其形成时所受各种因素的影响有关。"夫创一特殊之学说必有其特点,而此特点者或因时势,或因人情,而发挥光大一种之特质。"[①] 换言之,任何一种经典在历史中的作用有其限度。理解或解释经典,不能企求经典对所有问题的解决都具有普遍及绝对正确的完全意义。

从此理解出发,他认为朱子、阳明学说各有特色,但这种特色常被扭曲、夸大:

> 朱子之说深密复杂似迂阔,似支离者,正朱子之学之特质。知我罪我,精微大义在是,而其流于繁琐空言者亦在是。虽然朱子之说,若学者竭力行之不失故步,则将为最完全最安全之学术,而学者每不察大体大用,使如五雀六燕,其衡为均而顾不能不有偏重,而朱子之学乃为世人所议论,谓为迂阔支离,谓为繁琐,空九泉之下朱子有知,是岂其所及料而承认之耶?即如阳明之学臧否兼半,而阳明之学黜百魔定一尊,良知良能,切实光辉,已扫一切,示人以求端用力之要,震霆启昧,烈耀破迷,宜若可以

---

[①] 汤用彤:《理学谵言》,载《理学·佛学·玄学》,第26页。

免于流弊矣。然而学者唯心太甚，流于荒诞妄为，不顾细行，不恤人言，阳明之学至李卓吾等一派而大决裂，以致其始，徒侣偏天下，学说风动一时。明祚未终，而谈者辄疾首痛心恶之矣。故吾国不患无学术，不患无高尚之学说，而勇于开山难于守成，勇于发扬而难于光大，时至今日，数千年文明之古国亦遂学绝道丧，寂寂无人矣，未尝非学者之罪也。①

其次，汤用彤对朱子学说中最易为人误解的地方，做了特别的说明：穷理不远离实践，穷理与守心并行。他说：

> 夫世之讥朱子之学者，谓其支离迂阔，盖见其穷理之说，见其实践之说，而不知穷理实践之归于主敬也。主敬者，治心之法，穷理者，守心之工夫也，治心之法专于一，守心之道专赖于事物。天下事物至多也，而穷理之事亦多矣；天下之事至琐细也，而穷理之方乃亦不得不琐细矣。穷理之烦正朱子欲其道之完备也，正朱子大欲其道之安全也，正朱子欲行之无失，心之不放也。夫学者固常欲为善而恶恶矣，而顾常行为越规矩者，非其知而为之也，亦非其不知而为之也。当其为之时，未必不思之而欲其不逾矩，顾见理未深而遂失之，此则徒主敬之不可为学也，故必以穷理辅之，穷理固持敬之辅助耳，而持敬主一之说固绝不支离也。朱子论心性之处，陈言甚高，比之阳明之良知说甚同，阳明专任天性，而朱子乃惧其不足进以穷理思精，而人以为破碎矣。②

最后，汤用彤从朱子之穷理与实践相关，穷理实践归于主敬的为

---

① 汤用彤：《理学谵言》，载《理学·佛学·玄学》，第26页。
② 汤用彤：《理学谵言》，载《理学·佛学·玄学》，第26—27页。

学大旨中，提出他对读书或者阅读经典的基本看法。他认为这首先是朱子身体力行的阅读经典、体会经典的为学之道。这种为学之道所求是"安"与"实"。"安"求全，"实"求法、求理。"朱子之为学，必求其安，必求其实。安者欲其无缺，而不致流于怪妄也，实者欲其有象而有法可寻也。"① 穷理、会道之方法，汤用彤认为朱子尤重"读书"（读经典书）：

> 夫空言提出穷理二字，则学者不知其所以，故进之以穷理之方，而穷理甚多，或得之讲论，或得之阅事。然讲论有时而乖，阅事有时可误，故特进之以读书。读书之中有以比较，有上下，有异同，有得失，可见微知著，可因小成大，绝无偏于一方一面之流弊，学者诚能深察心会，则道在其中矣。何事他求乎？②

但读书、体会的周全与条理，并非向经典学习的终极目标及传道的唯一有效方式。经典之意义如不落实在读书人的实践中，等于"食而不化也，非徒无益，恐又害之"。汤用彤这样概述及评论朱子将穷理、实践、主敬结合一致的学说：

> 穷理读书既精且密矣，而朱子犹以为未也，犹未必人之必行，故复外加以反躬实践之说。夫穷理读书而不反躬实践，则如食而不化也，非徒无益，恐又害之，故朱子之提倡反躬实践，为其学说作安全之干橹甲胄也。既穷理矣，而以读书为其一定之功夫，又以反躬实践为坚确之辅助，其纲其领固一归之于敬，以此推之，则朱子之学非支离迂阔者矣。朱子之学不支离迂阔，而世人固谓

---

① 汤用彤：《理学谵言》，载《理学・佛学・玄学》，第27页。
② 汤用彤：《理学谵言》，载《理学・佛学・玄学》，第27页。

其支离迂阔者,则见其精密而谓其支离,见其中庸而谓其迂阔,今日之士遂称王学而弃朱子矣。夫社会之病,固不在支离迂阔也,以王学治之,犹水济水,不如行平正之学为得,此余阐王进朱子之微意也。①

这后两部分,实际是汤用彤阐发自己解读经典的心得。在他看来,把握经典真义首先建立在周全与严格的经典阅读基础上,而且经典真义的落实又不能脱离个人之道德实践。经典固然是体现一个时代之特色的思想产物,但要把握经典中穿越时空而传世的普遍意义,不仅需要专注于经典的特色,而且要在"以比较,有上下,有异同,有得失"的阅读中"深察心会",以求全面理解和认识,也即是朱子所倡的读书之求其"安"的含义。另外,经典之被解释,固然因其有普遍的大意义存在,但经典被解释者解释的缘由,在汤用彤看来,还在于它实际对于解释者的人生有作用。经典回到历史、社会、个人的具体情境中,其意义的真实彰显需要人的亲自实践。这种被朱子称为"求实"的经典解释所必需的功夫,一方面是努力使经典的普遍价值实际地落实在经典解释者身处的历史和社会中,以使"天下之人俱有作圣之材力之机会"不致成为空谈,以使本就具特色的经典重回特殊的历史、社会、个人的处境中发挥作用。另一方面,汤用彤侧重朱子对经典阅读及解释的求实体现,实际也看到了经典解释者本身对经典的解释不可避免地带有特殊性。这种特殊性,同样与解释者身处的历史、社会背景有关,也与解释者个人的"实践"有关。

经典的普遍意义呈现必会重新回到特殊的情景中被理解,这提出了对经典解释的理解向度问题。对经典解释历史的探索,不仅与经典的普遍意义相关,与经典被解释的历史、社会维度相关,而且也与经

---

① 汤用彤:《理学谵言》,载《理学・佛学・玄学》,第27页。

典解释者的"为己""为人"的实践相关。

但是，在实际的经典解释过程中，经典及解释的这两方面相关如何呈现出来呢？

我们不妨再回到汤用彤对经典的阐释上来看。

## 五、汤用彤的独特

毫无疑问，汤用彤对理学的解释是独特的。他一方面热切期待儒学的普遍意义能得到阐明与彰显。在这种期待中，他所阐释出的理学思想、理学品格是特殊的。另一方面他异常清醒地意识到仅求理学救国、救心，未必足够，"谵言"也仅只是自己个人对理学"道德之要"的阐明所做的努力。

在《理学谵言》最后，汤用彤一方面再次不讳言地表白他对理学救国、救心之用的坚信和期待：

> 故吾辈有志救国不可不发愤图强，发愤图强不可不除偷怠之风，除偷怠之风不可不求鞭辟入里之学，求鞭辟入里之学，求之于外国之不合国性，毋宁求之本国。本国之学术实在孔子。孔子之言心性者，实曰理学。况治弱病，必择学术中之最谨严，行动言语之间丝毫不使放松，无可推诿无可息惰，日日慎独，时时省身则可。如此之学术舍理学外罕见其他，故理学者医弱症之良方也。
>
> 欲求实学，欲求毅力首在道德，求之本国，舍朱王何以哉！[①]

理学的特质，在这种期待与坚信中，被阐释至少具有如下的品格：学术严谨、慎独省身、坚持不懈。另一方面，他在同一部分，借用文

---

[①] 汤用彤：《理学谵言》，载《理学·佛学·玄学》，第29—30页。

章最后刊登日期为一年之始,在感言中表达了他对自己身处时局之特殊性的洞察及对自己理学解释的谨慎:

> 今也时当春令为一岁之首,送尽严冬,催残腊鼓,是时也,诸君类当有一岁之新,猷新谋,而于身心之际,尤当首加以省察,固不必朱子,不必阳明,而要以道德为指归,以正确之目光坚强之心胸为准的,树德务滋,除恶务尽,自强自胜,则虽未学晦庵阳明之学,亦实晦庵阳明之所许也,记者之作理学谵言亦非欲人人从二人之学,实仅欲明道德之要,以贡献于诸君之前,聊尽一得之愚云耳。①

这是借用理学的主敬、慎独之品格,反躬自己解释经典实践所持有的谨慎和理智。如同经典特殊性与其普遍性不能相互替代一样,经典解释者对经典思想的阐释也不应尽看作是绝对正确之言。

正是由于注重经典在历史、社会中的普遍性与特殊性,汤用彤在对理学的阐释中形成了自己独特的治学方式。贺麟将之归为两点:

> 第一以分见全,以全释分的方法。他贵在汇通全时代或一个哲学家整全的思想。他每因片言只字,以表证出那位大师的根本见解,并综合一人或一时代的全部思想,以参证某一字句某一章节之确切的解释。第二,他似乎多少采取了一些钱穆先生所谓治史学者须"追随一种对其本国已往历史之温情与敬意"的态度。他只是着眼于虚心客观地发"潜德之幽光",设身处地,同情了解了古哲,决不枉屈古人。既不抨击异己之古人,亦不曲解古人以

---

① 汤用彤:《理学谵言》,载《理学·佛学·玄学》,第32页。

伸己说。①

也就是说，汤用彤对理学经典解释所用的"断章取义"方式，既与支离经典无关，又与自以为是无关。他在日后的其他研究中，为显学术之严谨，将在理学解释中这种"以分见全，以全释分"的经典条文解读方式，与历史考察及文化交流的多重方法相结合，使经典在特定时代所具的特色及超越时空的普遍意义，在更周全、更客观、更有说理性的研究中被呈现出来。②

事实上，汤用彤在后来漫长的学术岁月中，不断地调整和改进这种独特的对经典的理解及解释经典的方式。③

（原文为提交台湾大学高等人文社会科学院与中山大学中国哲学研究所举办的"东亚经典与文化"国际学术研讨会［台北，2010年10月］论文。论文修改稿《理学的另类解读——析汤用彤〈理学谵言〉》，发表于《中山大学学报（社会科学版）》2013年第1期）

---

① 贺麟：《五十年来的中国哲学史》，辽宁教育出版社1989年版，第22页。
② 汤用彤在后来所发表的成果里，除文化研究不是严格意义上的学术论文外，其他如佛教史的研究，对西方哲学、印度哲学的介绍，魏晋玄学研究的成果，基本都采用史、论的严格表达方式发表。
③ 这是贺麟评论汤用彤其他研究对中国近现代学术的贡献时所做的概括。贺麟认为，汤用彤用这种特殊方法打通了中国学术史最难的一段，成功解释了魏晋玄学与汉代学术、外来印度佛学的复杂关系。（参见氏著：《五十年来的中国哲学史》，第22—23页）汤用彤的其他研究如何贯穿其理学阐释中形成的独特思想及方法，笔者将在本文集中的《析汤用彤对中国真精神之玄解——再谈〈理学谵言〉》中再做分析。

# 析汤用彤对中国真精神之玄解
## ——再谈《理学谵言》

## 引言　学术何为？

对于近现代大多数中国学人，为学，尤其是为国学之目的是保卫文化，保卫以儒家思想为代表的中国文化精神。其时，有学人喊出这样一句口号："学亡则亡国，国亡则亡族。"[1]

20世纪上半叶，各种形式的国学研究逐步复兴。在强烈的民族情怀驱使下，在明确学术必须将以儒家思想为核心的道统继承，当作与国家民族重振关联的大问题为为学之目的共识下，用何种最有效（或最恰当）的学术方式，来挖掘及重现中国文化精神中自生、自强、自尊、自重等品格，是各种形式的国学研究，甚至是每个国学研究者首先要自觉解决的问题。

几乎伴随儒学、佛学等研究同时兴起的玄学研究（尤其是魏晋玄学研究），面对的问题可能要稍为复杂。历史上的魏晋玄学，因其特别的学术风格及生活方式，更因其经典之源上对道家思想的偏重，不为

---

[1] 黄节：《〈国粹学报〉叙》，载张楠、王忍之编：《辛亥革命前十年间时论选集》，生活·读书·新知三联书店1963年版，第43页。

儒家道统所接受。其学术风格甚至被一些儒家批评与儒家思想背道而驰。[①]如果将玄学研究作为国学复兴中的一种学术努力，玄学研究者是否具有维护中国精神（尤其是儒家思想）的品格？如果有的话，他们为什么要用这样一种历史上受争议的特殊方式，来体现其对中国传统文化承继的努力呢？

本文尝试通过对汤用彤《理学谵言》的再解读，探究汤用彤选择玄学研究方式时的独特文化情怀及运用这种学术方式对儒家思想的独特解读。

## 一、独特的文化保守情怀及"玄学"方法

"玄学"一词，首先是指汤用彤曾在学问上用心且成就卓越的研究对象——魏晋玄学，属传统学术（国学之一种）。同时，在近现代中国西学东渐的语境中，它也泛指与广义的哲学、宗教观念相联系的思维特点或思想取向，兼有新学术的特征。汤用彤在近现代文化背景中，为联结两者的重要人物。因此，汤用彤的玄学研究应有双重含义：一是重新解释玄学作为传统中国学术之一的含义，二是发掘玄学这种传统学术在中国历史上的意义及对解决现代问题的作用。

将汤用彤的双重"玄学"含义，重新置放在近现代中国文化交流、激荡的情势下，可以看到"玄学"或"玄解"，正是汤用彤本人实现自己保卫中国传统文化的学术方式。

汤用彤选择"玄学"作为自己卫道的学术方式，在其最早的长文《理学谵言》中已有清晰的表述。

首先，我们来看汤用彤为学目的之自述。

---

① 从魏晋南北朝开始，不断有儒者从生活方式、学问方式及思想内容上批评玄学家。参见各种魏晋南北朝历史及魏晋玄学研究著述。

在汤用彤后来享誉学界的巨著《汉魏两晋南北朝佛教史》中，他动情地述说自己学术的志向。① 他说，自己所做之学术，无非是为了让"古圣先贤伟大之人格思想，终得光辉于世"。

而什么是汤用彤心目中的"古圣先贤伟大之人格思想"？汤用彤在《理学谵言》中明确："理学者，中国之良药也，中国之针砭也，中国四千年之真文化真精神也。"②

这种"真文化真精神"，汤用彤特别强调它与那些盲目的"全盘西化"主张者所崇尚的物质文化不一样，是"精神"性的文化：

> 夫以古之理学与今之科学比，则人咸恶理学而求科学矣，不知理学为天人之理，万事万物之理，为形而上之学，为关于心的；科学则仅为天然界之律例，生物之所由，驭身而不能驭心，驭驱形骸而不能驱精神，恶理学而乞灵科学，是弃精神而任形骸也。③

要捍卫这样一种精神性的文化，从学术方式的选择上，汤用彤自觉为"哲学"或"玄学"。

尽管汤用彤获得其学术成就和学术地位，最为人称道的是他对史实求证的严格方法④，但就汤用彤本人而言，他最独特的体现是其自觉的"玄学"方法。这是一种对精神进行玄解的独特学术方式。汤用彤

---

① 参见汤用彤：《汉魏两晋南北朝佛教史》下。
② 汤用彤：《理学·佛学·玄学》，第1页。这一看法，汤用彤后来在王弼圣人论及王弼《论语释疑》的研究中，有进一步的论述。（参见《汤用彤全集》第四卷）
③ 汤用彤：《理学·佛学·玄学》，第2页。
④ 汤用彤的中国佛教史研究是奠定其崇高学术地位的标志性成果。而这种研究成果一直被认为是史学和文献学的。晚年汤用彤先生除继续用心佛教史料和文献资料的证研外，还用力于道教史料和文献资料的考证。（参见《汤用彤全集》第七卷，河北人民出版社2000年版；《国故新知：中国传统文化的再诠释——汤用彤先生诞辰百周年纪念论文集》；《文化的冲突与融合：张申府先生、汤用彤先生、梁漱溟先生百年诞辰纪念论文集》，北京大学出版社1997年版。赵建永：《汤用彤与现代中国学术》，人民出版社2015年版）

自己做过这样描述：

> 中国佛教史未易言也。佛法，亦宗教，亦哲学。宗教情绪，深存人心，往往以莫须有之史实为象征，发挥神妙之作用。故如仅凭陈迹之搜讨，而无同情之默应，必不能得其真。哲学精微，悟入实相，古哲慧发天真，慎思明辨，往往言约旨远，取譬虽近，而见道深弘。故如徒于文字考征上寻求，而乏心性之体会，则所获者其糟粕而已。①

在汤用彤后来的学术研究中，玄学或哲学的方法，始终是他体现自己学术志向（独特文化保守情怀）的最重要方式。或者说，正是透过玄学研究（不是纯粹的"哲学"研究），汤用彤找到了恰当言说中国真文化真精神的学理方式。佛学固然是一种具驭心驭身大作用的玄远之学，但于中国切身的问题解决而言，汤用彤仍认定："本国之学术实在孔子。"（《理学谵言》）理学作为孔子之道统的承继者，其形上学特质与佛学有关，而更溯远一点说，起码中国佛学作为玄远之学的驭心驭身作用，与玄学的影响分不开②。正是为求明这样一种妙用的学说的

---

① 参见汤用彤为《汉魏两晋南北朝佛教史》所写的《跋》。贺麟在《五十年来的中国哲学史》一书中，这样评论汤用彤方法论的自觉及佛学、玄学研究上的特色："他尝说，真正高明的哲学，自应是唯心哲学。然而唯心之心，应是空灵的心，而不是实物化或与物对待之心。这已充分透露出他的哲学识见了。他的佛教史虽采用了精密的考证方法，然而却没有一般考据家支离繁琐的弊病。据作者看来，他得力于第一，以分见全，以全释分的方法。他贵在汇通全时代或一个哲学家整全的思想。他每因片言只字，以表证出那位大师的根本见解，并综合一人或一时代的全部思想，以参证某一字句某一章节之确切的解释。第二，他似乎多少采取了一些钱穆先生所谓治史学者须'追随一种对其本国已往历史之温情与敬意'的态度。他只是着眼于虚心客观地发'潜德之幽光'，设身处地，同情了解了古哲，决不枉屈古人。既不抨击异己之古人，亦不曲解古人以伸己说。"（贺麟：《五十年来的中国哲学史》，第22页）

② 汤用彤在魏晋玄学研究中，就已将佛学中国化的最初努力看作是玄学发展的其中一个阶段（参见《汤用彤全集》第四卷），他还开出专门课程——"玄学与中华佛学"——强调这一看法（参见《汤用彤全集》第五卷）。汤用彤将儒家理学与魏晋玄学关联起来考虑的做法，也可在任继愈先生对自己一篇早期论文的写作渊源的追思中，得到旁证。任继愈先生在《理学探源》一文

真面目,汤用彤开始他对玄学的深悟妙发。①

下面,我们通过《理学谵言》,看汤用彤对中国文化真精神的"玄解"。

## 二、《理学谵言》形成的"玄解"风格

《理学谵言》是汤用彤第一篇阐述其对中国文化真精神理解及玄解这种真精神的论文,也是汤用彤极少几篇现存的、正面讨论儒家思想的论文之一。② 实际上,这不是一篇严格的学术论文,是一篇针对当时中西之争、理学与科学之争而作的感言。它有着强烈的时代气息,也

---

(接上页)中,提到文章是在汤用彤的指导下做成的。"这篇文章使人联想起四十多年前某些知识分子在漫漫长夜中梦想'学术救国'艰难前进的状况""本文所论为探研理学之渊源""宋兴百年儒学复振于五代禅学鼎盛之后。袭魏晋之玄风,承孔孟之余绪,理气性命体善恶之问题作一空前之总结束,内之如心性之源,外之如造化之妙,推之为修齐治平,存之为格致诚正,无不尽其极致。两宋以迄清末,八百年来哲学界逐为理学所独擅,岂为偶然?然亦须知此固一种思想之自然演进,非为被动,亦非自葱岭带来也"。(《燕园论学集——汤用彤先生九十诞辰纪念》,第302、307页)贺麟说,这是汤用彤独特的对"中国哲学的道统"、中国精神之"持续性和保存性"的"新颖而深切的看法"。(参见氏著:《五十年来的中国哲学史》)

① 孙尚扬在此评论前,转引了一段汤用彤对哲学的界定(由贺麟记载的):"真正高明的哲学,自应是唯心哲学。然而唯心之心,应是空灵的心,而不是实物化或与物对待之心。"(孙尚扬:《汤用彤》,台北东大图书公司1996年版,第205页。贺麟:《五十年来的中国哲学史》,第22页)

② 据孙尚扬整理的《汤用彤学术年表》,汤用彤的《理学谵言》自1914年9月至1915年1月连续刊布于《清华周刊》第十三至二十九期。(参见孙尚扬:《汤用彤》)除这篇正式刊发的讨论儒家思想的论文外,汤用彤还曾在1913年达德学会主办的《益智》杂志"文篇"栏目发表了阐述儒家政治思想观的《道德为立国之本议》,在1917年《清华周刊》第三次临时增刊的"课艺"栏目发表《论成周学礼》。两文均由赵建永整理,重刊于《中国哲学史》2010年第4期。除此之外,汤用彤还有一篇尚待整理、发表的讨论儒家思想的文章。与这篇文章相关的演讲,在吴宓日记中被提到。(参见《吴宓日记》第8册,第7页)汤用彤未刊文稿整理者赵建永在他《汤用彤未刊稿的学术意义》(《哲学门》第5卷第2册)一文中提到,汤用彤未刊的、在1941年于武汉"儒学会"所作的演讲稿为《儒家为中国文化之精神所在》。从主题看,应该是回应他1914年发表在《清华周刊》杂志上的《理学谵言》的主张:"理学者,中国之良药也,中国之针砭也,中国四千年之真文化精神也。"另参见汤用彤:《儒学·佛学·玄学》,第36页;赵建永:《汤用彤与现代中国学术》。

毫不掩盖个人特色。①

在该文章里可以看到，汤用彤对理学（他喻为中国真文化真精神之所在）的理解既与他自己选择的文化守成主义的立场相关，也与他在后来学术研究中显现出来的"玄学"情结有关：他较为侧重儒学的心性、精神方面的作用。

《理学谵言》一共分成三个部分："阐王""进朱"及"申论"。这三个部分的安排，汤用彤颇费心思："阐王"是重新阐明阳明之学，以纠自明末以来腐儒对心学的曲解；"进朱"除了梳理朱子之学的深奥外，更重要是从治时弊的角度来强调朱子学说的精神更为可贵。"申论"则再次回应他在文章开头的文化守成主义态度，表明对理学的这种弘扬、解释是他自己的体会与感言。在这三部分里，汤用彤对理学作为中国真文化真精神的实质，做了颇为特别的"玄"解。

首先，汤用彤从心性、形上角度，理解儒家思想和理学作为中国文化真精神的缘由。在他看来，万事万物之根本在精神，在形上之理。"理学为天人之理，万事万物之理，为形而上之学，为关于心的"。也即是说，在汤用彤看来，儒家之"理"与"心"（精神）合，不在形下而在形上（"略于具体事物而究心抽象原理"）②；更在理与心合，体现天人合一。这种合一，一是使人有了可使心致良知之大用（人的精神在契合天理时的功用），二是更有促人"修身必始自格物"的"克欲"之功（以天理制约人理［人欲］的泛滥）。从根本上说，"玄解"，强调中国文化之真精神即儒家的"理学"不纠缠枝末，不为人欲所驱。

其次，汤用彤认为，"玄"不意味着空与虚，它必须是真"知"实"学"与"存养省察"及"克己"结合的"为学工夫"；必须是朱熹所

---

① 笔者在本文集中的《理学的另类解读——析汤用彤〈理学谵言〉》一文，对汤用彤这篇长文有较仔细的文本分析。

② 《汤用彤全集》第四卷，第22页。

倡的心性养成相关的主敬工夫与对事物各理穷尽、通明的为学工夫，以及反躬实践的省察工夫三者结合的"穷理之学"。或者说，于一国文化之真精神而言，儒家对天理与人心合一的强调，仅意味着儒家赋予其中的各种人努力、用心的可能，于己、于家、于国、于文化、于天下有共同的作用。而这种作用与省察修身齐家治国平天下之道德功夫和学风相关。

> 故吾辈有志救国不可不发愤图强，发愤图强不可不除偷怠之风，除偷怠之风不可不求鞭辟入里之学，求鞭辟入里之学，求之于外国之不合国性，毋宁求之本国。本国之学术实在孔子。孔子之言心性者，实曰理学。况治弱病，必择学术中之最谨严，行动言语之间丝毫不使放松，无可推诿无可怠惰，日日慎独，时时省身则可。如此之学术舍理学外罕见其他，故理学者医弱症之良方也。
> 欲求实学，欲求毅力首在道德，求之本国，舍朱王何以哉！[①]

## 三、汤用彤"玄解"的独特与严谨

可以看出，汤用彤玄解理学（中国文化之真精神）的独特，在于他强调理学的形上之心性品格，必须与切己的、严谨的道德践行（修身）结合，与齐家治国平天下的担当结合，只有这样，理学才是中国文化精神之真的完全体现。

这两方面的强调，使得汤用彤在解读中国文化真精神的时候，其"玄解"方法自觉区别于片面地空谈心性的"唯心"做法。不纠缠事理，并不意味不严肃、不认真学习，不意味不明事理，不意味对家事、国事、天下事不担当。

---

① 汤用彤：《理学谵言》，载《理学·佛学·玄学》，第29—30页。

在《理学谵言》前言中，汤用彤曾提到，他对理学家原本抱有厌恶之心，厌恶的缘由与一些明清理学家所展示出的理学的偏激风气有关。从汤用彤的传记资料上，我们有理由相信，他对理学态度的转变与主观臆想无关。汤用彤受父亲雨三公（汤霖）喜汉学的深刻影响，对学问一贯持严谨的求证态度。① 所以，他首先不是从道德或玄理上批评当时的理学家，而是从学风上唾弃他们。

> 学者唯心太甚，流于荒诞妄为，不顾细行，不恤人言，阳明之学至李卓吾等一派而大决裂，以致其始，徒侣偏天下，学说风动一时。明祚未终，而谈者辄疾首痛心恶之矣。故吾国不患无学术，不患无高尚之学说，而勇于开山难于守成，勇于发扬而难于光大，时至今日，数千年文明之古国亦遂学绝道丧，寂寂无人矣，未尝非学者之罪也。②

另外，他对理学的推崇也不仅仅是意气用事。受父亲的感召，他对中国文化不仅满怀深情，而且对中国文化精神的传承及坚守有自觉的责任担当。③ 而以严谨的学风来重新阅读及体会理学的真义，则得益于他在顺天学堂、清华学堂时国学老师的启蒙。④ 可见汤用彤对中国文化精神的价值认同及解读方式，都与其严谨的求证态度和学术方法相联。

---

① 参见孙尚扬：《汤用彤》，第13页。另参见《胡适日记》，其中记述了他与汤在如何为学上的分歧。《胡适日记》1937年1月17日记载："读汤锡予的《汉魏两晋南北朝佛教史》稿本第一册。全文为他校阅。"此书极好。锡予的训练极精，工具也好，方法又缜密，故此书为最有权威之作。"另在隔天日记中胡适继续记载和评论："到北大，与汤锡予先生畅谈。他自认胆小，只能作小心的求证，不能作大胆的假设。这是谦词，锡予的书极小心，处处注重证据，无证据之说虽有理亦不敢用，这是最可效法的态度。"（《胡适日记全编》第6册，第641、642页）

② 汤用彤：《理学谵言》，载《理学·佛学·玄学》，第26页。

③ 参见麻天祥：《汤用彤评传》；孙尚扬：《汤用彤》。另，参见汤一介追忆汤用彤的纪念文章及著述（如汤一介：《我们三代人》，中国大百科全书出版社2016年版）等。

④ 展现当时在顺天学堂、清华学堂国学学习情形的是吴宓。（参见吴学昭：《吴宓与汤用彤》，载《国故新知：中国传统文化的再诠释——汤用彤先生诞辰百周年纪念论文集》）

实际上，在《理学谵言》中初步形成的对中国学术的态度和方法，成为汤用彤后来继续研究佛学和玄学的特殊文化观念方法。在他的研究中，文化保守者的价值立场和相对包融外来文化，还有长远的历史眼光是相辅相成的。用他与学衡派同仁所自觉的话来说，便是"融合新旧，撷精之极，造成一种学说，以影响社会，改良群治"[1]。

汤用彤的玄学研究，是他继《理学谵言》后，对中国文化真精神做系统玄解的重要学术成果。[2] 汤用彤对魏晋玄学及中国玄学的解读，既与他坚定的文化保守主义倾向有关，更与他独特地企图通过玄学研究来挖掘中国文化传统中的"空灵"之哲学精神的妙用有关。[3]

在玄学研究中，汤用彤不仅从历史角度追溯了与理学有渊源的魏晋玄学之发展，而且他通过概念的重塑及对魏晋玄士解释经典风格的分析，从理论上相对完整地表述了他对何为中国文化之真精神的看法。[4]

只是，汤用彤在后来并没有将这种研究进行到底，其所期待的从玄远维度重现中国精神之源并同时融汇新知的愿望，在后来的学术研究中，被渐渐淡漠。原因所在，是另一个值得深入分析的问题。

---

[1] 吴学昭：《吴宓与汤用彤》，载《国故新知：中国传统文化的再诠释——汤用彤先生诞辰百周年纪念论文集》。

[2] 相对而言，汤用彤佛教史的研究，基本被看作是他学术风格中小心、严格求证的史学类著作，他在解读中国佛教思想时所体现的文化保守及价值立场虽有被提及，但并不认为汤用彤对此有特别阐发。而魏晋玄学研究，则被认为影响了自20世纪50年代以来的魏晋玄学研究中主义理派一系。（参见陈明：《六朝玄音远，谁似解人归》，载《原学》第二辑）

[3] 这一点在前面引述任继愈先生在《理学探源》一文中已提及。参见《燕园论学集——汤用彤先生九十诞辰纪念》。

[4] 《汤用彤全集》第四卷，展现了汤用彤对玄学研究的几个组成部分：研究文章、系统讲课稿等。其中，研究文章中，汤用彤对人物经典解释风格分析中，可以看出汤用彤不仅是在呈现魏晋玄学作为一种新眼光、新方法的意义，而且更重要的是呈现这种新眼光和新方法对于儒家思想从文化、价值立场上被解释的重要作用。汤用彤对王弼新圣人观的解读时，所表现的深厚价值立场，在某种程度上应是汤用彤本人对何为圣人的一种文化保守意义上的期待。另外，汤用彤的中英文玄学讲稿里，可以看出汤用彤企图通过几组既有形上精神性特点，又有中国文化、价值特色的概念，来体现中国思想的"哲学"本性。也既是说，汤用彤不纯粹是通过魏晋玄学研究在做学术史的工作或狭义的哲学解释工作。

（本文为贵州省哲学社会科学规划国学单列课题基金项目"文化坚守者与学问方式的张力——汤用彤玄学研究分析"成果和广东省社科基金项目"玄学的现代命运——汤用彤魏晋玄学研究的思想寄托及其困境"成果。论文部分内容曾于第十七届国际中国哲学大会［2011.8，巴黎］上发表。论文修改稿《析汤用彤对中国真精神之玄解——再谈〈理学谵言〉》，发表于《学术研究》2018年第2期）

# 汤用彤文化保守情怀下的"身体"观
## ——以《理学谵言》的思想为例

## 一、汤用彤著述中的"身""心"思想

中国传统思想中对"身体"的讨论，在各种经典著作中皆有体现。① 随着西方现代"身体"理论的传入，中国学者开始重新发掘中国思想中丰富的身体观资源，形成较为完整的理论。这些新"身体"理论关注的维度按台湾学者黄俊杰教授的概括，共涵盖三方面：（1）作为思维方法的"身体"；（2）作为精神修养之呈现的身体；（3）作为

---

① "身"字，在古典文献中的含义，除直指人的肉身存在，也包含有物件、生命、身份、地位等含义。还有：体验义（learn through practice），如《孟子》中："尧、舜性之也；汤、武身之也；五霸，假之也"；担当义（take on），如李贽《战国论》中："中有贤子自为家督，遂起而双父母之任焉"；担任义（hold the post of），如《新唐书》中："自奉天入，瑢身中军先锋"；等等。（参见汉语大词典编纂处编：《汉语大词典（普及本）》）"身体"一词基本词义有三重：（1）指人或动物的全身。《战国策·楚策四》："襄王闻之，颜色变作，身体战栗。"《汉书·王商传》："为人多质而威重，长八尺馀，身体鸿大。"《敦煌变文集·太子成道经》："歌利王〔时〕，割截身体，节节支解。"（2）体格；体魄。《管子·任法》："利身体，便形躯，养寿命，垂拱而天下治。"《墨子·公孟》："有游于子墨子之门者，身体强良，思虑徇通。"（3）谓亲身履行。《韩非子·外储说左上》："墨子者，显学也，其身体则可，其言多而不辩，何也？"明王守仁《传习录》卷中："若自己不能身体实践，而徒入耳出口，呶呶度日，是以身谤也。"（参见汉语大词典编纂处编：《汉语大词典（普及本）》）

政治权力展现场所的身体。①

如果不是将"身体"观作为一种理论来研究，而是观察"身体"观念的理解在近现代中国所发生的变化，不难看出其中也受到西方等外来文化的影响。这种影响，在有文化保守情怀的知识分子那里，既有接受外来文化的一面，又有坚持本土文化精神的企图。②

而这一点，在对现代中国佛教史研究、印度哲学研究及魏晋玄学研究有典范作用的著名学者汤用彤关于"身体"的思想表述中，有鲜明的体现。

毫无疑问，汤用彤对身体的新理解，与他坚持的文化保守立场关联在一起。作为近现代中国文化保守思潮学衡派的重要成员，他表达的"新身体观"，与他对近现代中国盲目崇拜西方文化的倾向的严厉批评有关，与他对西方思想带人文主义倾向的学术性解读有关，与他对印度哲学的身心理论的接受有关，与他对中国传统思想中的身体观解读有关。但更重要的是，他的所有这些关联，都源于他企图借新的身体观思想，提出带有强烈道德意味的"驭心以驭身"的救国、救民族、救文化的主张。③

汤用彤出身于传统的书香世家，从小受传统文化思想的熏陶。他父亲汤霖忧国、忧民、忧文化的情怀对他影响深刻。与这种情怀相连的是他学问上的选择："寄心于玄远之学。"④文化保守情怀与学术倾向上的选择，既使他能用一种理智的冷静态度对待外来文化，同时也导

---

① 黄俊杰：《中国思想史中"身体观"研究的新视野》，《中国文哲研究集刊》（台北"中研院"中国文哲研究所）2002年第20期。

② 这里所说的"外来文化"，不专指"西方文化"，原因在于本文所讨论的汤用彤身体观思想中，既有西方文化因素的影响，也有印度文化因素的影响。这些在下文分析中将有另述。

③ 最直接体现汤用彤新身体观与其文化保守情怀关联的作品是他早期发表的《理学谵言》第一段。（参见汤用彤：《理学谵言》，载《理学·佛学·玄学》，以下同文均引自此著，不另注）

④ 参见汤用彤为《汉魏两晋南北朝佛教史》所写的《跋》。另参见孙尚扬《汤用彤》以及麻天祥《汤用彤评传》中的相关记载及评述。

致他在介绍及接受外来文化影响时,不可能是全面客观的。

在这里,我先用分类的方法介绍汤用彤阐述他对"身体"理解的有关作品,及其汤用彤在这些作品中所表现出的倾向。

汤用彤对"身体"界定及作用的说明在其作品中,主要集中在:

(1) 文化评论类作品。这些作品中包含有直抒其文化保守情怀的感言文章,如前面提到的《理学谵言》,还有《道德为立国之本议》《论成周学礼》[①]《谈助》《评近人之文化研究》《文化思想之冲突与调和》等。也包括介绍及点评外来文化思想的文章,如《理论之功用》《新不朽论》《快乐与痛苦》[②]等。在这些文章中,可以看出汤用彤对传统身体观念的新阐释是朝着两方面进行的:一是强调身体与心相比较而言的局限性,二是强调身体对认知及实践的重要性。

(2) 哲学类讲稿及文章。一是西方哲学讲稿及文章[③]。汤用彤既在一般哲学概论中,将身心、因果、时空、真理、善恶、宗教等概念,作为西方哲学的基本概念来加以阐述,又在特别选择的个别哲学家思想的介绍中,放入身、心问题的讨论。尤其值得注意的是,他在介绍了笛卡尔思想中的"物质"定义时,将其与"身心"问题相比照。汤用彤认为笛卡尔不仅影响了哲学本体论的二元对立理论,更重要的是,笛卡尔从对个体的重视角度,提出了作为主体特性的、与身体相对而言的心性问题(也即是说,"心"不仅具有认识论意涵,而且具有一定道德意味。其突出特征是与积极主动关联的"思")。在介绍其他哲学家的物质、身心等理论时,汤用彤也总将其与对认识、道德、宗教(如上帝观)等理论的介绍关联在一起。可见,汤用彤对身心的理解,已由其对"心"的道德、宗教意味的重视中,体现了他文化保守情怀

---

① 汤用彤最早的两篇小文章《道德为立国之本议》《论成周学礼》均由赵建永整理,刊于《中国哲学史(季刊)》2010年第4期。

② 以上文章均见于《汤用彤全集》第五卷。

③ 参见《汤用彤全集》第五卷,"西方哲学"部分。

下的身心观的价值倾向及精神期待。

二是印度哲学的讲稿及文章[①]。汤用彤沿用了印度宗教思想中对"我"的解释。他基本上接受《奥义书》对"我"的哲学解释:"我"实质呈现为"小我"与"大我"两重含义。同时,他接受佛教思想中"名色"(身心)的理论。更从"身体"对宗教意义及人生资源的体现、对道德根基的作用等方面,界定"身"对"心"的消极及对立意味。可见,汤用彤不再满足于一般地从哲学的基本概念上,解释及接受西方二元对立中的"身体"概念,也不是纯粹地介绍"身体"在认识及能动作用中的位置和意义,更不是顺带地引申出"身体"因与欲望等关联,而可能成为解决道德问题、宗教问题必须正视的一个因素的看法,汤用彤对印度哲学"我"解释的选择,无疑更强烈地体现出他文化保守情怀中的价值倾向。

(3) 中国哲学讲稿及文章。[②]作为课程讲稿与完整论文,汤用彤主要用力于魏晋玄学研究。他对中国哲学的理解,都是围绕着孔孟儒学如何通过玄学的继承和发展,成为中国文化具有穿越时空作用之真精神这一问题来展开的。汤用彤对传统中国思想中的身体观做新理解,也与这一问题有极大关系。沿着《理学谵言》中对朱子、阳明学之身体观的批判及改造的理解思路,他通过阐释魏晋玄学对儒学发展的玄远之维,表扬了玄学"圣人体无"的玄思妙想。其中,他特别将对身体观念的理解,与对"性""天命""自然""形器""理、事""体、用"等的理解关联起来,进而指出,中国传统中的"身体观"除是对一己之身或国体等具体的肯定外,还包含着认知、体验、道德实践等内容。

(4) 佛教史研究的作品[③]。如果纯粹从形式上看,汤用彤对中国佛教的研究是史学的研究,但他自己非常自觉,这是对中国真精神的探

---

① 参见《汤用彤全集》第三卷,河北人民出版社2000年版。
② 参见《汤用彤全集》第四卷。
③ 参见《汤用彤全集》第一、二卷。

源的必做的一项研究工作（另一项是对魏晋玄学的研究）。在其中，汤用彤对身心问题的解释，继续采用前面几部分作品中所表达的对"身体"的理解。也即是说，既有现代西方意义上的理解，又因佛教与印度哲学有密切关联，而表现他在身心问题上的价值立场，更是依然坚持他对中国传统思想中身体观含有的独特的"体验"与道德实践的理解。这一部分作品因主要是史学发挥，从概念或理论阐释上，并没有特别的新意。

本文将主要以汤用彤最初及基本完整表达自己新身体观的《理学谵言》为例，看他在文化保守意义上对"身体"的独特解释。

## 二、《理学谵言》的新"身体观"

《理学谵言》是汤用彤发表于20世纪初期的长文，是汤用彤仅有的几篇现存的、正面讨论儒家思想的文章之一。[1]从题目看，"谵言"有"病中的胡言乱语"之意。但汤用彤"胡言乱语"的自嘲，实际是有感而发的言论。首先，这不是一篇与他往后享有盛誉的佛教史研究、魏晋玄学研究能比肩的学术成果，其中的许多论断与表述，基本没有经过严格的论证。另外，从文章开头的一段自白，可以清楚看到，这是一篇针对当时中西之争、理学与科学之争而作的感言。它有着强烈的时代气息，也毫不掩盖个人特色。

---

[1] 据孙尚扬整理的《汤用彤学术年表》，汤用彤的《理学谵言》自1914年9月至1915年1月连续刊布于《清华周刊》第十三至二十九期。（参见氏著：《汤用彤》）除这篇正式刊发的讨论儒家思想的论文外，汤用彤还有一篇尚待整理、发表的讨论儒家思想的文章。与这篇文章相关的演讲，在吴宓日记中被提到。（参见《吴宓日记》第8册，第7页）汤用彤未刊文稿整理者赵建永在他《汤用彤未刊稿的学术意义》（《哲学门》第5卷第2册）一文中提到，汤用彤未刊的、在1941年于武汉"儒学会"所作的演讲稿为"儒家为中国文化之精神所在"。从主题看，应该是回应他1914年发表在《清华周刊》杂志上的《理学谵言》的主张："理学者，中国之良药也，中国之针砭也，中国四千年之真文化真精神也。"

这篇长文，正面表达了汤用彤对中国传统文化及儒家思想的立场。全文一共分成三个部分："阐王""进朱"及"申论"。这三个部分的安排，汤用彤颇费心思："阐王"是重新阐明阳明之学，以纠自明末以来腐儒对心学的曲解；"进朱"除了梳理朱子之学的深奥外，更重要是从治时弊的角度来强调朱子学说的精神更为可贵；"申论"则再次回应他在文章开头的文化保守主义态度，表明对理学的这种弘扬、解释是他自己的体会与感言。

值得关注的是，他在文章一开始及其后的各篇章中，接受了西方二元论下的身心观，并同时从价值立场上，对盲目期待通过振兴物质文明而救国、救民族、救文化的诉求加以痛斥。

> 夫以古之理学与今之科学比，则人咸恶理学而求科学矣，不知理学为天人之理，万事万物之理，为形而上之学，为关于心的；科学则仅为天然界之律例，生物之所由，驭身而不能驭心，驭驱形骸而不能驱精神，恶理学而乞灵科学，是弃精神而任形骸也。（《理学谵言》）

在对身体的界定上，汤用彤一方面承继中国传统思想上对"身"基本义的界定，继续将身与物、国、形骸、欲望等的关联，指出身体与情欲的关联。依身感而动，只会使人对事情治标不治本。

> 盖七情根乎天性，遇事即发，及其即发，则一往直前，驷不及舌矣。且每即其发也，而驭之制之，是治标之策，非根本之计；果使每即其发而驭之制之，则当问永无功成之日，而身体亦日不暇给，疲于奔命矣。（《理学谵言》）

另一方面，汤用彤受西方及印度思想的影响，开始注意"身体"

在知识性上的界定，从身体的实在性及能知性两重意义上，接受身体为个人与他人、他物沟通之桥梁的理论。《新不朽论》《植物之心理》，这些在汤早期文章中极为罕见讨论科学新理论的小短文中，还有他的西方哲学讲稿及印度哲学讲稿都肯定了这一点。这种看法也与他接受佛教因缘观中对"六入"之眼、耳、口、鼻、身、意为人沟通外界万事万物之途径的看法有关。但在这种带有知识论倾向的"身体观"里，有一点值得注意，汤用彤同时留意到，无论是西方思想里还是佛教思想里，在将人的身体与"能知"联系在一起时，或者说作为沟通之途径时，它不是纯粹的物质之身，而是有"意"（西方喻为"心理"）之身。

有意识的身体，或者说与心不可分离的身体，对"心"或精神的作用，汤用彤延续前面将身心二元相对立（相区别）的看法，认为身心的相对不可分（关联），只表现在身体与欲望、狭隘的经验知识的相关上。[①]他进一步接受西方思想中关于身之心理（即佛教中的"受"或感受）与道德相连的理论，将与身体关联的"意"（有身体束缚的心理）看成"爱""执""贪"等，强调"身"不仅会营造人对痛苦、快乐的意念，更会驱使人做出败坏道德的行为。[②]这是汤用彤认为"驭身"不可能"驭心"的重要原因。他也由此而批评其时知识分子对西方文化接受的错误态度。

---

[①] 汤用彤认为，经验知识只为"片断的不相连的私的单立的"。（参见氏著：《西方哲学·哲学概论》，载《汤用彤全集》第五卷）

[②] 汤用彤在《快乐与痛苦》（《汤用彤全集》第五卷）这篇短文中说："快乐与痛苦有精神及身体上之别，其实精神上之苦，乐即狭义者，身体上之苦乐即属广义。精神上之苦乐则哲学家之所视为苦乐者也，由是而霍布士诸氏由是有善为快乐，恶为痛苦之学，遂利用苦乐说道德，亦苦心亦敏给也。""按心犹体也，身体无适当之保养，无合格之运动，无合宜之饮食，无佳美之时气，无优良之地位，则发生病疫无他处之乖方也。若心亦然，无道德无才智不用良知良能，则亦发生心之疾病，非必有人执赏罚于其间也，亦以处置乖方耳。西方哲学家之乐利派með以善恶为乐苦之源，良有故也。""快乐与痛苦有广义有狭义。广义者一班众生之所承认，无论水火兵灾，无论生老病死，无论苛政人事心理不如愿者，莫不谓之苦，反是而身心之如意者则类谓之乐。狭义者一部分之哲学家所谓真苦乐也，是则其谓苦乐，恒有道德观念，恒有真理观念，恒有救世思想，谓乐莫大于心神之快愉而身体不与焉，哀莫于心死而身死次焉。孔子曰：'君子坦荡荡，小人长戚戚'，持此衡则皆狭义之苦乐也。"

今日之学生，则虚浮之习尤不能免，其故则物质之文明，日日回旋于其脑中，耳目之官，心智之思，俱不见他物，惟见机械之巧，器物之精，分秒之中无不思发达其心智，长育其体魄，而人身之源，人类之英世之所谓心性之学者，乃无暇入其心中。夫骛于技巧之途，而人心趋于诡诈，驰于精美之域，而人心流于侈靡。势也，亦宜也，故欲救轻浮之弊，必先去其机械侈靡之心，而使之及于真正之心理文明，则物质文明相得而彰，可大可久矣。

自西方各国以物质文明致富强，物质后进之中国，乃遂欲急起直追，救国于积溺之中，而所谓理化算数日灌输于全国人之脑中。行之四十年，而其弱如故，且又甚焉。则因理化算数者，无坚固之良知盾其后，适足为亡国之利器也。何以言之？夫国之强盛系于民德，而不系于民智。人心不良，理化者适助其日日制杀人之具，算数适增其机械计谋之毒。况习尚移人，世以理化算数相轩轾，则巧诈之心日缘以生，久之天性泯没，遂为狼戾险嫉之人。善乎，爱德君前在本校演说之言曰，受教育而无道德，则危险异常。盖知识愈广而人欲愈滋，才力愈多而天理愈蔽，非虚言也。泰西各国物质文明达于极点，而道德遂不免缺乏，近年以还，彼邦人士群相警戒，极力欲发达心理文明，且谓我国之真文化确优于其国，善我国民性和平温厚，实胎酝自数千年也。顾我国学者，不知本末，无烛远之眼光，心羡今日之富强，而不为将来之长治久安计，不亦惑乎？盍也反其本耶？（《理学谵言》）

在汤用彤对身体的新解读中，我们看到，汤用彤既有从文化保守意义上，对西方思想及印度哲学影响下的"身体"含义有与心分离的意味，也有批评身体作用之局限性的意味，但他同时也保持了中国传统思想中对身心不分，尤其是心的认知功能及道德实践功能，需经由身体的实践（身体力行）体现的思想。

但汤用彤因对身体道德、实践意味的坚持,也导致他在对身体、心灵作用如何界定上的一些矛盾看法。

身体固然有其对人发展的限制性,但毫无疑问,身体同时也是人心(精神)了解和认识事物道理,即知识学习的实在主体,更是人从道德意义上"改过"或"成人"的实在主体。

在《理学谵言》中,汤用彤通过对阳明与朱子学说在工夫论上的区分,来说明身体在认知与道德实践中的重要性。

汤用彤通过解读朱子、阳明的"格物"说,分辨二者学问上的差别,以体现中国传统身体观中,对身作为心(精神)认知作用发挥的主体的不同思想。在其中,他既体现自己某种程度上接受西方及印度思想影响的新"身体观"思想,又体现他对中国传统文化中的身心观的坚持和发展。

> 阳明与朱子宗旨各殊,持端自异,然说到极处,无非希圣希天,譬之狙栗,朝三暮四,朝四暮三,其各不同,其实则一。朱子惧天下之靡靡不振也,惧天下人慵慵而无恒心也,惧天下之偏于顿悟也,乃为之教曰:修身必始自格物。格者至也,物者事也,穷天下万物万世之理,而后知至,而后意诚,而后心正,而后身修。学者自暴自弃则已。苟有心为人者非格物穷理莫由也。阳明之意亦谓格物之学道之要。故曰,防于未萌之先而克于未萌之际。此正致知格物之功,舍此以外无别功矣。然明阳惧学者之徒事皮毛也,惧学者之浮光掠影而伪作也,惧学者不识天理为何物,而劳力苦心于格致,不得成效也,故为之教曰:理无内外,性无内外,学无内外,知即是行,行即是知,即知即行,即行即知,心有主脑,节目事变,均可应乎而解。夫诚意者,诚于心所发也。格物者,格其意之物也。故格物洵不过之为诚意之工夫,为学道之一手段耳。是阳明之后格物者,欲人先通性命之情也,先知诚

意之方也，非拒格物于外也。不然者，则先生亟言格物，进之为克欲之功，又言诚意退格物于其后，则非支离破碎也。先生言学贵有头脑，吾知其必不为此也。(《理学谵言》)

明显可见，汤用彤在身体与"知"关联的问题上，首推朱子"格物"工夫的细密及可行。汤用彤一方面将朱子"格物"思想与西方认知理论相比较；另一方面强调朱子对"格物"的解释，更有正确看待身体作为知的主体的真实作用。这种作用，汤用彤又分两方面谈论：一是切己性，二是修身性。他认为，知从与身的"切己"角度看，不是对外在事物的认知，而必须同时是具有"成人"（成己）意义的道德"修身"行为。朱子的格物，便是强调以身作为主体的"知"，首先必须是对一己、一物、一事的"格"知工夫。这种由"格"体现出的对己、物、人的严肃、认真、客观、理智的"知"，除使人正确看清自身外，还有促使人在看清万事万物存在之理的同时，而能立"虚己"之诚意及信念：他物、他人与我是共存的。汤用彤认为，这是一种身心不分，同时具有修身意味的"知"：它既不放弃自我，又不执着于"小我"，能推动人对自己之欲望、私心加以自觉限制及约束。

汤用彤进而分析，阳明对"格物"的解读，正是体现阳明忧世人将格物从起点变成纯粹"知"的工夫，不求其中对人本身的大意义。因而，阳明要求不能将格物变成身外工夫的"知"，而须与立志、克欲之功（即儒家思想意义上的"行"）结合，"知行合一"。

阳明的知行合一思想，在汤用彤看来，既坚持了朱子工夫论对身之有限性加以自觉约束的严谨性，又提出心对身之驾驭的作用问题。这是汤用彤在阳明思想解读中，所饱含的对人心积极意义的期待。汤用彤将心的作用分为两种，改变人与提升人。依阳明的理论及汤用彤后面解读的朱子的理论，这两种作用落到实处，都必以人的存在与行为做归依。他后来也将这种归依用魏晋玄学中王弼言圣人的"体"来表达①。

> 阳明之学救世人支离，眩骛华而绝根之病，反求诸心而得其性之所觉，曰良知，因示人以用力工夫之要，曰致良知，惧世人之知良知而不致，而谓即知即行，即心即物，即动即静，即体即用。诸儒之学未如此之精微也。朱子之学欲收人之放心，退人欲以尊天理，惧学者之失于浮光掠影而言穷理以救之；惧学者之荡检愈矩而言主敬以药之；惧学者之偏于自觉而不反求诸己，乃以反躬实践之言鞭策之，使学者一本诸心，刻刻实在，有体有用，诸儒之学说亦未见若是之深切也。
>
> 世乱道微，邪说横行，淫言杂作，人人失其天真，而流于放纵，自由平等之说遂成嚣张之习，不惧其无知识而惧其无定向，不惧其柔弱而惧其高明，不惧其不知天良而惧其弃天良于不顾，不惧其不识体用而惧其不反躬实践。故今日之救药在乎收放心，不能用阳明之精微，莫若行朱子之深切，俾礼法不敢溃决，而不可收拾，此则区区之意先明王学之用，乃进以先生之实践，俾学者不长堕于不戢之途，一去而不可收，至如朱王之异同优劣，记者所不能言，亦不敢言，使释一端之争执而同进于大道。刘念台先生曰：莫虚勘三教异同，且先辨人禽两路。记者于二贤之学亦是此意。（《理学谵言》）

这很显然体现了汤用彤对身心不分之和谐状态的期待。他看到阳明发自本心的努力，可在某种程度上依靠人的良知，使人通过身体力行而达到救心以救身的目标。朱子则依靠刻苦的格物致知工夫，使人时时省察和改变自身的有限性，达到心明而驭身的可能。

---

① 参见汤用彤的魏晋玄学研究。（《汤用彤全集》第四卷）

这种仿佛回到中国文化传统思想上对身体的理解，对汤用彤而言，恰是防止中国近现代知识分子对中国文化及外来文化的错误认识，救治中国时弊，纠正外来思想中"身体"观对身的过分贬斥（来自西方唯理论和唯意志论以及印度哲学的倾向）或过分夸大（唯物论和唯科学主义的倾向，以及日益世俗化的走向）的良药。

但与心不分离的身是否最终仍得由心来驾驭呢？或者说，究竟何种心才能拯救身的坠落？

汤用彤借对朱子穷理格致学说的解释，对身心互动中之"心"做了如下辨析。不是良心，不是信任之心，不是与向上之道相连的心，或说不是道心，就必是乱性之心。这是对救身的"心"，从价值立场上做出的明确界定。或者说，能克服身体狭隘性的"心"，虽与有认知、能动的心关联，但仅有此功能的心，在现实面前仍不免陷入对物欲、科技、工具理性等的追逐中，而不能辨清是非真伪，依然是为身体的欲望、野心所支配。

> 先生之学，确见得到说得出其所主张者，曰穷理。而恐人听之茫无头绪，不知从何处着手，故将心、性、理三者连为一事，谓性者心之理。于是使人心有把握，有标准，以为穷理者穷心之理。苟本诸天性，发于良心行事，自毫无愧于人，是则有以此立说，既可以生学者信任之心，又可以导学者以向上之道，其用至明，其法至易，其功至伟。夫世界群生莫不谓天下无真伪也，谓宇宙无是非也，彼之是此之非也，一时之是他时之非也，今日之是后日之非也，六合之中遂几无颠扑不破之理。扰扰攘攘，众日辨乎是非之途，真伪之界，而是非真伪益不明于其心。不以是非真伪定天下之安危，人民之幸福，而乃此是非真伪遂几为乱天下之本。故愤世嫉俗者，乃曰天下无真伪是非，真伪是非不过为智者黠者藉以为乱天下之具耳。呜呼，是岂真伪是非之乱天下欤？

人心自乱耳。夫全不发本身之灵明，驭外界之变迁而乃毫无主脑，随世界之渐流为转移，如是乃以之求是非真伪不这可哂乎?!昔人筑室道谋犹三年不成，而况以是非真伪之空空者，求之人海中乎？故天下无理有理须求之本心，天下无真伪是非，返诸心乃有真伪是非，不然者则理无标准，真伪是非无定律，吾辈从何处求之耶？不知真理将何以知义利、善恶、天理人欲之分乎？故先生之教性本善也，有理之人心即道心也，惟在人之扩充推广耳。不扩充推广，恻隐之心亦不过为仁之端，不足即为仁之实事。故先生极力讲穷理之学，穷理者，扩充道心之谓也。圣人之所以大过人者，夫岂有他哉，善推其所为而已。(《理学谵言》)

从这种对心的自然解读中，汤用彤清醒地认识到，纯粹对心的倡导，并不必然能导致身得到解脱，但心的作用依然是不能轻忽的。针对时弊，汤用彤认为终是需先救心。

如何救心或驭心？汤用彤借朱子"主敬"下所言的"穷理致知、反躬实践"工夫，提出了涵养身心的"体"道（不是纯知，也不是纯行，而是阳明意义上的知行合一，但不同的是，朱子在其中强调了知与行的严谨性）。

时至今日，不惧士气之不振，而惧士气之不定；不惧人心之太朴，而惧人心之太华；不惧风俗之暗弱，而惧风俗之嚣张。故教民以高明之言，不如以沈潜之言为得也，行阳明之学，不如行朱子之学为安也，非必朱子之胜如阳明也，时势则然也。虽然说者又曰：穷理之方虽万全无流弊，而本心之明究非穷理之可为，穷理可常行省察之功，而不有涵养之实，不知朱子之言穷理致知反躬实践，而总之以主敬。主敬者，涵养身心之方也。有穷理以致其知，而又主敬以养其心，则表里相济，精粗俱到，此朱子学

之大体也。(《理学谵言》)

这种驭心工夫，体现在与知关联的切己与修身意义上，首先是对读书为"为己之学"的强调：读书不是纯粹的摄取知识，而是包含着修身的工夫。这是与"敬"关联的"体会"、实践（躬行）。也就是王弼所言的圣人对无之"体"。

义理之学，周子主静，明道进以敬，伊川复进以穷理，朱子亟言主敬穷理而复益于读，以读书为穷理之方。薛敬轩谓穷理，读书得之最多是也，所谓以古为鉴也。书之所言，俱古人教人为人之道，而平易明白之书如《论语》，《孟子》更为圣贤之名言，苟体会入微，则书中之理自均移为吾心中之理，《论语》、《孟子》非孔孟之书，而为吾腹中之藏矣。吾人日常读书顾常读过而心中不留迹影，读若未读者，则何取手读书耶？进而言之，吾人读书而不得一书之用，惟知书之当然，而不知书之何以当读，知理之甚精，而不知理之可为我用，则是不能体会入微，又不能取而实践，读书而无益于己者，则何贵于读书耶，此所以朱子言读书之方，而告人以心念躬行四字也。(《理学谵言》)

其次，汤用彤认为驭心之工夫，从文化保守意义上说，便是将民族、国家和文化的振兴，从反躬自身文化的努力和实践做起。

自胜者强，古有明戒，人欲图强而不反躬实践，犹缘木而求鱼也。凡人不知反躬实践者，一则乏毅力，一则无恒心。乏毅力则知恶而不去，知善而不为，无恒心则去恶必不尽，为善必不力耳。用是二因，生二恶果，一曰嫉，一曰骄，骄嫉之过俱不反躬实践也。夫不察己之过，而不知人之善，则久之必视天下皆无有是处，流于刻薄，流于昏愦，于是知人之有善，则痛心疾首，必败坏之而后快，此嫉之甚而流弊不堪矣。夫不察人之善，而惟称己之善，则久之必视己无一恶，天下之内除我而无外善人，流于狂躁，流于轻浮，于是即或知我有恶，亦只得昧心寨良，极力掩善，不使人知，而文过之习成，此骄之甚而流弊之不可说也。故骄与嫉者，人类之蟊贼也，社会中之破坏家也，国家天下之恶魔炸药也。以此布之田亩，则嘉乐变为稗败，以此置之川流，则甘露变为鸩毒，败坏人类之武器手枪乎炸弹乎，当皆望尘莫及矣。虽然，有破坏家自有建设家，有鸩毒自有苓参，有嫉骄之贼，人心自有反躬实践之可以挽救，向使一人知反躬实践，则天下多一善士，人人知反躬实践，则天下将无恶人。盖仁义礼智四端，皆在于我者，人性本善，近取即是，反躬实践即得本，无用深探，更无用他求，故人类之福星，即在人类之一身，非必他求也。

天下之人俱有作圣之材力之机会，而不行之，而不求此反躬实践之福星，此所以善人少而恶人多。民德不能追，风俗不能厚，而人类之魔障毒药终不能除也。可惜莫此为甚。（《理学谵言》）

再次，汤用彤将这种融会中外文化思想的新"体"观，回到身体的切身之处，强调这便是朱子"敬"之"日用间体认"说。它是一种用"格致穷理"之"心"知省察一己之心身，通过日用间的反躬实践（身体力行的体认）而体心之大用的工夫。

朱子之学，理学中之最细密者，所谓物之里表精粗无不到，身之全体大用无不明，是以《宋儒学案》谓先生之学，全体大用兼综条贯，表里精粗交底于极也。（《理学谵言》）

汤用彤在别处也将朱子"日用间体认"的工夫，与朱子的"全安"之穷理读书方法相比照。他在一再强调朱子穷理说不是支离破碎、繁杂高深的工夫时，依然承认，朱子读书（治心）工夫中，其回到切身处时，还是有个"实"的问题。或者说，严格而真实的心知，使人省察到个人在宇宙万物中的有限位置，省察到个体相对的局限性，这对于警醒人自觉克服狭隘性，有极大的作用。起码这种工夫本身及认识的结果，多少让人不自以为是、狂妄自负。但是，这样一种工夫在儒家传统中，并不带有使人自贬的意味。对社群、国家、民族、天下的使命感，在这种严格的穷理格致工夫中，还有另一重意味，就是使人同时认清自己的独特处，而担当和实践自己对社群、国家、民族、天下的使命。就文化使命而言，汤用彤认为，真知是前提，践行是目的。二者结合，便是学术的全安和笃实之道，也是学者身心相融之"体"。从切身、切己之实，而又不致偏颇的"全安"角度，汤用彤赞誉朱子之穷理说，真为治心而治身的良方。

> 读书之说，朱子最后之学说，益精密而益复杂矣。朱子之为学，必求其安，必求其实。安者欲其无缺，而不致流于怪妄也，实者欲其有象而有法可寻也。夫空言提出穷理二字，则学者不知其所以，故进之以穷理之方，而穷理甚多，或得之讲论，或得之阅事。然讲论有时而乖，阅事有时可误，故特进之心读书。读书之中有以比较，有上下，有异同，有得失，可见微知著，可因小成大，绝无偏于一方一面之流弊，学者诚能深察心会，则道在其中矣。何事他求乎？
>
> 夫世之讥朱子之学者，谓其支离迂阔，盖见其穷理之说，见其实践之说，而不知穷理实践之归于主敬也。主敬者，治心之法，穷理者，守心之工夫也，治心之法专于一，守心之道专赖于事物。天下事物至多也，而穷理之事亦多矣；天下之事至琐细也，而穷

理之方乃亦不得不琐细矣。穷理之烦正朱子欲其道之完备也，正朱子大欲其道之安全也，正朱子欲行之无失，心之不放也。夫学者固常欲为善而恶恶矣，而顾常行为越规矩者，非其知而为之也，亦非其不知而为之也。当其为之时，未必不思之而欲其不逾矩，顾见理未深而遂失之，此则徒主敬之不可为学也，故必以穷理辅之，穷理固持敬之辅助耳，而持敬主一之说固绝不支离也。朱子论心性之处，陈言甚高，比之阳明之良知说甚同，阳明专任天性，而朱子乃惧其不足进以穷理思精，而人以为破碎矣。

穷理读书既粗且密矣，而朱子犹以为未也，犹未必人之必行，故复外加以反躬实践之说。夫穷理读书而不反躬实践，则如食而不化也，非徒无益，恐又害之，故朱子之提倡反躬实践，为其学说作安全之干橹甲胄也。既穷理矣，而以读书为其一定之功夫，又以反躬实践为坚确之辅助，其纲其领固一归之于敬，以此推之，则朱子之学非支离迂阔者矣。朱子之学不支离迂阔，而世人固谓其支离迂阔者，则见其精密而谓其支离，见其中庸而谓其迂阔，今日之士遂称王学而弃朱子矣。夫社会之病，固不在支离迂阔也，以王学治之，犹水济水，不如行平正之学为得，此余阐王进朱子之微意也。(《理学谵言》)

但当汤用彤一旦将"体"的身心融合，落在具体的日用间体认时，心之玄远与身之限制便可能发生冲突与矛盾。事实上，汤用彤寄心于玄远之学，在坚信"驭心"可以"驭身"的同时，其与身体观相关的理论研究也遭遇了一些他自己始终也不能解决的问题。

## 三、未完之纠结

汤用彤对"身体"问题的思想，并不是单独阐发的理论观点，如前所说，这是与他的文化保守情怀有极大关联的一种看法。回过头来看，汤用彤借阐释朱子、阳明思想而表达的身心观和发出的"驭心以驭身"的呐喊，是专为针砭其时"道德不修""学问不讲"之学风而言的。

> 时至今日，上无礼下无学，朝无鲠直之臣，野无守正之士，加以西风东渐，数千年之藩篱几破坏于一旦，而自由平等之说哄动天下之人心，旧学既衰，新学不明，青黄不接岌岌可危。噫，伏生之不作，谁抱遗经？孟子之不出，胡闲圣道？潮流荡漾水生黑海之波，风云变幻雨洒西方之粟，名世者之不出，苍生益陷于涂炭，于是乃风俗猖披，人情诡诡，奸伪阴险书尽南山之竹，暴戾恣睢洗秽东海之波。虽然犹有望也，青年学子天性未凿人欲未滋，今日之书生后日之栋梁也。中国而亡则已，不亡则学生之赐必矣。虽然年来，青年界之趋势日即于败，是则尤可痛心者也。其原因则道德之不修也，学问之不讲也，爰列社会及青年现在之趋势，针以我国之理学，申引朱王之学说，明其得失，详其利害，以备最有希望之清华同人观览焉。（《理学谵言》）

显然，汤用彤身体观与心灵观的表达，与他对文化中的身（国）之强弱与心（精神）之强弱的关系的看法有更大的关联。他批评，国弱、人弱不可怕，可怕的是心弱。

> 执途人而问之曰，吾国人民如此其众也，土地如此其大而丰饶也，而外国顾如此之欺凌我者何耶？则皆将应之曰：彼强我弱，弱役强者，势也。善哉，善哉，中国之危中国人之弱也。中国朝野上下无不犯一弱字，洪范六极之一曰弱，弱之不能存，于天然淘汰之中久矣。恹恹暮气弥漫于国中，欲国之不亡不可得也，吾

国士大夫以弱为文,体质之逊于外人,讳无可讳,个人体质之弱实与国力有绝大关系,而为种族无穷之隐忧,至于精神上之弱,尤可触目心寒。精神上之弱,大别为二,一曰荒惰,一曰无恒,二者为吾国百事不整之原因。如工业,如商,如农作辍无常,习于荒怠,而且畏葸退缩,因循不振,而全国人望之莘莘。学子亦有此现象,何以知其然也?夫观之既往而知之矣,学校之开创久矣,学者之成就众矣,而国中所谓能力者,百不得一焉,求所谓才士者,千不得一焉。求柱石栋梁能一身任国家之重者,遍国而可数也。是则学人之多而有用者之少也。夫圆颅方趾皆人也,无人不可以有为也,而无人可有为者,其自暴自弃也,自暴自弃,荒惰之风为之也。夫吾人就学之初,莫不意气逼人,国手自况,而英爽之气恒与时光为反比例,亦若光阴为石,豪气为铁,愈久而愈消磨矣。是则或无自信力,或无勇气,而皆因无恒之习为之也。(《理学谵言》)

如前所说,尽管汤用彤对身体、心灵的看法,尤其对身心作用问题的看法,受外来文化的影响,但从坚定的文化保守立场出发,他认为,最终答案只能在理学。换言之,寻救国家、救民族、救文化、救精神的良方,唯在理学。

故吾辈有志救国不可不发愤图强,发愤图强不可不除偷怠之风,除偷怠之风不可不求鞭辟入里之学,求鞭辟入里之学,求之于外国之不合国性,毋宁求之本国。本国之学术实在孔子。孔德之言心性者,实曰理学。况治弱病,必择学术中之最谨严,行动言语之间丝毫不使放松,无可推诿无可怠惰,日日慎独,时时省身则可。如此之学术舍理学外罕见其他,故理学者医弱症之良方也。而晦庵阳明又理学中之巨子,晦庵之反躬实践,无时无地不用工夫，斯非正弱之反而耶；而阳明之知行合一，即知即行，而不行即是未知，何等坚确，何等专一，为荒惰无恒者之绝好针砭。故欲救吾国精神上之弱，吾愿乞灵于朱子之学。

欲求实学，欲求毅力首在道德，求之本国，舍朱王何以哉！（《理学谵言》）

理学所提供的良方，如前一部分所分析，在汤用彤看来，落实在穷理格致、察己修身的身心融合之日用间体认工夫。这既是一种驭心的工夫，也是一种驭身的工夫。在这种工夫中，所驭之心，不是纯然求外明的认知之心，而是有宗教性的良心、道心。或说，理学的工夫在汤用彤看来，首先是一种个体的人以儒家"天地人合一"为使命的自觉。这种自觉，汤用彤在部分接受的西方和印度思想的融合中，既与认知关联（对事理的认识和辨清），更与价值的选择关联（对快乐与痛苦的抉择），但更重要的是从儒家"为己之学"角度，对家、国、天下的宗教与文化、政治的担当。

而从理学工夫的真正落实来说，汤用彤不仅强调个人主体认识的重要性，而且强调日用实践的重要性。理之被穷，与一己之知相关，天下、家国兴亡也与个人日用实践关联。这是一种开发良心、道心后的"自觉"（新心），而致个体通过身体践行而体现的、有担当意义的"日用间体认"。

但这种被认为具有"驭心以驭身"功能的工夫，起码在汤用彤"身体观"的思想里，却面临着一些无法解决的理论困境。治身之心，在汤用彤的期待里是玄远之心。这意味着，汤用彤用心的超越性来克服身的有限性。但问题是，从"为己之学"及与一己之知相关的角度来看，心之载体——身——本就是具体和有限的，如何从这个具体有限的载体中超越至期待之玄远，虽然汤用彤用了朱子格物说，来呈现具体与玄远的递进，但其中涉及认识方法（汤用彤在介绍西方论理、逻辑方法时,在评论魏晋玄学的新方法、新眼光及言意之辩等中,有过专门分析)的可行性时[①],汤用彤仍没有给出有说服力的答案。这是汤用彤身心观中没有完善解决的一个问题。

更重要的是,汤用彤本人并不纯粹是在认识论意义上讨论身体观问题,他的文化保守情怀,还有他对外来哲学身心理论、理学身心理论中价值倾向的充分采纳,都体现他的身心理论,是为弘扬他坚持的价值立场服务的。这就带来另一个问题,对身心关系的处理如果既从哲学角度解决,又不放弃身心关系的解决必须有的价值立场的话,哲学上对心的玄远性解释,对身的局限性解释,是否适合有宗教性意味的身、心理解呢?虽然汤用彤一再为朱子"穷理格物"之学理严谨性及道德自觉性做圆融的辩护,但实际上,在穷理格物工夫上理学所期待的"修身""成己""成人"的知、行,与哲学意义上的认知、实践不完全是一回事。有客观、理智的哲学认识,不等于具备坚确、专一的道德之心(儒家之心性)。

此心非彼心,此身又何能是彼身?

(本文原文为提交立陶宛维尔纽斯大学东方研究中心2011年6月举办的"Conference on Body and Person in China"国际学术会议论文,修改稿《汤用彤文化保守情怀下的"身体"观——以《理学谰言》的思想为例》,发表于《东西方研究学刊》第二辑,国际教科文出版社[美国:北美科发出版影视集团],2013年6月)

---

[①] 参见氏著:《汤用彤全集》第四、第五卷。

# 附录

# 去玄的玄学解读[①]
## ——简评耿宁先生的王弼研究

## 引言　特别的论题 —— 从玄学解理学

魏晋玄学研究在中国哲学领域并不算是个热闹的话题，耿宁先生在其讨论中国哲学的系列论文中，却有一篇论文专门讨论王弼玄学，与其后来继续有研究的儒学、佛学相比，显得非常特别。

与一般玄学研究不一样，耿宁的王弼研究的切入点明确为王弼道家思想与儒学的关系。[②]并且，把对这种关系的理解，落实为王弼用玄学为儒家政治与伦理做奠基。他还进一步指出，王弼玄学中的道家思想对儒家政治与伦理思想的影响，可以通过宋明理学来看。

耿宁客观地指出，有少数中国学者已经看到王弼玄学与儒学，甚至是宋明理学的关系：

> 王弼（226—249 年）和郭象（252—312 年）在中国思想史

---

[①] "去玄"并不是"非"玄。"去玄"的形容，只意味耿宁先生对王弼玄学的解读，有将"玄"与"用"和"实"相连的特色。

[②] 参见耿宁：《王弼对儒家政治和伦理的道家式奠基》，载倪梁康等译，《心的现象——耿宁心性现象学研究文集》，商务印书馆2012年版。

上占有一决定性地位,它被视作一个转折点:汤用彤在它那里看到了从汉代的宇宙论思想或宇宙起源论思想向后期中国哲学的本体论思想或形而上学思想的转折。① 他和王弼著作的编者楼宇烈都把这一哲学思潮视为"宋明理学(关于原则的学说)"的真正开端,后者在西方是作为新儒学而广为人知的。② 陈荣捷、钱穆以及其他一些人也把中国哲学思考的一些基本概念如"至高的原则"(至理)或"体—用"(实体—功用)追溯到王弼那里。③

实际上,耿宁所举的这些学者并不是十分明确地从与宋明理学的关系上来拓展及论述对王弼玄学的理解。

如上述引文提到,汤用彤算是其中最为明确提到这个问题的。但他本人并没有对此做仔细、深入的讨论。

尽管汤用彤最早的一篇长文极为关注以朱熹、王阳明为代表的宋明理学,之后也有个别讨论儒家思想的文章④,可他随后的学术研

---

① 耿宁文原注:参见"魏晋玄学流别略论"、"王弼之《周易》《论语》新义",载《汤用彤学术论文集》,北京:中华书局,1983 年,第 233、264—265 页;以及"汉魏学术变迁与魏晋玄学的产生"(汤一介整理发表),载《中国哲学史研究》,1983 年第 3 期,第 40—41 页。

② 耿宁文原注:参见前引的汤用彤遗稿,载《中国哲学史研究》1983 年第 3 期,第 36 页;参见楼宇烈为他的《王弼集校释》撰写的"前言"。

③ 耿宁文原注:例如参见陈荣捷:"作为原则的新儒家的'理'概念的演进"(The Evolution of the Neo-Confucian Concept li as Principle),载《新儒学论文集》(Neo-Confucianism, Essays),香港,1969 年;以及他为王弼的《老子注》所写的"前言",隆普(Ariane Rump)翻译,夏威夷,1979 年。顺便说一下,就"体—用"这对概念而言,我并不相信人们在王弼那里已经可以发现它的实体[Substanz](根本真实)—功用(效用、表现)的含义。在王弼那里,"体"并没有根本真实(本体)的含义,而是有身体、个体的含义。但是王弼的思想,比如他的本—末这对概念,可能也参与规定了体—用那对概念的意义。那对概念原本是来自于佛教文本。

④ 汤用彤最早的长文为《理学谵言》(载《理学·佛学·玄学》)。另,据孙尚扬整理的《汤用彤学术年表》,汤用彤的《理学谵言》自 1914 年 9 月至 1915 年 1 月连续刊布于《清华周刊》第 13—29 期。(参见氏著:《汤用彤》)除这篇正式刊发的讨论儒家思想的论文外,汤用彤还有一篇尚待整理、发表的讨论儒家思想的文章。与这篇文章相关的演讲,在吴宓日记中被提到。(参见《吴宓日记》第 8 册,第 7 页)另,吴宓的这篇日记,又见汤用彤:《儒学·佛学·玄学》,第 36 页。汤用彤未刊文稿整理者赵建永在他《汤用彤未刊稿的学术意义》(《哲学门》2004 年第 2 册)一文中提到,汤用彤未刊的、1941 年于武汉"儒学会"所作的演讲稿为《儒家为中国文化之精神所在》。

究并没有继续直接或更深地讨论儒家思想。他影响较大的学术贡献之一——玄学研究,其系列论文里也没有特别将魏晋玄学与理学关联在一起进行分析。①贯彻或体现他将玄学与宋明理学关联思想的,大概散落在他的一些中英文的中国哲学史及魏晋玄学讲稿(被重新整理)中。从其对中国哲学及玄学的基本概念如"名""理"、"道""德"、"性""天"、"工夫""性情"等配对概念的突出解释,及对玄学于政治理论上奠基作用的一再强调等,可以看出,汤用彤的玄学研究确实依然将魏晋玄学与儒家精神,与儒家的政治和道德关怀,关联起来。②另外,20世纪40年代初期,他曾指导学生任继愈专门对此问题进行分析。任继愈写成了他的本科论文《理学探源》,这篇论文直至20世纪80年代中期纪念汤用彤的一个文集出版时,才公开发表。③

耿宁上述所提到的其他学者如楼宇烈、钱穆、陈荣捷等也只是在相关研究中提到玄学与理学的关联,但都没有专门的讨论。④

西方汉学家中,海德堡大学的瓦格纳教授在其研究王弼玄学的巨著中,极其关注王弼玄学与儒家政治思想的关系,但也如其他涉及王弼思想的汉学家一样,稍弱于讨论王弼玄学与儒家伦理的关系,更没有将对王弼玄学与儒家思想的关联讨论,落实至宋明儒学的问题上来。⑤

---

(接上页)从主题看,应该是回应他1914年发表在《清华周刊》杂志上的《理学谵言》的主张:"理学者,中国之良药也,中国之针砭也,中国四千年之真文化真精神也。"本书中的两篇论文《理学的另类解读——析汤用彤〈理学谵言〉》和《析汤用彤对中国真精神之玄解——再谈〈理学谵言〉》,从玄学的角度讨论了汤用彤这篇长文及其他少数关于儒家思想的文章。

① 汤用彤遗稿中有一短提纲《理字原起》(载《汤用彤全集》第二卷),稍涉及宋明理学"理"字意涵与中国佛学僧人理解的关联。

② 参见《汤用彤全集》第四卷相关的魏晋玄学中英文讲稿。

③ 参见《燕园论学集——汤用彤先生九十诞辰纪念》,该文重刊于汤一介、赵建永编:《汤用彤学记》。

④ 如钱穆在老子庄子思想解读中,陈荣捷在朱子思想研究中,楼宇烈在《王弼集校释》中等,都提到过王弼对宋明理学有影响。尤其是钱穆认为,朱熹的"理"与王弼对"理"的看法有关。

⑤ 参见氏著:《王弼〈老子注〉研究》,杨立华译,江苏人民出版社2008年版。西方汉学家在讨论王弼思想时,普遍都注意王弼玄学对政治思想的影响。并且一般是从哲学角度(本体论及

真正正面从与宋明理学的关系上来拓展及论述对王弼玄学的理解，耿宁确为特别之学者。[①] 耿宁重提魏晋玄学与儒学的关系，并从理解理学特质的角度上，展开自己对王弼玄学的独特解读。[②]

耿宁的独特，首先在于他对儒学，尤其是对宋明理学特性理解的独特。耿宁基本围绕人性，特别是人的心性如何"发用"，如何活动的问题，来展开自己对儒学，对宋明理学、心学的新阐释。除论文中对孟子心性之学的反复强调，及对朱子学做心性角度解读外，我们还可以借助其《心的现象——耿宁心性现象学研究文集》所收录的几篇讨论儒学，尤其是讨论阳明心学的论文[③]，看出耿宁对儒学、宋明理学（心学）阐释的独特性。

其次，当耿宁将儒家对人性、人心问题的讨论，与对儒家政治及伦理的理论关联起来时，他认为，其中政治与道德实践的具体、实在效用，与人性、心性的本体问题如何解决，有着极为重要的关系，打通"用"之"实"与"体"之"玄"的，宋明儒学的努力，与魏晋玄

---

[接上页] 认识论）来讨论。这些讨论常常混杂在对《老子》文献注释史及思想研究的论著中，王弼玄学极少被专门立论。瓦格纳是例外，他曾出版过三本研究王弼的著作：《〈道德经〉的中国式解读——王弼注释对〈老子〉的评价》(*A Chinese Reading of the Daodejing: Wang Bi's Commentary on the Laozi with Critical Text and Translation*）；《中国的语言、本体论及政治哲学——王弼对"阴"的学术探讨》(*Language, Ontology, and Political Philosophy in China: Wang Bi's Scholarly Exploration of the Dark*）；《注释的技艺——王弼〈老子〉注》(*The Craft of a Chinese Commentator: Wang Bi on the Laozi*）；这三本英文著作的汉语合译本为：《王弼〈老子注〉研究》(*On Wang Bi's Commentary of Lao Zi*）。

① 2012年，学者朱汉民出版了他的研究著作《玄学与理学的学术思想理路研究》（中国社会科学出版社2012年版），被认为是"着重从经典诠释学及其义理重构的角度，展示玄学与理学身心义理之学的思想内涵和内在理路"。（参见李景林：《玄学与理学研究的一个新视界——读朱汉民教授新著〈玄学与理学的学术思想理路研究〉》，《船山学刊》2013年第4期）

② 在耿宁的这篇论文里，玄学与宋明儒学如何关联的问题一开始并不是一个直接明了的论题，到论文最后，王弼玄学与宋明理学关联的问题，才被鲜明地提出来。

③ 耿宁《心的现象——耿宁心性现象学研究文集》收录的与儒学研究有关的论文包括：《从"自知"的概念来了解王阳明的良知说》《论王阳明"良知"概念的演变及其双义性》《后期儒学的伦理学基础》《王阳明及其弟子关于"良知"与"见闻之知"的关系的讨论》《孟子、亚当·斯密与胡塞尔论同情与良知》《中国哲学向胡塞尔现象学之三问》《我对阳明心学及其后学的理解困难：两个例子》等。

学，与王弼的探讨有关。

那么，耿宁在他唯一一篇讨论玄学的论文中，是如何通过对王弼思想的解读，来呈现玄学对儒学，尤其是对宋明理学的"妙用"的？或如何开始他独特的从玄学解理学的学理探讨？

本文企图直接梳理耿宁讨论王弼思想的论文的不同角度，来理解耿宁王弼玄学研究的特殊性。

## 一、去玄的解读

将王弼玄学理解为元政治学和元伦理学，这是耿宁着重说明的论点。①
（1）为此，耿宁将王弼玄学中的一个重要概念"体"，做了去玄的解释：

> 就"体—用"这对概念而言，我并不相信人们在王弼那里已经可以发现它的实体［Substanz］（根本真实）—功用（效用、表现）的含义。在王弼那里，"体"并没有根本真实（本体）的含义，而是有身体、个体的含义。但是王弼的思想，比如他的本—末这对概念，可能也参与规定了体—用那对概念的意义。那对概念原本是来自于佛教文本。②

或者说，从去玄的角度看，耿宁首先将与王弼思想有非常重要关系的"体"字，与"用"连在一起理解。接着从其对身体的强调，而进入个体的解释，可以看到，耿宁的解读重"实"，而不是纯粹说"玄"。或说，为说"实"而解"玄"。

将"玄"不与"虚"紧连，而往具体的个体及其功用上解，为玄

---

① 耿宁：《心的现象——耿宁心性现象学研究文集》，倪梁康等译，第236页。
② 耿宁：《心的现象——耿宁心性现象学研究文集》，倪梁康等译，第236页注5。

学探讨的问题,能作为发政治、伦理功用的基本理论,可以说提供了一个非常巧妙的本体论基础。这也是耿宁将王弼玄学理解为元政治学和元伦理学的主要旨趣。

而往"实"处走的玄学解读又是如何可能?耿宁往下的讨论非常奇特。

(2)耿宁从王弼循老子道家思想对儒家政治、伦理原本偏狭之"实"的体现批判说起,指出道德与否,不在"实"之"名",而在"本"(原)之道、无和静。也就说,弃绝"名""德",强调返"本"循"道"。

"德",相对的是"道"。

耿宁认为,王弼"首先并不是自然的观察者,而是首先对政治和伦理感兴趣(他也并没有退隐山林,而是居于庙堂之上),对于他来说,天地乃从政治—伦理事物出发而被投射出去的政治—伦理事物本身的榜样。在他那里,重要的首先是政治的和伦理的德性或'力量'(德)的原因。借助于一种语词游戏,他把德性(德)解释为获得、得到,而道则是那在德性中所获得者"①。

在文中,耿宁明显反对学界向来多对王弼玄学纯然地往抽象思辨的逻辑理论上解释的做法。他尤其尖锐地批评了冯友兰的解读。② 耿宁的批评,某种意义上,针对了学界王弼研究的一个主要倾向,就是在强调王弼玄学的哲学意义时,往往太多其与汉儒纠缠具体事象做法

---

① 耿宁:《心的现象——耿宁心性现象学研究文集》,倪梁康等译,第244页。
② 耿宁:《心的现象——耿宁心性现象学研究文集》,倪梁康等译,第243页。"冯友兰在其最新的、仍未完成的《中国哲学史新编》(1982年及以后)中,用普遍与特殊之间的逻辑关系(普遍包含所有的特殊之物、被规定之物,但其自身完全不是〈特殊之物、被规定之物〉)来解释王弼关于'本'、道、无等这一方面与存在着的自然事物和文化成就那另一方面之间关系的观点,并批评王弼非法地从一种逻辑关系过渡到一种实在的、宇宙论的因果关系。这种解释的片面性是如此明显,它根本没有考虑下述情况,即王弼几乎不是从理论—逻辑问题出发,而毋宁是从政治—伦理问题、实践问题出发进行思考的。他的'本'[Wurzel]首先不是一种逻辑基础,而是一种实践的原因。"

（讲求术数）不一样的、探求抽象义理的玄远妙思。耿宁坚持，王弼的哲学言说方式，是为儒家的政治、伦理关怀服务的。或者说，王弼思想的玄远，是为解决政治和伦理效用太过纠缠于具象而不能体现大效用的问题而设。

因而，作为道家与新道家共同标志的"无"，耿宁认为王弼是放在与儒家政治、伦理关键词"名""形""分"相对的位置而论的。

> 王弼对自然与文化成就之基础是"无形无名"并因此是"无"这一点的坚持，与"刑名"[Leistung und Titel]这一方法直接或间接有关。虽然在王弼那里，"无形"应当用"没有形式"[ohne Form]而不是"没有成就"[ohne Leistung]来翻译，……道必须是无形的，因为否则它就不会拥有"能为品物之宗主"的"能"。①
>
> 王弼所说的"形"不仅指不同的"自然的形式"（与"凉"相对的"温"，与"宫"相对的"商"），而且可能首先是指不同的实践性的行事形式、社会成就模式，其中包含仁等儒家德性。在王弼那里，形（"形式"）这个词与分这个词密切相关，与分有、区分以及某种不同的社会职能（今天的写法：份）所意指的东西密切相关："有形则有分。"
>
> 对于王弼来说，"名"、"形"、"分"三者紧密相联："形必有（是）所分。""名必有（必然关涉）所分。"②

在强调王弼用"无"化解"名""形""分"时，耿宁概括地指出，道家思想赋予儒家政治及伦理新的基础（这种基础即为"本"，即为不同运动与活动背后恒在的"静"），从而改变了儒家原本被偏狭了的

---

① 此句若按德文原文翻译则为：……否则它就不会拥有化为所有不同的、对象性的形式的能力。——译者注

② 耿宁：《心的现象——耿宁心性现象学研究文集》，倪梁康等译，第245—246页。

"实"意:

> 王弼强调自然与文化的原因乃是无形无名者,他的这一强调也可以被理解为是对名教的批判,对他那个时代的形式主义的、浸透了法家精神的儒家的批判:政治与伦理的基础不可能简单地是一些固定不变的行事模式;一些单纯作为基础的政治与伦理导致了一些颠倒的关系("伪")。……王弼赋予静以一种奠基性的角色,这可能也与这里的上下文有关:"本"是各种不同的运动与活动(动)的基础,因此它自己不是动而是静。①

(3)道家式的元政治学与元伦理学奠基完成后②,耿宁重新从"崇本"的角度,界定王弼所理解的实践基本规则及形式:

> 王弼的基本思想是:人们不可以把"形与名"作为最高规范来遵循,而必须返回到它们的"原因",返回到道,并运用此道,由此形与名才能变得"全"与"真"。③

这种基本思想,耿宁用王弼的两句话来表现:"崇本以息末""崇本以举末"。耿宁将这两句话分别诠释成两种相辅相成的形式:

> 在王弼看来,第一种形式的意义及其批判性的对立表达就意味着:人们不应当试图去直接治理和压制任何不好的弊端(末),如错误、纵欲、抢掠等,而是要返回本源(本),这样这些弊端就

---

① 耿宁:《心的现象——耿宁心性现象学研究文集》,倪梁康等译,第246页。
② 耿宁认为,这是一种特别的形而上学。(耿宁:《心的现象——耿宁心性现象学研究文集》,倪梁康等译,第235页)
③ 耿宁:《心的现象——耿宁心性现象学研究文集》,倪梁康等译,第248页。

会自动终止。

第二种形式——包括其批判性的对立表达——的意义是：人们不应当试图去直接实现任何期待的结果（"末"、"子"），如儒家的德性，也就是说，不应当试图通过它们自身（通过它们的"名"）产生它们，而应当守护其本，这样它们就会自动从中出现。[①]

毫无疑问，这是一种指实，但不拘泥于实（或说化实）的新政治、新伦理思想。

至此，去"玄"后的王弼玄学，仿佛已重具"玄"意。实际上，耿宁也看到，无论是"无""一"，还是"崇本"，都是儒家政治、伦理思想意义的抽象表达，如果就此停留，这依然是原本被研究者定位的"玄"学。

耿宁认为，王弼并没有就此作罢。当耿宁接下来指出王弼用"见素朴""寡私欲""无为""自然"等老庄特有概念，来对儒家具体的行事形式和生活形式作解读时，再次显现耿宁对王弼玄学解读的独特之处。

## 二、连通老庄与孟子的"玄""实"功夫论

在耿宁论文的五、六节中，耿宁着重强调了王弼沟通儒道的贡献。在耿宁看来，王弼的贡献，不仅在于他通过《老子》，赋儒家政治与伦理思想新意义，而且在于他同时通过《庄子》赋儒家生活形式与修身功夫新意味。更重要的是，正是通过《庄子》，原本被片面玄化（抽象化）理解的《老子》道家思想，对儒家思想的补充作用，起到了与以孟子为中心的儒家理论连通的桥梁意义。

值得一提的是，研究魏晋玄学的学者中，极少有人关注《庄子》

---

[①] 耿宁：《心的现象——耿宁心性现象学研究文集》，倪梁康等译，第248—250页。

与王弼的关联。中国学者陈少峰曾发表过两篇相关的讨论文章:《王弼的本体说及其对于〈庄子〉义的发挥》[①]《王弼用〈庄〉解〈易〉论略》[②]。虽然陈文从王弼、《庄子》文本的互相对照、解读中,也看到王弼在"动""静"、言意之辩、自然观、圣人观等理论上,对庄子思想的吸纳,但明确王弼借用庄子之思,而使老子之抽象意能在行事方式及生活方式上有具体表现的探讨,却是耿宁独特解释的结果。

下面,我们来看看耿宁的分别解读:

(一)(见)素朴与无(寡)欲

耿宁强调:"素朴在王弼的政治学与伦理学中起着核心作用。"[③]但耿宁看到,无论是在老子中,还是"在老子的追随者中,素朴更多地意味着'遗失'了意欲、要求(欲)意义上的片面偏好,而非仅仅意味着从单纯特殊者状态中摆脱出来。"因而,"素朴与无欲(很少的欲求,没用欲求)密切相关"。[④]

但王弼不仅仅停留于此种理解。耿宁在他对王弼关于素朴及无欲思想的长篇解释中,回答了王弼何以能将道家与儒家思想圆融、互通,而阐发自己极富光彩的圣人观的缘由。[⑤]"对于王弼来说,这种无欲意味着什么?或者说,他如何刻画'欲'?他用两样东西来刻画它们:首先,如果欲走向外部,它们就意味着一种由外物导致的诱惑,并由此损害内在的'神'。在这个意义上,它们被刻画为物欲、外物的欲。其次,王弼还通过自私自利、通过欲的利己本性来刻画欲。王弼就此

---

[①] 载《原学》第三辑。
[②] 载《道家文化研究》第十二辑,生活·读书·新知三联书店1998年版。
[③] 耿宁:《心的现象——耿宁心性现象学研究文集》,倪梁康等译,第251页。
[④] 耿宁:《心的现象——耿宁心性现象学研究文集》,倪梁康等译,第252页。
[⑤] 笔者认为,耿宁虽并不像陈少峰那样,直接强调王弼用庄释儒时,对其圣人观的阐发有重要作用,但耿宁对王弼所用概念含义及渊源的仔细分析,却更能解释王弼的"圣人有情,然情应万物而无累,即应物而无累于物者也"的圣人观。

谈到私欲、'利己的、自私的欲求'。"① "按照王弼，欲与素朴性相对立，因此欲是人为的需要和野心，它们的要求多于自然的满足。"②

（二）静与性命、明（自知）

当"应物而无累"，变成具体的行事方式和生活方式时，"静"与"性命"、"明"（自知）便有了涵养与修身工夫的意味。耿宁在将这些概念关联起来，用于说明王弼玄学的特色时，确实有了"去玄"而依然是"玄学"的解释特色。

耿宁这样进行自己的解读：

> 在王弼那里，无欲状态与静相联，我们前面（第二节）已经把静认作是"本"这个维度的特征。
> 
> "静"首先具有一种心理学的含义，它意味着从欲望与欲求的驱动中摆脱出来。
> 
> 王弼把静与"性命"[Natur-Geschick]、自然的无生命[natürlich Lebenslos]联系起来，就像他在前面的引文中曾把无欲状态与自然的满足、与合乎自然的位置联系在一起一样。
> 
> "性命"是常。
> 
> 王弼紧随着《道德经》把对这种常的知称为"明"。
> 
> 王弼也紧随着该章把明理解作自知[Selbsterkenntnis]，并把它置于儒家德性"智"之上。
> 
> 这种自知是"于内"得到的。
> 
> 这种明同时是涵盖一切的，不像关于"形名"的知识那样是片面的、有分的。③

---

① 耿宁：《心的现象——耿宁心性现象学研究文集》，倪梁康等译，第252页。
② 耿宁：《心的现象——耿宁心性现象学研究文集》，倪梁康等译，第253页。
③ 耿宁：《心的现象——耿宁心性现象学研究文集》，倪梁康等译，第253—254页。

非常值得注意的是，在解释王弼"性命"概念含义时，耿宁将这一有可能与儒家心性学说相关的重要概念之辞源与庄子思想关联起来。①耿宁指出，承继庄子思想而来的王弼对这个特殊概念的用法，确有与庄子一致的反对将儒家政治、伦理狭隘条规化的做法。一种带有普遍价值意义的政治与伦理思想，自身应带有自我认清和破除狭隘性的资源（智慧）。

### （三）无为与自然

从"静"、"明"（自知）来体现修身功夫，本就有重趋玄的可能。如果不是从"虚"的意义上来单一地解释玄，玄之行事的实在性又在何处呢？耿宁依然是玄、实交替着来理解王弼对儒家政治、伦理所赋的新意。

耿宁分梳了"为"、"无为"与"因自然"（不是纯粹的"自然"）的含义。

首先是"为"与"无为"。"严格地说，'为'之于王弼乃是一种按照特殊的方法和技术——按照术或数——进行的行为。对这些有关为的方法和技术的知乃是智。""王弼'无为'的观念就像他的'实践根本法则'一般一样，是针对'术'与'数'的，后两者在他那个时代构成了名教——形式主义化的、打上了法家印记的儒学——的一个部分。""根据王弼，这种'为'是某种疏离于自然、疏离于自身如此或自发性的事物。"或说，"是一种从本原、从根本那里分离开的行动，它'舍本以治末'或'用其子而弃其母'"。②

但是，"在王弼看来，自然与本原联系在一起。"因而，"无为对于王弼来说只是'因自然'"③。

---

① 参见耿宁：《心的现象——耿宁心性现象学研究文集》，倪梁康等译，第253—254页。
② 参见耿宁：《心的现象——耿宁心性现象学研究文集》，倪梁康等译，第255页。
③ 参见耿宁：《心的现象——耿宁心性现象学研究文集》，倪梁康等译，第255页。

而在将"自然"与"因自然"相关起来并同时区别开来时,耿宁看到了王弼将儒家与道家思想既做沟通努力,又做明确区别的清醒。"王弼把'自然'规定为'不学而能者',因此与孟子对原初的、天赋之能(良能)的规定(《孟子》尽心上)完全一样。"但当王弼"不仅用因自然来刻画理想的行动方式,而且还用无身或无私和失志来刻画"时,并"把无为与因、顺自然连接起来"时,其实就既体现了王弼强调儒家的心性说在孟子思想里已经指出了自然之理,又体现了王弼理解中的道家是侧重强调,唯通过透彻的理智主动性,才可真正做到顺应自然地行事、生活。耿宁说,毋庸置疑,强调与儒家心性自然有区别的道家超智的"因自然","看起来是王弼的成就"。①

在这里的讨论中,耿宁特别探讨了王弼思想的道家资源问题:

在《道德经》中,"无为"与"自然"之间也存在着一种间接的关联。

在王弼那里颇为常见的"因自然"等表达在《道德经》中却从未出现。

然而这一表达在《庄子》中、尤其是在"内篇"(一至七篇)中却很重要。

在《庄子》的某些段落中,这种"因自然"的思想处于中心位置,但是这一思想在那里并没有与"无为"(它也常常出现)这个表达连接在一起。毫无疑问,对于我们今天认为是庄子的许多思想,王弼是深信不疑且深受启发的。② 王弼具有历史意义的诸多成就之一,就是把"无为"这一传承下来的表达与庄子合乎自然

---

① 参见耿宁:《心的现象——耿宁心性现象学研究文集》,倪梁康等译,第256—257页。
② 耿宁自注:因此当王弼在《道德经》第四十二章的注中涉及一的可命名性这一疑难问题时,他引用了《庄子·齐物论第二》(参见前文),而他《周易略例》中的《明象》章则是根据《庄子·天道第十三》(见郭庆藩编:《庄子集释》,第488页)。

的生活和行动的观念（"因自然"）连接起来，并由此把这一表达从一种原本是消极的、对于统治者来说是确定的口号改造为对积极的行动和行事之普遍有效的方式的刻画。借着这种积极的内涵，这一表达可能也注定在宣扬要在社会上采取积极行动的儒家那里获得一个意义深远的未来。[①]

## 三、一种通往心学的玄理？

耿宁在讨论王弼思想文章的最后一节，概括性地阐述了自己的洞见：

> 引导王弼思想的原初明察可能是：那对于政治与伦理来说并不确定的"形名"，不能像他那个时代的形式主义的儒家即名教所教导的那样，是固定的行事范本和最高原则的概念，毋宁说，伦理与政治需要一种原初基础。这样一种明察或许尤其是从他那个时代的下述经验得到的，即：这样一些"形名"遭到了滥用，并且可以服于某种纯粹的"伪"，正如甚至直到今日那些最卑鄙的政治统治者仍惯于用最美好的道德名目来装扮自己一样。进而，在他那里这一明察也与下述思想密切相关："形名"总是部分的（分），单独它自己总是导致片面性（偏），不能使任何事物和社会保持"全"。
>
> 最终，下面这种经验也可能对这一明察有所贡献：毫不掩饰地着意追求道德观念的实现，将导致紧张、失败和伪善。所以王弼在追随老子和庄子的过程中试图回溯到伦理与政治之某种更深的、比"形名"更深地存在着的"本"：回溯到道、无、一、静

---

① 参见耿宁：《心的现象——耿宁心性现象学研究文集》，倪梁康等译，第258页。

等，物之本性即扎根于它们之中。伦理—政治行动必须"因顺"那源自这种本原的自发性，也只需"回应"这种自发性。

然而他毕竟没有完全拒绝儒家的"形名"，而只是就其脱离本原、就其独立化和绝对化而言才拒绝它们。在他那里有几处强调了"形名"的积极价值。

王弼的这一立场很可能对中国的哲学活动产生了很大影响，尤其是对宋明时期的所谓新儒家。这一点可由下述情况表明：他试图通过一种形而上学的本原，通过一种"至理"①，通过"性"等等，来为儒家的价值和规范奠基。

他关于伦理—政治行动（这种行动是与本原相关的、合乎自然的行事的行动）的观念，正指示着孟子的这一方向：即通过人性来为政治与伦理奠基。②

王弼玄学是魏晋玄学研究中不得不提的重要一环。

在笔者看来，耿宁先生的洞见，是非常值得关注的。这不仅是对王弼思想的出色解读（也是有个性的解读），而且可以从问题上，拓展我们对道家思想的新理解角度。笔者期待通过进一步学习而更深理解的是，借助着这样一种特别的玄学解读，耿宁先生可能对儒家思想，尤其是对心学，提出些什么问题呢？

至少，如果玄学对早期儒家思想的道家式解读，确实影响了宋明儒学（宋明新儒家）的话，玄学带给儒学发展的，甚至带给儒士行事、生活方式的，不可能只是正面的。但如果有负面的困惑的话，这

---

① 耿宁自注：这一对于朱熹（1130—1200年）来说根本性的概念出现在王弼的《老子指略》中，见《王弼集校释》，第197页，第4—5行。王弼也知道那个对于朱熹来说同样是根本性的表达："所以然之理"，见《王弼集校释》，第216页，第6行。

② 参见耿宁：《心的现象——耿宁心性现象学研究文集》，倪梁康等译，第259—260页。

到底是什么？或许耿宁先生的阳明心学研究巨著[①]能进一步解答我疑惑的问题。

（本文为提交"第九届《哲学分析》论坛——耿宁心性现象学学术讨论会"论文。论文修改稿《去玄的玄学解读——简评耿宁先生的王弼研究》，发表于《哲学分析》2014年第5期）

---

[①] 耿宁：《人生第一等事——王阳明及其后学论"致良知"》（德文版）已于2010年出版，中文版由倪梁康翻译，2014年分上下册在商务印书馆出版。

# 被质疑的哲学
## ——以清末民初四位学人的看法为例

哲学是否适合中国，或哲学是否是救心的智道，是中国百多年来令从事哲学研究、热爱哲学的人纠结的一个问题。其中，清末民初几位学人对哲学的质疑，在今天看来，依然是从事哲学研究、谈论哲学意义的人，未能完全回答清晰的问题。

问题至今没得到明确解释的原因之一，与对来自日本的"哲学"汉译含义该做何种理解有关①。但本文暂不讨论这个文化交流视域中的重要问题，而将问题讨论的角度直接切入近现代中国学人的理解上，并主要通过叙述和分析蔡元培、傅斯年、王国维与欧阳竟无等四位清末民初的知名学人对哲学的看法，来展开讨论。

---

① 我国许多学者对此问题都曾做相关研究（见后面相关注释）。笔者认为，日本汉译的"哲学"含义固然有可讨论的问题，但后来"哲学"一词在中国学科及思想发展中引起的各种问题，还不仅是由汉译的理解引起的，而相反的，其脉络相对独立。它与中国学者对"哲""学"词义的某种"望文生义"联想及想象的含糊有关。这种含糊一旦与"玄学"挂钩，问题便由对词义的模糊理解，转变为对学科对象、学科研究方法及哲学作用等问题的各种争论。郑宗义的研究较为独特地看到这一点，参见氏文：《中国近现代思想中的"哲学"》，载《第四届国际汉学会议论文集》，台北"中研院"，2013年。

## 引言 何种质疑?

在近现代中国学术重建过程中,人文学术领域遭质疑最多的是哲学学科[①]。这里涉及的不仅是对哲学本性认识的问题,而且涉及哲学作为西方学术形式,是否属于中国传统人文学范畴,或者说,哲学是否能承担中国"学"教化重任的问题[②]。

清末民初新学兴起期间,直接从学科建制上讨论哲学含义及本性,以及哲学作用、哲学分科所属等问题的,是蔡元培和傅斯年[③]。在二人的讨论中,傅斯年的看法在争论之始,仿佛并不占上风,或者说,蔡元培的看法才真正实施在了学科的建制上。[④] 但如果将二人争论中哲学特性能否做"玄"解这一问题,放在哲学学科、哲学研究漫长的百余年进程上看,并转换成王国维关于哲学的"可爱"与"可信"之质疑,哲学的作用问题立即令人触目惊心。王国维的质疑,将哲学特性、哲学作用的问题从书斋扩展至人生,并使傅斯年等在早期仅将哲学与严谨理性挂钩,有意无意地重将哲学与科学关联的做法,推至极端,而使哲学在某种程度上丧失了人文学研究及对人生问题解决的功能。王

---

① 在近现代中国学术建制中,有一门重要的人文学科"宗教学",极少被纳入讨论中。这与中国学人对"宗教"一词的误展有关,也与中国人对西方宗教的排斥有关。所以,从某种意义上说,宗教学作为一种人文学术,较少被纳入近现代中国学科建制的视野中。笔者曾作《近现代中国宗教研究兴起的几个相关问题》(载《2003—2004中国宗教研究年鉴》),试图探讨宗教学科初期的问题。其他主要的人文学科,如文学(或现在学科中使用的"中国语言和文学")、历史,在讨论相关学科建制时,涉及的话题只是新旧方式或研究方法之中或西的讨论,但学科内涵及归属为人文学,是毋庸置疑的。而"哲学"则不然。

② 中国传统学术中,没有"人文学"这一大的学科的类型,与此相关的,在近代学人看来,是古典的经、史、子学及后来被广义理解的文学、语言学和美学等。在近现代中国知识分子看来,这些被赋予现代"人文学"意味的古典学术,与现代教育中设置的以文学、历史、哲学为主体的"人文学",都应具有"政教风化"(《诗·周南·关雎序》:"美教化,移风俗")和"教育感化"(《礼记·经解》:"故礼之教化也微,其止邪也于未形")的双重作用(教化)。

③ 论文接下来的第一部分,将详述和分析傅斯年与蔡元培的争论。

④ 傅斯年与蔡元培争论的主题,表面看只是哲学学科分属理科还是文科的问题,但从争论的实质上分析,则涉及对哲学特性该做何种理解的问题。

国维从人生角度上对哲学作用的质疑,从哲学本性的理解上,不仅使哲学重具"玄学"的特色,而且重将哲学之作为玄学的最重要一面之弱点,在直面人生的惨淡中,呈显出它的可疑。① 因为涉及"信"的问题,与玄学可能结盟的宗教,不可避免地被牵扯进来。② 而这个问题,在王国维那里是隐晦的,欧阳竟无从另一个角度,将它揭示了出来。

本就在科学与宗教之间起调和、平衡作用的哲学,如何几被与宗教同等看待?③ 早在 20 世纪 20 年代初,欧阳竟无在一次演说中,明确将对哲学的质疑,与对宗教的质疑相关起来④。这不仅使哲学的理性特色表现在具体的人生、社会问题上的作用遭到质疑,而更重要的是,

---

① 按从哲学学科角度来研究中国古典学术的诸多学者的看法,魏晋玄学是中国最具形而上学特质的"哲学"。但如王弼这样的魏晋玄学代表人物,在中国士大夫看来,其玄思对人生、社会、政治,不免有"虚空"的负作用。王国维则用自己的切身体验及纠结的人生,真实地展现了哲学之玄性(形而上学特性)与个体人生的矛盾。另一位曾钟情于魏晋玄学的汤用彤,在后来也用自己的经历,再次展现了哲学与人生的复杂关系。(笔者对汤用彤钟情魏晋玄学的心态,在本文集讨论汤用彤的四篇论文中有涉及)

② 王国维表述其对哲学疑问的著名小文《自序二》(载王国维:《静庵文集》,辽宁教育出版社 1997 年版)发表于 1907 年。当时,他的质疑并没有引起太多的反响。但 20 年后,他的自沉,及一年后,陈寅恪纪念铭文一出,连同几年前"科玄论战"的余响,使王国维对哲学的质疑又成一问题。研究王国维词学及思想的学者彭玉平,在其论文《关于〈静安文集〉的一桩公案》(《清华大学学报(哲学社会科学版)》2009 年第 1 期)中,通过对王国维写作、出版此文集前后遭遇及心境的详细分析,提醒注意王国维对文集的态度,与其从哲学、教育(新学、新文化)转向国学、经学(传统学术)的曲折心路历程有关。另据这篇论文引证的史料,王国维摧烧文集的时间,正是其游学于日本的时间。在另一篇论文(《王国维哲学、宗教观念与人生"诗学"》,《武汉大学学报(人文科学版)》2011 年第 2 期)中,彭玉平更提出,王国维之"忧生忧世"情怀,使其哲学一开始便纠结于人生问题,并具宗教色彩。这使王国维企图用作为新学的哲学理性解决人生问题时,不可避免地陷于究竟是对人的情感、意志的神圣超越(宗教走向)还是沉溺其中(文学、美学)的深刻矛盾中。

③ 清末民初之际,学人对日本人翻译和介绍的哲学,一般倾向理解为与科学更近,但因哲学有贯通和根本(深刻)特性,被认为不应等同于科学。又因其时介绍的哲学主要是西方近代各种哲学理论,哲学也被看成与宗教看重神性不一样,着重体现人的理性。蔡元培于 1923 年发表的《五十年来的中国之哲学》(载高平叔编:《蔡元培全集》第 4 卷,中华书局 1984 年版)对此有较详尽的介绍。与傅斯年一起创建《新潮》杂志的谭鸣谦(又名谭平山,其时与傅斯年同为北京大学学生),发表的一篇文章《哲学对于科学宗教之关系论》(《新潮》1919 年第 1 卷第 1 号),可看成是这些观点的典型表述。

④ 欧阳竟无著名演说《佛法非宗教非哲学》,参见黄夏年主编:《欧阳竟无集》。

提出了另一个至今仍没有太多学者重视的问题：哲学的玄远之维，如果被哲学家个人绝对化的话，理性的运用是否会如宗教的极端一样，导致哲学家的过分偏执与自傲？①

至此，哲学之含义及作为变得含混。从事哲学教育或研究的学人，在其中也不免纠结。

西来的哲学是否能比附某种中国的传统学术（人文学）？还是只是一种新来的学术？如果是一种新来的学术，它究竟能否具有替代某种中国传统学术（人文学）的功能？如果不能，原因又在何处？

再细分析，哲学的理性特征，应该被如何理解？人生、社会问题如果还需要理性的话，应该是何种理性？或者说，人在解决人生、社会问题时，该运用何种理性？如何运用？②

其实，还可以不断地追问下去，但我们不妨先回过头来看，问题究竟是如何引起的。

下面将主要分析蔡元培与傅斯年对哲学的看法。

## 一、玄解哲学？——蔡元培与傅斯年的辩与疑

将蔡元培与傅斯年放在一起来谈论他们对哲学的看法，源于1918年二人辩论哲学门是否应隶属"文科"的往来函件。③

中国大学专业学科的设置，自清末新学改革以来，一直存在争论。

---

① 笔者曾撰文《寻找入世的真理——以章太炎、太虚与欧阳竟无的观点为例》（《现代哲学》2007年第2期），在结语部分讨论了欧阳竟无对哲学质疑的独特。

② 香港中文大学哲学系郑宗义先生在其长篇论文《中国近现代思想中的"哲学"》（载《第四届国际汉学会议论文集》）中，从学科建制史到思想史，尤其是中国哲学相关问题争论的学术史等不同的角度，借用翔实的文献和历史资料，揭示了"哲学"一词与概念、知识、思想的复杂关系。文章特别深刻剖析了近现代中国知识分子在接受、使用和质疑"哲学"时的矛盾心态。

③ 参见高平叔编：《蔡元培全集》第3卷；欧阳哲生主编：《傅斯年全集》第1卷，湖南教育出版社2003年版。

从1916年起任北京大学校长的蔡元培，其实行的"循思想自由原则，取兼容并包主义"的方针，使其时的北大不仅成为新文化运动的中心，而且也是促进近现代中国专业学制完善的重镇。

在蔡元培的学制改革中，当时还是学生（但却是学生会主席及《新潮》的创刊人）的傅斯年，对于北京大学学科改革中哲学门被划归为文科一事，向校长蔡元培提出了自己的否定意见。在信中，傅斯年义正词严地陈述了哲学门只能隶属理科，而不应隶属文科的理由："为使大众对于哲学有一正确之观念，不得不入之理科；为谋与理科诸门教授上之联络，不得不入之理科；为预科课程计，不得不入之理科。"[①]

在这三点理由中，非常值得注意的是，傅斯年从哲学与科学关联、与理性关联的意义上，认为哲学特性（或他的表述"哲学之正确观念"）与"玄"性（他的话是"玄语"）无关。而正是这种被强调与哲学不应相关的"玄"性，在蔡元培的回复中被从与理性之普遍性（或含糊意义上的"绝对性"等）关联的说明上，被重新强调为哲学的特性。

以下，我们不妨先来看看傅斯年对将哲学纳入文科的质疑。

首先，傅斯年质疑哲学门隶属"文科"的设置模式源头是否恰当。他认为将哲学门归于文科而不是归于理科，更多是从日本照搬过来的，对比英美及欧洲，是"不伦不类"的。

> 以哲学、文学、史学统为一科，而号曰文科，在于西洋恐无此学制。日本大学制度，本属集合，殊国性质至不齐一之学制，而强合之。其不伦不类，一望而知。即以文科一端而论，卒业于哲学门者，乃号"文学士"。文科之内，有哲学门，稍思其义，便

---

[①] 参见欧阳哲生主编：《傅斯年全集》第1卷，第39页。

生"觚不觚"之感也。[1]

尽管西文philosophy一词的汉译，是从日本传过来[2]，"哲"字含义与西文philosophy应接近[3]，但傅斯年与当时受西方启蒙思潮影响的大部分中国知识分子一样，将"理"性、"智"性，与科学中强调分析、逻辑的知性、理性等同，而与形而上学的思辨性及涉及情、意的感性分隔开。傅斯年对哲学与科学相近性的强调，在他1919年写作的另一篇文章《对于中国今日谈哲学者之感念》[4]，还有更多的阐述（下面在蔡元培部分再做补充分析）。

其次，傅斯年从中国传统学术中对"文"的界定与"哲学"不是很相关这点上，再申述他执意将哲学与理科相挂的理由。

> 中国人之研治哲学者，恒以历史为材料。西洋人则恒以自然科学为材料。考之哲学历史，凡自然科学作一大进步时，即哲学发一异彩之日。以历史为哲学之根据，其用甚局，以自然科学为哲学之根据，其用至博。[5]

---

[1] 欧阳哲生主编：《傅斯年全集》第1卷，第37页。
[2] 陈玮芬：《"哲学"之创译与演绎——兼论"哲学"与"理学"之辩》（《台湾东亚文明研究学刊》2012年12月第9卷第2期）详细介绍了日本学者西周将西语"philosophy"创译为"哲学"的历程，并分析了其作为"实践的经世家"，对"哲学"赋予的"理论性"和"合理性"。而日本学者对"哲学"这种特性的理解及坚持，陈玮芬、郑宗义以及其他研究早期日本汉译学术名词（概念），尤其是研究早期日本汉译哲学术语的学者，都认为与明末清初耶稣会士以对理学的理解来汉译相关的西方哲学术语的做法有关。相关研究参见陈玮芬：《"哲学"之创译与演绎——兼论"哲学"与"理学"之辩》；郑宗义：《中国近现代思想中的"哲学"》；林美茂：《"哲学"抑或"理学"？——西周对Philosophy的误读及其理论困境》，《哲学研究》2012年第12期；陈启伟：《"哲学"译名考》，《世界哲学》2001年第2期；景海峰：《"哲学"东来与"中国哲学"建构》，《中国哲学史》2004年第3期。
[3] "哲，知也。"（《说文》："哲，智也。"）段玉裁注《说文解字》"哲"字，强调："古智通用。"
[4] 载欧阳哲生主编：《傅斯年全集》第1卷。
[5] 欧阳哲生主编：《傅斯年全集》第1卷，第37页。

从中国传统学术类型划分来说，傅斯年强调，"中国'文史'一称，相习沿用久矣。循名责实，文史二门，宜不必分也。返观哲学，于文学绝少联络，不可以文史合科之例衡之"①。

在这里，傅斯年一再提到传统学术中人文学的一个重要特点：玄（玄想、玄谈）。他断言，传统学术中的人文学，从所涉对象及运用方法来说，与科学的理性关系不大。并且中国文人易以"玄语"盖"浅陋"，因此，学科设置时，如将此"文史"与"哲学"相混，实是错误。

傅斯年又指出，哲学中与自然科学相关的理性知识，是当时中国文科学人（沿袭传统意义的文科）不具备的。本来，文与理从知识的掌握来说，不应分割，在西方确是如此，但中国则不然。所以，由文科的人去研究哲学、教育哲学，于学问发展显然害多于利。

  以为哲学、文学，联络最为密切；哲学、科学，若少关系者，中国人之谬见然也。盖习文学者，恒发为立想，作玄谈者，每娴于文学，不知文学本质，原属普遍。西洋为哲学者，固恒有文学之兴会，其为科学者，亦莫不然。文学家固多兼诣哲学者，其兼诣科学者，尤不少也。中国文学，历来缺普及之性，独以高典幽艰为当然；又以无科学家，而文士又惯以玄语盖其浅陋，遂致文学与科学之关系，不可得见，反以哲学、文学、史学为三位一体焉。今为学制，宜祛此惑、不宜仍此弊也。

  文学与哲学合为一门，于文学无害也，而于哲学则未当。何以言之，习文学者，能谋哲学学科之联络，其运用文学之思想，必不浅陋，然哲学取资于文学处，殊可概见。哲学主知，文学主情，哲学于各种问题恒求其能决，文学则恒以不解解之，哲学于事理分析毫厘，文学则独以感象为重，其本异，其途殊。今固不

---

① 欧阳哲生主编：《傅斯年全集》第1卷，第37—38页。

可谓哲学与文学渺不相干,然哲学所取资于文学者较之所取资于科学者固不及什一也。①

最后,傅斯年直接从清季学制改革以来所设学科、学门无"哲学"这一事实,质疑今设"哲学"门,教员所应具备的知识能力不可能从文科获得,而更可能是从理科出,再强调哲学应属理科。从学生进入大学前所学知识的种类,也使理科预习与哲学学习更近。

> 一年以前,吾国之哲学门仅可谓为"大清国大学经科理学门"(清季学制经科有理学门,文科无哲学门),不足当哲学门之名。诚以所授诣者,不为古典之学(Classicism),便是怪秘之论(Mythology),何有于哲学。今以教员之选,课程之革,大愈于前矣,然若不出哲学门于文科,入之理科,一般人之观念,犹如昔也。自学生观察所及者言之,同学诸君,以及外人,对于文科之观念,恒以为空虚之府,其志愿入此门者,绝不肯于自然科学,多所用心。持是心理以观哲学,本此见识以学哲学,去哲学之真,不亦远乎?今学生所以主张哲学门应归入理科者,不仅按名求实,以为哲学不应被以文科之名也,实缘哲学入之文科,众多误会,因之以生;若改入理科,则大众对之,观念顿异,然后谋哲学与理科诸门课程上之联络。一转移间,精神上之变革,为不少矣。
>
> 若就教授上之联络而论,哲学门尤宜入之理科,物理门之理论物理,化学门之理论化学,数学门之天文学、聚数论、微积分,动植物门之生物学、人类学,皆与哲学有亲切之关系。在于西洋,凡欲研治哲学者,其算学知识,必须甚高;其自然科学知识,必具大概。今吾校之哲学门,乃轻其所重,绝不与理科诸门谋教授

---

① 欧阳哲生主编:《傅斯年全集》第1卷,第38页。

上之联络,窃所未喻也。

今之文预科,为预备入文学、哲学、史学三门而设,无所区别,试问此三门之预科,固应课程齐一耶?哲学门之预科,应注重数学、物理;文学、史学之预科,则不必然。又同学科,对于预备习文学之人,与对于预备习哲学之人,应异其教授范围与其方法。哲学门之预科,其性质当与理科为近,而于文学门预科为远也。①

中国传统人文学术中包含的"玄"性,真与哲学的理性无关吗?这是否成为拒哲学入文科的重要理由?

蔡元培作为校长如何回答这位才气横溢、咄咄逼人的学生呢?蔡元培用寥寥数语,几乎是轻描淡写地回复了傅斯年:

案:傅君以哲学门隶属文科为不当,诚然。然组入理科,则所谓文科者,不益将使人视为空虚之府乎?治哲学者,不能不根据科学,即文学、史学,亦莫何不然。不特文学、史学近皆用科学的研究方法也。文学必根据于心理学及美学等,今之实验心理学及实验美学,皆可属于理科者也。史学必根据于地质学、地文学、人类学等,是数者,皆属于理科者也。如哲学可并入理科,则文、史亦然。如以理科之名,仅足为自然科学之代表,不足以包文学,则哲学之玄学,亦决非理科所能包也。至于分设文、哲、理三科,则彼此错综之处更多。以上两法,似皆不如破除文、理两科之界限,而合组为大学本科之为适当也。②

从文字上看,蔡元培似乎只回应了傅斯年关于哲学更近于理科

---

① 欧阳哲生主编:《傅斯年全集》第1卷,第38—39页。
② 高平叔编:《蔡元培全集》第3卷,第194页;欧阳哲生主编:《傅斯年全集》第1卷,第40页。

（科学）的问题，也同样抓住这点，蔡元培从新教育（新学术）的特点及文理科调和的方面，调侃说"如哲学可并入理科，则文、史亦然"。但之所以不做如此简单划分，而将哲学归入文科，蔡元培说了一个非常重要的理由，并且这个理由成为日后科玄论战，及欧阳竟无将哲学与宗教一并拒斥的重要线索："如以理科之名，仅足为自然科学之代表，不足以包文学，则哲学之玄学，亦决非理科所能包也。"

哲学特性以"玄学"解，这在后来蔡元培的讨论、介绍哲学的文章和著作中，有过不是很明确但留下问题的表述。如在《哲学与科学》（1919年）中谈及"哲学之任务"时，他对其中第三点的哲学之"玄学"任务，有这样的表达：

> 哲学之任务，则尚不止于前述之二端，约举之有三：一曰各科哲理，如应用数学之公例以言哲理，谓之数理哲学，应用生理学之公例以言哲理，则为生理哲学等是也。二曰综合各种科学，如合各种自然科学之公例而去其龃龉，通其隔阂，以构为哲学者，是为自然哲学。又各以自然科学所得之公例，应用于精神科学，又合自然科学及精神科学之公例，而论定为最高之原理，如孔德（Auguste Comte）之实证哲学，斯宾塞尔（Herbert Spencer）之综合哲学原理是也。三曰玄学，一方面基础于种种科学所综合之原理，一方面又基础于哲学史所包含之渐进的思想，而对于此方面所未解决之各问题，以新说解答之。如别格逊（Henri Bergson）之创造的进化论其例也。夫各科哲理与综合各种科学，尚介乎科学与哲学之间，惟玄学始超乎科学之上。然科学发达以后之玄学，与科学幼稚时代之玄学较然不同，是亦可以观哲学与科学之相得而益彰矣。①

---

① 高平叔编：《蔡元培全集》第3卷，第253—254页。

蔡元培在这里给哲学之"玄学"特性说明，留下了一些含混的说法，"综合"是否意味着超越？"新问题"是否意味着人生、社会问题？

而在《节译博格森玄学导言》（1921 年）中，蔡元培对"玄学"做如是定义：

> 凡是实证科学，均用分析法，都用符号。不但自然科学，就是生活的科学，也是根据那种生活的形式。机关，与解剖出来的部分相互比较，由复杂求到简单，用可见的符号，求研究生活的机能就是了。若是换一个方法，用绝对的认识来代相对的，用深入对象的体认来代对待的视点，用直观的全有来代分析的选取，超乎各种符号以外，那就是玄学的本分了。所以玄学是一种要不藉符号而能表示的科学。①

从这段定义中，蔡元培用"绝对""体认""直观""全有"和"深入对象""超乎各种符号"来界定"玄学"的特质，或者说，区别哲学与科学。

但如果将这个界定与他在不同时期关于不同学术如何解决人性中情、意、智（理性）三方面的问题的说法相对照，尤其是与他在不同时期对美术、美育（广义上的文学艺术）性质的说明相比，会发现，哲学的玄学与中国传统意义上的文学，差别不大。②起码从方法上说，都强调绝对、全有（蔡元培时常用"普遍"，如"美以普遍性之故，

---

① 高平叔编：《蔡元培全集》第 4 卷，第 85 页。
② 蔡元培并不认为魏晋时期可以称之为有哲学的时期。他在不同文章里，都只是认为诸子百家争鸣时期的儒家思想及后来宋明的儒家思想与哲学有关。但批评宋明儒家的哲学是烦琐哲学。另，他将老庄思想以玄学称谓。（参见氏著：《中国伦理学史》，载高平叔编：《蔡元培全集》第 2 卷；《中国的文艺中兴》，载高平叔编：《蔡元培全集》第 4 卷；《五十年来中国之哲学》，载高平叔编：《蔡元培全集》第 4 卷）

不复有人我之关系，遂亦不能有利害之关系"[①]，"美感是普遍性，可以破人我彼此的偏见；美感是超越性，可以破生死利害的顾忌，在教育上应特别注重"[②]），都强调方法上的直观（"科学与美术有不同的点：科学是用概念的，美术是用直观的"[③]）。更关键的是，蔡元培将科学较侧重地划定为"自然科学"时，哲学"玄学"之与生活有关，及美术或美育之与人生有关，便毫无疑问地必须涉及"主观"和"价值"的问题。

> 意志论之所诏示，吾人生活，实以道德为中坚，而道德之究竟，乃为宗教思想。其进化之迹，实皆参互于科学之概念，哲学之理想。概念也，理想也，皆毗于抽象者也。而美学观念，以具体者济之，使吾人意识中，有所谓宁静之人生观，而不至疲于奔命，是谓美学观念惟一之价值，而所由与道德宗教，同为价值论中重要之问题也。[④]

顺着这样一种对哲学"玄学"特质的强调，蔡元培在其中一篇访谈录里，表达了与其著名的"美育代宗教"口号一样的——"以哲学主义的信仰代宗教"——的看法[⑤]。

到这里，关于哲学的问题，仿佛又回到原点上，如果美术（美育）具有与玄学特质的哲学同样的功能的话，并且美术与科学相比，具有

---

[①] 蔡元培：《以美育代宗教说》，载高平叔编：《蔡元培全集》第3卷，第33页。
[②] 蔡元培：《我在教育界的经验》，载高平叔编：《蔡元培全集》第7卷，第197页。
[③] 蔡元培：《美术与科学的关系》，载高平叔编：《蔡元培全集》第4卷，第32页。
[④] 蔡元培：《哲学大纲》，载高平叔编：《蔡元培全集》第2卷，第381页。
[⑤] "将来的人类，当然没有拘牵仪式、倚赖鬼神的宗教。替代他的，当为哲学上各种主义的信仰。这种哲学主义的信仰，乃完全自由，因人不同，随时进化，必定是多数的对立，不像过去和现在的只为数大宗教所垄断，所以宗教只是人类进程中间一时的产物，并没有永存的本性。"（蔡元培：《关于宗教问题的谈话》，载高平叔编：《蔡元培全集》第4卷，第70页）

更显著的人文色彩的话,那么,美术是否也可以代哲学呢?

这正是蔡元培无法明确解决的问题。

蔡元培在不同综述和评论中国学术的书中,几乎都将中国的人文学与儒家关联起来,并将儒家的"六艺"比喻为现代人文教育的方式。借对孔子精神生活的描述和评论,蔡元培不但在"智"的体现上没有提到哲学,而且,他在孔子精神生活的"智""仁""勇"三个方面,特别指出还有两特点需重视:"一是毫无宗教的迷信,二是利用美术的陶养。"①

晚年蔡元培载回顾自己从事教育事业及中国新文化发展历程的文章中,除个别地方提到,清末时新学制改革,他将哲学设为与世界观相关的课程外,蔡元培几乎不再提到哲学及哲学门②。

哲学是什么性质的理性,它果真有代替或超越宗教的功力,而在人生领域中发生作用吗?

当王国维将哲学的玄远之维与人生问题相对待来深思时,矛盾并且痛苦的纠结便缠绕着他。而当欧阳竟无将哲学理性的执着与个体存在的局限相对照时,哲学理论和哲学家又仿佛不得不正视自己根本不玄远的身和心。

## 二、哲学的"信"与"爱":王国维的纠结与欧阳竟无的拒斥

王国维对自己钟情哲学、矛盾哲学及放弃哲学的心路历程,做了非常感性的描述。新编的《静庵文集》一卷的《自序》及《静庵文集续编》中的《自序》和《自序二》,是王国维对自己进入哲学、选择哲

---

① 蔡元培:《孔子之精神生活》,载高平叔编:《蔡元培全集》第7卷,第107页。
② 参见蔡元培:《我在教育界的经验》(1937年)及《整顿北京大学的经过》,载高平叔编:《蔡元培全集》第4卷,第32页。另,参见蔡元培:《三十五年来中国之新文化》(1931年),载高平叔编:《蔡元培全集》第6卷。

学、矛盾哲学的记载。①

诚如大部分研究王国维的学者注意到的那样，与傅斯年不一样，王国维对西方哲学的关注，不是纯粹实证的，不是纯粹理性的。对此，蔡元培在总结五十年来中国哲学历程时特别提到，王国维与早期介绍、接受西方哲学的大部分学人不同，他接受的不是具有理性启蒙色彩的英美哲学，而是德国哲学，并且主要是叔本华、尼采等的非理性主义哲学。②

王国维的哲学选择与他的性格有关。他是将哲学的选择、哲学的研究（作为一种学术方式的接受）与他的人生问题关联起来。他同时是个理性的人，其非常深厚的中国传统学术（如史学、校勘、考据学等）功底，及对学问的严谨、认真、求实，与他性情的极度敏感和内心深刻的脱俗，形成极为鲜明的对比。③

作为一位不仅介绍过西方哲学，而且能够运用西方哲学理论去阐释中国思想的杰出学人，王国维在理性与非理性的哲学中几番出入，终是不能从哲学本身求得解决"信"与"爱"矛盾的佳途，而忍痛放弃了哲学。④

王国维给哲学提出的质疑，不是哲学的含义问题，而是哲学的功用与其实现方式是否完满的问题。挣扎于情感与理智、哲学与文学之间，或者说挣扎于新学与旧学之间，挣扎于新型的人文学与传统的人文学之间，王国维在 1907 年写下的一段话，为自己 20 年后的自沉埋

---

① 参见王国维：《静庵文集》，辽宁教育出版社 1997 年版。
② 参见蔡元培：《五十年来中国之哲学》，载高平叔编：《蔡元培全集》第 4 卷，第 354—360 页。
③ 王国维自述选择哲学的原因："体素羸弱，性复忧郁，人生之问题日往得于吾前，自是始决于从事于哲学。"（《静庵文集》，第 159 页）陈寅恪在纪念王国维的铭文中，曾这样描述："士之读书治学，盖将以脱心志于俗谛之桎梏，真理因得以发扬。思想而不自由，毋宁死耳。"
④ 蔡元培对此表示非常遗憾。在他看来，王国维对非理性哲学的介绍，弥补了中国学界其时对理性哲学的"偏颇"钟情。（参见氏著：《五十年来中国之哲学》，载高平叔编：《蔡元培全集》第 4 卷）

下了一个伏笔：

> 余疲于哲学有日矣；哲学上之说，大都可爱者不可信，可信者不可爱。余知真理，而余又爱其谬误。伟大的形而上学，高严的伦理学，与纯粹之美学，此吾人所酷嗜也。然求其可信者，则宁在知识论上之实证论，伦理学上之快乐论，与美学上之经验论。知其可信而不可爱，觉其可爱而不能信，此近二三年中最大之烦闷，而近日之嗜好所以渐由哲学而移于文学，而欲于其中求直接之慰藉者也。要之，余之性质，欲为哲学家则感情苦多，而知力苦寡；欲为诗人则又苦感情寡而理性多。诗歌乎？哲学乎？他日以何者终吾身？所不敢知，抑或在二者之间乎？①

但在这仿佛是哲学功用及哲学方式的质疑中，我们仍看到蔡元培和傅斯年的问题。

当时的学人无不因反感宗教，而较多地选择近现代启蒙运动以来的西方哲学理论。在蔡元培及傅斯年对哲学问题的讨论文章中，无不夸赞哲学理性对宗教神性的战胜，并一再强调，从这种战胜中，人体现自己的位置、价值和作用。王国维也不例外。也由此，他们无一例外地将哲学的理性方法与科学实证的研究、分析相模拟。

但在面临人文领域时，问题便来了。固然，人的问题，如人性的分析，可借助生理学、心理学（蔡元培和傅斯年在早年都强调过此，傅斯年在英国时专门选择了这两个学科学习）方法，来进行分析。但是，蔡元培看到，纯粹的科学方法（理性或理智）不能说明人的与情感、意志有关的特性，尤其不能说明在这后两方面体现出的价值选择和道德要求。从历史来看，蔡元培认为，宗教确实起过作用。只是他

---

① 王国维：《静庵文集》，第160—161页。

一针见血地指出,宗教的理想却因宗教信仰者(宗教徒)的偏狭和执着,而往往不容他人。蔡元培最初选择哲学来代中国传统人文学,起塑造人的世界观和人生观的作用,但又因哲学之理性被太过地与科学理性关联,对人的问题仿似缺乏热情和足够的说服力,因而他转向期待美术或美育能代宗教起有终极意味的人文关怀作用[①]。

显然,在新学与旧学的交涉中,对传统学术必须加以新的眼光和方法来体现其对人生、社会的作用。王国维和蔡元培、傅斯年,都为中国新史学、新考据学、新语言学等做出了巨大的贡献。王国维对于新美学、新文学更是有无可替代的作用。然而,传统学术并没有在这种新眼光、新方法加入后,发挥它对当时社会及人生问题解决的积极和有效作用。主要的问题在于,中国的精神并没有在这些学者的努力下,得到令人乐观的振奋。尤其在与外来文化(特别是物质文化)交涉的过程中,哲学显然不是人精神的归宿。这点,王国维尤感深切。

哲学被过分地强调与人、与人认识具体事物的理性相关时,其超越的脱俗性必然被泯灭。但如果如蔡元培所意识的那样,依然将哲学比作玄学,玄学之玄虚性(抽象)又是否是个体的人能把握的,或变成失去着落的"虚无"?

王国维纠结的是哲学作为玄学而表现的脱俗如何才能与从事哲学的个体必具的理性结合?

欧阳竟无断言,哲学家对玄远之维的期待,是不可能靠其运用的理性手段落实的。

欧阳竟无直面世俗理性(为绝大多数近现代中国学人认可的哲学理性),尤其是哲学中的以人为中心的面向,坚拒将破"我执"的佛教理性与他批评的"哲学"混为一谈。

---

[①] 从蔡元培有关新学体制及科目设置的早期著作及文章中,可以看到他最初以哲学为传统道学之中心,赋予其"世界观"的新语(1901—1912年)。后来他改提"以美育代宗教"(1912年开始)。(参见高平叔编:《蔡元培全集》第1、2卷相关文章)

回过头来看，欧阳竟无在他著名演说《佛法非宗教非哲学》[①]中，指出佛法非哲学的三点中，所涉的哲学家、哲学理论及流派都是颇值得讨论的：

（1）"哲学家唯一之求在求真理。"而"所谓真理者，执定必有一个什么东西为一切事物之究竟本质，及一切事物之所从来者是也"。哲学家如何"执"呢？以西方哲学家为例，"对于世间一切事物，你猜过去，我猜过来，纷云扰攘，相非相谤，皆是执定实有一理"。

如果说，不管所"执"何物，"执"仍为哲学之本性，那么，佛法又如何能因哲学所究是一切事物的本质，而不破其在"究"中所显之个人的"虚妄"之"执"呢？

（2）"哲学之所探讨即知识问题。所谓知识之起源、知识之效力、知识本质，认识论中种种主张，皆不出计度分别。"

欧阳竟无先生断定，无论独断论、怀疑论或积极论之哲学，都不离"执法尘""执一常"，如此"独隘一知识，而求知识之来源、效力、本质决不能得其真相也。""是故哲学者，无结果之学也！"

（3）虽然"哲学家之所探讨为对于宇宙之说明"，但"彼诸哲学家所见所知于地不过此世界，于时不过数十年间，不求多问，故隘其量，故扁其慧。"

从上面三点，欧阳竟无先生讥讽哲学家不懂"牵一发而全身动"，"必知三阿僧祇劫然后知此一刹那"，"必知无量无边世界而后知此一世界"之理，更不明"人智原有高下之不齐"，"断不可用常情度高明之所知"。

细读其文，可以看到，在第一点中，欧阳竟无挑出了笛卡尔、罗素两位近代西方大哲人来评论。他指出，尽管两人在倡导人的理性、批判上帝权威上有大作用，但两人无论是论人心、论真理、论怀疑，无一不是如其他近现代西方哲学家那样："执我"。而在其他两点中，

---

[①] 黄夏年主编：《欧阳竟无集》。

他除反复批评罗素外，还批评了柏格森，还有认识论中的经验论、唯理论，本体论中的唯物论、唯心论，一元论、二元论等。

欧阳竟无几乎与其时大部分民国学人一样，一方面从进化论的角度来赞扬近代哲学对人性的重视。一般而言，在强调哲学体现人性、战胜神性时，基本上是从理性，尤其是从与科学实证精神关联的严谨理性这点来说的。欧阳竟无和蔡元培、傅斯年等，都认可了孔德社会历史进化观中，对哲学理性的赞许。

而在小部分对西方非理性主义哲学的引进及介绍中，人的位置依然突出。区别开前面侧重理性的强调，近现代学人清醒意识到，如叔本华、尼采，还有柏格森等的哲学理论，除充斥着对宗教的反抗和拒绝外，无非还释放人的情感和意志。并且，在这些哲学中，对与人情感（感性）及意志相关联的深刻分析，常伴随着中国学人不是很能切身理解，但又异常困扰的、对人性负面的深刻揭示。这种深刻的揭示，因其强烈的情绪感染，让当时面临古今交替、东西交涉的中国学人，既激动又迷茫。其中，王国维摇摆于"可爱"与"可信"间的痛苦，与鲁迅直面痛苦、担当虚无的绝望，便是最典型的代表。[①] 而王国维对哲学的放弃，他某种意义上借助西方实证学术方式，回归中国传统学术的做法，还有鲁迅用文学、美术来反抗绝望，都意味着，在民国学人看来，在家、国、人事的领域，哲学是无能为力的。

或者说，对西方哲学，原本部分接受非理性色彩的哲学介绍，后来逐步走向严格的思辨哲学、实证哲学、实践哲学（主要是以马克思主义哲学为代表）的介绍。这种多少有点儿"去神化"的人学哲学，这种坚信以人的理性或激情（意志）可以直面和弄清事物、人、社会存在发展的本质（真相）的哲学理论，即使涉及人性，涉及社会的伦理、政治或宗教问题，它仍是以人的角度去判断和衡量的。

---

[①] 参见潘知常：《为信仰而绝望，为爱而痛苦：美学新千年的追问》，《学术月刊》2003年第10期。

## 结语　仍然未解的问题 —— 哲学为何与哲学何为？

哲学在近现代初期被不同类型的学人质疑，除涉及其中的学科如何建制，以及与中国传统学术的关系等问题外，还有两个关系哲学特性的问题值得思虑：一是哲学玄远之维所现的超越性能走多远，二是哲学理性（论理）方法的可证性能严格、精确到什么程度。

或说，哲学即使以其玄远之维的设立，开拓及实现了人类超越的梦想，并且以其对严格理性方法的运用，来显现它实现人类梦想的方式不是个人的臆想，而且有为他者理解、证明的途径。

但是，哲学的玄远之维因其不同时具有价值意向，更不具有鲜明的自我批判功能[1]，其玄远的限度，其实现玄远梦想的方式，始终限于人心，限于人的视域。这样的玄远之维如何能致人心与他心相和，这样的理性方式又如何能教化[2]人改变狭隘而走向神圣？

（本文初稿为提交台湾"中研院"中国文哲研究所、广州中山大学哲学系主办的"近代东西思想交流中的西学东传问题"学术研讨会[2014年3月11日]论文，后经修改发表于《中山大学学报（社会科学版）》2016年第一期，并收录于林维杰主编：《近代东西思想交流中的西学东渐》，台湾"中研院"中国文哲研究所，2016年12月）

---

[1] 原本苏格拉底要求哲学智慧应具反问自己是否无知的批判功能，但后来哲学的发展，对人理性天赋的信任，对理性形式的迷恋，使从事哲学研究的人逐渐忘却了自我批判的功能。

[2] 如哲学仍作为人文学之一，就不应丧失对人心改造（"移风俗""止邪于未形"）的教育感化作用。

# 后　记

本论集的前五篇论文，是在十几年前完成的博士论文《面对儒学——对王弼玄学的一种理解》基础上整理和发表过的。其中，《论汤用彤对魏晋玄学的理解》一文，是在博士论文最后一章《现代回声——论汤用彤对魏晋玄学的理解》基础上修改的。该文构思、写成及后来的部分发表，都得汤一介先生关注及批评、推荐。在此深深感谢！

进入中国哲学领域讨论问题，是无意促成的事情。但一路走来，得到很多前辈和师友的关照和厚爱。

首先感谢我的博士导师冯达文教授。他的耐心、宽厚、鼓励，帮我渡过了无数的难关。

感谢帮助我进入中国哲学研究领域的李锦全、袁伟时等老师。

特别感谢杜维明先生。两次在哈佛大学的学习及多年跟随先生的研讨，使我终身受益。

感谢饶宗颐、汤一介、庞朴、瓦格纳（Rudolf G. Wagner）、林丽真、金观涛、刘笑敢、张志扬、刘小枫、张志林等先生耐心细听、善意批评笔者对王弼问题研究的构想。

感谢黄俊杰先生，在他主持的若干次学术会议上，我的部分论文能得到听取同行意见的机会。

# 后记

感谢张永义、张丰乾两位友人，给我写作及修改博士论文时的各种帮助。

感谢饶宗颐先生提供他研究王弼的论文。

感谢汤一介先生提供北京大学 2002 年前，他指导学生研究王弼时的论文资料。

感谢蔡振丰、郑世根两位先生，提供他们研究王弼的论文。

感谢陈鼓应先生提供台湾学者研究王弼的资料。

感谢好友陈昭瑛、陈静、景蜀慧、颜世安诸教授为笔者研究王弼的论文写作提供的资料。

感谢香港道教学院利丽娥小姐及同事，为笔者博士论文写作所提供的种种帮助。

感谢余树苹、许雪涛、马永康、陶乃韩、何子建、刘贻群等学人，帮助笔者搜集与王弼玄学研究论题相关的资料。

感谢台湾大学人文社会高等研究院为本论集写作提供的访问学者机会。

感谢广东省社科基金项目及贵州省哲学社会科学规划国学单列课题项目，对笔者"汤用彤问题研究"的资助。

感谢台湾"中研院"文哲所及香港中文大学中国哲学与文化研究中心，对笔者玄学问题研究的关注和支持。

感谢美国波士顿大学、奥地利因斯布鲁克大学、立陶宛维尔纽斯大学东方研究中心、比利时鲁汶大学汉学系等机构，为笔者讨论中国近现代知识分子与"哲学"问题，所提供的学术访问条件。

感谢赵建永先生馈赠研究汤用彤的成果！感谢高瑞泉、景海峰、郑宗义、陈玮芬、干春松诸先生对笔者关于汤用彤问题研究的关注！

感谢张清江、王信然、孙忠厚为本书稿的校订所做的工作！

感谢其他中山大学哲学系的师友，感谢广州、北京、上海等地，还有其他地方的同行好友，与他们的交流，帮助笔者从不同的角度，理解哲学或"玄学"。

感谢陈少明长期以来在哲学问题上与我进行的讨论。

感恩庞朴、刘述先、陈方正诸位先生！

再特别感谢汤一介先生！是他的鼓励，让我在完成博士论文后继续做独特的汤用彤研究。感谢乐黛云先生！

也希望借这小小的成果，敬献给天堂中的父母！感谢他们！

也将此小小的成果，敬献书生意气的张华夏老师！您的榜样和您的信任，让我有力量在学术路上前行！

感谢本文集编辑魏雪平先生！

李兰芬

2019 年 2 月于中大康乐园，2020 年 5 月第三次修订